Dieter Sauer / Ursula Stöger / Joachim Bischoff /
Richard Detje / Bernhard Müller
Rechtspopulismus und Gewerkschaften

Dieter Sauer ist Sozialforscher am Institut für Sozialwissenschaftliche Forschung (ISF) in München.

Ursula Stoeger bearbeitete die vorliegende Studie als Arbeitssoziologin am ISF in München.

Joachim Bischoff ist Mitarbeiter von WISSENTransfer und Mitherausgeber der Zeitschrift Sozialismus.

Richard Detje ist Mitarbeiter von WISSENTransfer und Redakteur der Zeitschrift Sozialismus.

Bernhard Müller ist Mitarbeiter von WISSENTransfer und Redaktionssekretär der Zeitschrift Sozialismus.

Dieter Sauer / Ursula Stöger / Joachim Bischoff /
Richard Detje / Bernhard Müller

Rechtspopulismus und Gewerkschaften

Eine arbeitsweltliche Spurensuche

VSA: Verlag Hamburg

Diese Veröffentlichung erfolgt mit freundlicher Förderung der Rosa-Luxemburg-Stiftung Berlin

und von

transform! Europäisches Netzwerk für alternatives Denken und politischen Dialog.

www.vsa-verlag.de

www.isf-muenchen.de

www.wissentransfer.info

Umschlagfoto: Ariane Hellinger
Druck und Buchbindearbeiten: CPI books GmbH, Leck
ISBN 978-3-89965-830-9

Inhalt

Vorbemerkung

Im Juli 2016 bekam die IG Metall in Berlin Besuch. Vertreter der Alternative für Deutschland (AfD) fuhren in der Alten Jakobstraße 149, dem gemeinsamen Sitz der Berliner Geschäftsstelle, der Bezirksleitung und der Grundsatzabteilung des IG Metall-Vorstands, vor und parkten dort ihren Lieferwagen mit der Aufschrift: »*He Gewerkschafter, wann kommt ihr endlich zur AfD? Wir Arbeiter sind schon da!*«

Eine Provokation. Gewerkschaften haben sich engagiert in die Willkommenskultur im Kontext der Fluchtbewegung 2015/16 eingebracht, haben für den zügigen Ausbau von Integrationsmaßnahmen geworben und »klare Kante« gegen Rechtspopulismus und Rassismus gezeigt. »Wer hetzt, der fliegt«, hatte der IG Metall-Vorsitzende Jörg Hofmann im Oktober 2015 erklärt – es flogen daraufhin auch Mitgliedsbücher von Gewerkschafter*innen. Neonazistische Positionen – so der ver.di-Vorsitzende Frank Bsirske – verstoßen gegen die Grundwerte der Gewerkschaften und können Ausschlussverfahren zur Folge haben. Überall dort, wo sich Gewerkschaftsmitglieder für die AfD oder vergleichbare rechtspopulistische Parteien und Gruppen engagieren, werde ver.di offensiv die inhaltliche Auseinandersetzung führen. Wer den Rechtspopulisten »das Wasser abgraben« wolle, müsse für eine neue Ordnung auf dem Arbeitsmarkt eintreten, so der DGB-Vorsitzende Reiner Hoffmann.

Als größte zivilgesellschaftliche Mitgliederorganisationen engagieren sich Gewerkschaften für ein offenes, tolerantes und demokratisches Gemeinwesen. Sie stehen damit in einer klaren Widerstandsposition zu einer rechtspopulistischen Ausländer-, Flüchtlings- und Asylpolitik, die nicht nur schlicht Abschottung propagiert, sondern die politisch-soziale Verfassung umzuwälzen gedenkt, wenn an der Stelle des Citoyen ein imaginiertes, ethnisch mystifiziertes »Volk« angerufen und gegen »Establishment« und »Elite« in Stellung gebracht wird. Folgt man den Propagandisten des Rechtspopulismus, schiebt sich vor die soziale Spaltung zwischen dem gesellschaftlichen Oben und Unten die zwischen dem »Volk« und »den anderen«. Damit findet eine Achsenverschiebung statt, die gleichsam der Genesis der Gewerkschaften als Organisation, die Konkurrenz aufhebt, um die soziale Spaltung in Besitzende und abhängig Beschäftigte zumindest einzuhegen, diametral entgegengesetzt ist.

Doch Gewerkschaften stellen nicht nur eine zivilgesellschaftliche Kraft dar. Mit der Interessenvertretung in der Arbeitswelt verfügen sie über ein Alleinstellungsmerkmal, das sie von Sozialverbänden, anderen Nichtregierungsorganisationen und von politischen Parteien unterscheidet. Aber auf welcher Grundlage, auf welchem sozialen Terrain findet die Auseinandersetzung in der Arbeitswelt statt? Schwappen rechtspopulistische oder gar rechtsextreme Vorurteile gleichsam von außen, resultierend aus der Unzufriedenheit mit Gesellschaft und Staat sowie einer aus den Fugen geratenen Globalisierung in die arbeitsweltlichen Lebensbereiche hinein? Ist die Arbeitswelt insofern nur ein »Spiegelbild« der gesellschaftlichen Problemlagen und deren Klassifizierungen? Ist die Weite der Arbeitswelt also kein Terrain, das zu rechtspopulistischen Anschauungen originär beiträgt? Oder gibt es Entwicklungen in der Arbeitswelt, die für das Erstarken des Rechtspopulismus mitverantwortlich sind? Anders gefragt: Weshalb soll in einer Zeit, in der Zukunftsängste den Rechtspopulisten die Wähler*innen zutreiben, die Arbeitsgesellschaft mit all ihren sozialen Gefährdungen und Unsicherheitserfahrungen kein maßgebliches soziales Feld sein?

Diese und andere Fragen waren der Ausgangspunkt für die hier vorliegende Studie. Sie basiert auf einer qualitativen Befragung von Mitgliedern, ehren- und hauptamtlichen Funktionsträger*innen – Vertrauensleuten, Betriebs- und Personalräten, Gewerkschaftssekretären, Bevollmächtigten und Vorstandsmitarbeiter*innen und Vorstandsmitgliedern des DGB, von ver.di und IG Metall. Die Befragung umfasst unterschiedliche Produktions- und Dienstleistungsbereiche. Es wurden Erfahrungen und Umgangsformen mit rechtspopulistischen Orientierungen und Aktivitäten in den Betrieben und Gewerkschaften zusammengetragen. Im Zentrum steht die Frage nach den Hintergründen und Einflussfaktoren rechtspopulistischer Auffassungen bei Lohnabhängigen. Weshalb verschieben sich die politischen Präferenzen von Arbeitnehmer*innen in Teilen nach rechts? Warum findet dies in jüngster Zeit verstärkt statt?

Selbstverständlich kann unsere Befragung nur einige Schlaglichter auf die gegenwärtige Situation in den Betrieben und den genannten Gewerkschaften werfen. Aber sie beleuchtet mit der Frage nach einem möglichen betrieblichen Nährboden des Rechtspopulismus eine Leerstelle in Forschung und politischer Debatte.

Wir danken dem Institut für Gesellschaftsanalyse der Rosa-Luxemburg-Stiftung und dem europäischen Netzwerk transform!europe für die inhaltliche Unterstützung und finanzielle Förderung der Untersuchung. Wir danken allen Kolleginnen und Kollegen von ver.di, der IG Metall und dem DGB, die sich an unseren Erhebungen mit Engagement und Offenheit beteiligt haben. Besonderer Dank gilt den hauptamtlichen Gewerkschaftskolleg*innen, die uns die Seminare vermittelt haben, und den pädagogischen Mitarbeiter*innen und Seminarteilnehmer*innen in den gewerkschaftlichen Bildungsstätten, die uns kostbare Seminarzeit für unsere Gruppengespräche abgetreten haben. Bedanken möchten wir uns auch bei Rita Stark, die die gewohnt sehr sorgfältige Transkription der aufgezeichneten Interviews und Gruppengespräche übernommen hat.

München/Hamburg, Februar 2018

1. Einleitung

1.1 Rechtspopulismus im Aufwind

Der Beginn des 21. Jahrhunderts wird als »Jahrzehnt der Entsicherung und Richtungslosigkeit« charakterisiert. Darunter verstehen die Forscher des Bielefelder Instituts für Konflikt- und Gewaltforschung (Heitmeyer 2012: 19f.) Kontrollverluste der Politik ebenso wie ökonomische Krisen.

Die »neue Autorität des Marktes« hat zu objektiver Unsicherheit und subjektiver Verunsicherung geführt. »Entsicherung« verbindet sich mit »Richtungslosigkeit«, wozu der »Verlust des gesellschaftlichen Zusammenhalts« ebenso gehört wie der Ersatz aufklärerischer Debatten durch einen politischen Diskurs, der sich vornehmlich der Floskel bedient, es gäbe keine Alternativen.

Der fragile, durch eine lange Periode sozialer Auseinandersetzungen erkämpfte Zusammenhang von Kapitalismus und Demokratie, wie er für die Nachkriegsjahrzehnte kennzeichnend war, ist zerbrochen. Einst verlässliche Normen und Institutionen haben an Substanz und Legitimität eingebüßt. Parteibindungen und politische Präferenzen haben sich über einen längeren Zeitraum gelockert und verschoben, gleichsam als Vorlauf für schnelle Positionswechsel, Um- und Neugruppierungen in jüngster Zeit. An den rechten Rändern werden die Willensbildungsstrukturen und Schranken der überlieferten Parteiensysteme gesprengt.

Adressatenlose Wut

Man könnte geneigt sein, den Aufstieg der modernen, populistischen Rechten, wie er sich in den jüngsten Wahlen in Europa und in den USA – ebenso wie in der Entscheidung in Britannien für den Brexit sowie in Polen, Ungarn und anderen osteuropäischen Staaten mit elektoralen Mehrheiten – manifestiert, vornehmlich als weltanschaulichen, politisch-programmatischen Vormarsch zu verstehen. Dem widerspricht die Soziologin Eva Illouz: »Trump ist nicht so sehr das Resultat ideologischer Überzeugungen (außer für eine Minderheit), sondern das Resultat einer immensen Wut ohne Adressaten, die sich in der amerikanischen Gesellschaft aufgebaut hat.«[1] Wir waren auf diese »adressatenlose Wut« in unserer ersten Befragungsstudie (Detje et al. 2011) nach der großen Finanz- und Wirtschaftskrise 2011 gestoßen. Massive Interessenverletzungen münden – so einer unser Befunde – nicht nur in Ohnmachtserfahrungen und Fatalismus, sondern lassen in erheblichem Maße Wutgefühle entstehen, die in einer systemischen Krise jedoch nur schwer zu adressieren sind.

In unserer zweiten Krisenstudie (Detje et al. 2013) stellten wir fest, dass sich der Adressatenkreis konturiert hatte. Während das ökonomische Krisengeschehen bereits in den Hintergrund trat, gerieten das etablierte Parteiensystem und dessen Akteure – kurz: das politische Establishment – noch stärker in den Fokus der Kritik. Und heute: Am losen Ende der zuvor nicht adressierbaren Wut entstehen neue Verknüpfungen, sei dies durch die Revitalisierung und Stärkung bestehender rechtspopulistischer Parteien, sei es – wie im Fall Deutschlands – durch deren Neugründung.[2]

Teile der »Wutbürger« verorten sich neu: auf der Seite des »Volkes«. Rechtspopulistische »Bewegungen« sind Anti-Establishment-Parteien, die vorgeben, für das »wirkliche Volk« zu stehen, das von den »Systemparteien« (so der Jargon auch der AfD) verraten und verkauft worden sei.

---

[1] »Gefühle sind nicht das Problem«. Interview mit Eva Illouz in der Frankfurter Allgemeinen Sonntagszeitung vom 29.1.2017. www.faz.net/aktuell/feuilleton/debatten/soziologin-eva-illouz-spricht-im-interview-ueber-donald-trump-14772303.html?printPagedArticle=true#pageIndex_2

[2] Hans-Jürgen Bieling (2017: 557) unterscheidet drei Wellen des Aufstiegs der populistischen Rechten in Europa: eine *erste Welle* Anfang der 1970er Jahre, angetrieben von der Kritik am zentralistisch-bürokratischen Wohlfahrtsstaat; eine *zweite* in den 1990er Jahren, deren Speerspitze die Zurückweisung der Vertiefung der europäischen Integration war; schließlich die *dritte Welle* Anfang der 2000er Jahre, die zur Revitalisierung und (teilweisen) programmatischen Neuformierung von Organisationen wie den »Fortschrittsparteien« in Dänemark und Norwegen und des Front National in Frankreich führte, zu Umgründungen wie in Belgien (Vlaams Belang/Lijst Pim Fortuyn) und Österreich (die Umhäutungen der FPÖ) sowie Neugründungen wie dem MoVimento 5 Stelle in Italien und der Alternative für Deutschland.

Aufstand gegen den finanzialisierten Kapitalismus!?

In Folge des Langfristprojekts »Deutsche Zustände« wird Rechtspopulismus gefasst als ein »Einstellungsmuster«, bestehend aus »Fremdenfeindlichkeit, Abwertung von Muslimen, Roma und Asylsuchenden, Autoritarismus und Demokratiemisstrauen« (Krause/Küpper/Zick 2015: 46). Signifikant sind zudem enge Zusammenhänge zu Antisemitismus, Homophobie, Sexismus und ethnischem Rassismus. Im Zeitverlauf wird eine »Radikalisierung« in einem »Dreiklang aus Wut, Verachtung und Abwertung« (ebd.: 11) beobachtet.

Hintergrund dieser Radikalisierung ist, so Nancy Frazer, die schließliche Zurückweisung jener neoliberalen »Arrangements«, die seit den 1980er Jahren Lebensbedingungen nicht nur im gesellschaftlichen Unten, sondern auch gewichtiger Teile der sozialen »Mitte« destabilisiert, wenn nicht gar »zerstört« haben. »In allen Fällen handelt es sich um Absagen an die wirtschafts- und finanzgesteuerte Globalisierung, den Neoliberalismus und die politischen Establishments, die beides förderten. Jedes Mal haben wir es mit einem Nein der Wähler zur tödlichen Kombination von Austeritätspolitik, Freihandel, ausbeuterischen Kredit- und Verschuldungspraktiken sowie prekären, schlechtbezahlten Arbeitsverhältnissen zu tun, die den finanzialisierten Kapitalismus unserer Tage kennzeichnen.« (Frazer 2017: 71)

Frazer verweist auf die soziale Verwüstung jener einstigen »Bastionen der sozialen Demokratie des New Deal«, die als »rust belt« für den Durchbruch von Trump im Electoral College stehen, wie auch auf die Opfer der schließlich im subprime market völlig aus dem Ruder gelaufenen Finanzialisierung des Immobilienmarktes, auf die Prekarisierung der Arbeit und den Niedergang der Lohnarbeit im Kontext neoliberaler Deregulierung, Langzeitarbeitslosigkeit und erzwungenen gewerkschaftlichen Rückzugs (Hochschild 2016).

Sicherlich kann der Aufstieg des Rechtspopulismus in den Kontext der großen Wirtschafts- und Finanzkrise 2008 eingeordnet werden. In den USA, und mehr noch in Europa, waren die wirtschaftlichen und sozialen Kosten der Krise gewaltig. Einkommen in der Größenordnung des Bruttoinlandsprodukts eines Jahres und mehr wurden vernichtet. Noch ein Jahrzehnt nach dem Ausbruch der Krise der Realwirtschaft und des Finanzsystems sind deren Folgen nicht aufgearbeitet. Doch: Wären die Folgen der großen Krise nach 2007/8 die zentrale Ursache, würde man die größten politischen Verwerfungen dort erwarten, wo die Wohlstands- und Beschäftigungsverluste am schwersten waren.

Doch das ist offenkundig nicht der Fall. Wut und Ressentiments auf die politischen und wirtschaftlichen Eliten sind essenziell für den Aufstieg des Rechtspopulismus, aber keine *unmittelbaren,* keine *direkten* Reflexe von ökonomischen Krisenprozessen.

Im Unterschied zum faschistischen Ansturm auf das politische und wirtschaftliche Establishment in der ersten Hälfte des 20. Jahrhunderts gibt es heute in den kapitalistischen Gesellschaften aktuell keinen Systemkollaps vergleichbar mit der Weltwirtschaftskrise nach 1929. Dänemark, Schweden, die Niederlande, Österreich, Deutschland und auch Frankreich sind alles andere als Katastrophengebiete.

In anderen Worten: Der Rechtspopulismus in Westeuropa ist zurzeit ein Phänomen relativ wohlhabender Gesellschaften, die allerdings einem dynamischen Prozess sozialer Spaltung unterliegen. Rechtspopulismus gedeiht offenbar insbesondere dort, wo relevante Teile der Bevölkerung das Gefühl haben, dass sie bei Verlängerung des herrschenden Politikmanagements auf der Seite der »Verlierer« zu landen drohen. Repräsentative Umfragen bestätigen, dass ein Großteil der Bürger*innen die persönliche materielle Position noch als passabel bewertet; und doch verursacht der gegenwärtige Kapitalismus gleichsam untergründige Krisenprozesse und Fehlentwicklungen, die sich in Zukunftsängsten niederschlagen.

Anrufung des »Volkes«

In Absetzung zum überlieferten Regime der wirtschaftlichen und politischen Eliten (Establishment) und manifester Ablehnung etablierter Institutionen gesellschaftlicher Kommunikation (»Lügenpresse«) erfolgt eine massive Ausweitung der Anrufungen des »Volkes«, auch wenn unklar bleibt, was und wer damit überhaupt gemeint ist.

»Völkischer« Bezug geht einher mit einem Ethnopluralismus, der ethnische und kulturelle Differenzen ausdrücklich anerkennt. Doch gerade daraus wird eine Politik der Trennung und Abgrenzung abgeleitet: Ein friedliches Miteinander der Ethnien und daraus möglicherweise resultierende Assimilation sei eine Fiktion. Allenfalls deren strikt getrenntes Nebeneinander sei realitätstüchtig. »Ethnopluralismus betont Vielfalt. Jede und jeder soll seine Kultur leben können, aber eben nur bei sich zu Hause. In der Konsequenz läuft angewandter Ethnopluralismus auf eine Welt von Apartheid-Staaten hinaus.« (Dörre 2016: 265) Daraus folgen die Abgrenzung vom Universalismus und die Betonung völkisch-nationaler Identität – ein »Rassismus ohne Rassen«.

Die Bezugnahme auf das »Volk« ist antipluralistisch und antidemokratisch. Um es in einem Bonmot von Habermas zu formulieren: »Das Volk tritt nur im Plural auf« (zit. nach Müller 2016b: 19). Das Charakteristische bei den populistischen Bewegungen und Parteien ist, dass sie einen Alleinvertretungsanspruch anmelden. Sie sehen sich als exklusive Vertreter des »wahren« Volkes. Dessen Anrufung in einer Zeit gesellschaftlicher Umbrüche wirkt im Sinne einer Reduktion von multikultureller Komplexität. Mit der Gegenüberstellung von Elite und Volk gewinnt die politische Abgrenzung von der Logik und Lebensweise des Establishments Konturen und polemische Schärfe. Durch verschwörungstheoretische Argumentationen und Kampagnen werden die unterliegenden Ressentiments verstärkt. Wesentlich ist heute die völkisch grundierte Angst vor einer »Islamisierung des Abendlandes« – ein moderner Mythos ohne empirische Bodenhaftung.

Die Wut auf das Establishment und der antipluralistische Anspruch auf die einzig legitime Vertretung des Volkes machen den *Kern des Rechtspopulismus* aus (Bischoff/Gauthier/Müller 2015).[3]

Soziale Medien

Wichtig für unsere Erhebung und Auswertung rechtspopulistischer Einstellungen ist: Das Mediensystem der kapitalistischen Hauptländer befindet sich inmitten eines fundamentalen Umbruchs; die Printmedien

---

[3] Gegen die Kennzeichnung der neuen Rechten als »rechtspopulistisch« gibt es verschiedene Einwände. Oskar Niedermayer hat einige von ihnen in vier Punkten zusammengefasst. *Erstens* werde der Begriff in der politischen Auseinandersetzung mittlerweile geradezu inflationär verwendet, obwohl ihm *zweitens* die definitorische Schärfe fehle; *drittens* wird eine Zusammenfassung von Positionen in einem weiten Spektrum von nationalkonservativ bis rechtsextremistisch vorgenommen (die strikt zu unterscheiden seien), was sich *viertens* in der Einebnung der zentralen Konfliktlinien neoliberal/staatsinterventionistisch und libertär/autoritär reproduziere. Dagegen betont Alexander Häusler den programmatisch oft noch fluiden Zustand der neuen Rechten, die gleichwohl »strukturähnliche« Gemeinsamkeiten aufweisen. Dazu gehört zum einen der Alleinvertretungsanspruch eines imaginierten, als ethnisch homogen angesehenen »Volkes«, zum anderen harsche Establishmentkritik vornehmlich in Richtung der »politischen Klasse«. In diesem Sinne »hilft der Begriff des Rechtspopulismus zur Beschreibung und zum Verständnis verbindender Merkmale und Wirkungen unterschiedlicher rechter Parteien und Strömungen« (Bundeszentrale für politische Bildung 2017). Da wir keine Untersuchung der rechten Parteienlandschaft vornehmen und eine präzisere Sezierung der AfD für unsere Zwecke nicht ansteht, beziehen wir uns nachfolgend auf die von Häusler benannten »verbindenden Merkmale« des Rechtspopulismus.

verlieren an Rückhalt und die sozialen Medien haben eine wachsende Bedeutung für den Informationsalltag der breiten Bevölkerungsschichten. Es sind insbesondere die Anhänger der AfD, die sich bevorzugt aus den sozialen Medien informieren und sie zur Kommunikation nutzen, während die Mehrheit der Bevölkerung weiterhin Fernsehen, Hörfunk und Print, in dieser Reihenfolge, als verlässliche Informationsquellen schätzt (Gäbler 2017: 13). »Aktuell gibt jeder fünfte Deutsche an, sich zu politischen Themen in Deutschland vorwiegend über soziale Netzwerke zu informieren. Besonders hoch sind die Werte mit 34 Prozent unter den AfD-Anhängern.« (YouGov 2017) Führend ist Facebook, gefolgt von Twitter und WhatsApp. Auf Facebook hat die AfD mehr Follower als jede andere Partei.[4]

In unseren Interviews und Gruppengesprächen sind wir darauf in zweifacher Weise gestoßen. Zum einen auf einen durch soziale Medien herbeigeführten neuen Strukturwandel von Öffentlichkeit – wohlweislich vor dem Hintergrund, dass andere betriebliche Kommunikationswege (Betriebszeitungen, Schwarze Bretter, Mitteilungen des Betriebsrats oder der Vertrauenskörperleitung) für rechtspopulistische Propaganda nicht zur Verfügung stehen. Zum anderen aber auch, »um mithilfe der globalisiertesten aller Infrastrukturen eigene Kommunikationskreise aufzubauen, in denen sie nicht befürchten müssen, sich von anderen elitär als kulturell und moralisch zurückgeblieben beleidigt zu finden« (Streeck 2017: 263). Im Betrieb hat diese verdeckte Kommunikation eine besondere Schutzfunktion gegenüber gewerkschaftlichen, aber auch unternehmerischen Widerständen i.S. einer nicht-nationalistischen, antirassistischen Corporate Governance (siehe Kapitel 6). Diese verdeckte Social-Media-Kommunikation hat durchaus das Potenzial eines organisationsbildenden Ansatzes: »Die Fülle der Twitter-Tweets, Facebook-Posts und WhatsApp-Chats ersetzt (…) (noch) fehlende ›Vorfeld-Organisationen‹.« (Legrand 2017: 1)

[4] Siehe auch die Befunde einer Untersuchung der Universität Oxford mit dem »generellen Befund, dass die AfD den Wahlkampf und die Diskussion im Internet prägt. So führt die rechte Partei etwa auch bei der Zahl der Facebook-Fans und -Interaktionen. Sie liegt auch bei vielen Suchanfragen bei Google vorn. Ein Beispiel: Nach keinem Wahlprogramm wird häufiger gegoogelt als nach dem der AfD. Spiegel online: Oxford-Studie. Warum die AfD den Twitter-Wahlkampf dominiert (abgerufen: 19.9.2017).

1.2 Gewerkschaften und Rechtspopulismus

Fortlaufend aktualisiert liegen Studien über charakteristische autoritäre bzw. rechtsextreme Einstellungsmuster vor, wobei insbesondere die Bielefelder und Leipziger Langzeituntersuchungen hervorzuheben sind. So gelingt es, die Reichweite rechtspopulistischer Anschauungen in der Bevölkerung abzustecken und im Zeitverlauf Verschiebungen und Verdichtungen der Syndromatik (z.B. Rückgang von Ausländerfeindlichkeit bei gleichzeitiger Konzentration auf Muslime, Asylanten) nachzuweisen.

Deutlich wird dabei auch, dass hinter Enttäuschungen und Kränkungen weniger bereits erfolgte Abstiegsprozesse und Abwertungserfahrungen stecken; treibendes Motiv ist vielmehr die *Erwartung* wirtschaftlicher und sozialer Verschlechterung (Decker/Kiess/Brähler 2016: 55), kurzum Zukunftsängste dahingehend, dass es künftig weiter und möglicherweise beschleunigt, aber vor allem irreversibel bergab geht. Vielleicht das Wichtigste: die Sorge, dass es den eigenen Kindern schlechter gehen wird. Diese Ängste finden sich in den unteren Mittelschichten stark ausgeprägt. Das macht die Gefahren noch größer: Die neue Rechte ist sozial weit verankert. Dies schließt große Teile der Gewerkschaftsmitglieder ein. Insofern ist nicht überraschend, dass auch die gewerkschaftliche Basis nicht immun gegen rechtspopulistische und rechtsextreme Einstellungen ist.[5]

Aktuelle Hinweise liefern die Wahlergebnisse der jüngeren Vergangenheit in Deutschland. Die rechtspopulistische AfD feierte Wahlerfolge, die nicht zuletzt unter Gewerkschaftsmitgliedern erzielt wurden. So lagen die Zweitstimmenanteile der AfD unter Gewerkschaftsmitgliedern bei den Landtagswahlen 2016/2017 (mit Ausnahme der Wahl in Schleswig-Holstein) durchweg leicht über den Ergebnissen bei nicht gewerkschaftlich Organisierten. Bedeutsam: In Nordrhein-Westfalen, jener Region, die mehr als andere für die Industriegeschichte Deutsch-

[5] Die neuere repräsentativ ausgelegte Befragungsforschung liefert bei näherer Aufschlüsselung der Merkmale gruppenbezogener Menschenfeindlichkeit widersprüchliche Befunde. So weisen Decker et al. unter Gewerkschaftsmitgliedern signifikant höhere Werte bei der Befürwortung einer Diktatur und Ausländerfeindlichkeit aus (Decker et al. 2016: 42), während Zick und Küpper (Zick/Küpper 2015: 56f.) zu gegenteiligen Befunden kommen: »Rechtspopulistisch Orientierte ... sind ... seltener Mitglied einer Gewerkschaft. Während von den Befragten, die nicht zum Rechtspopulismus neigen, 17 Prozent angeben, Mitglied einer Gewerkschaft zu sein, sind dies von den rechtspopulistisch Orientierten nur elf Prozent.«

lands und damit auch für gewerkschaftliche Organisationsmacht im 20. Jahrhundert steht, gelang der AfD mit 7,4% ungefährdet der Einzug in den Landtag, nicht zuletzt auch deshalb, weil sie sich für 9% der Gewerkschaftsmitglieder als Wahlalternative präsentieren konnte (Kahrs 2017). Dies wiederholte sich bei der Bundestagswahl im September 2017, als die AfD unterstützt von 12,6% aller Wähler*innen, aber deutlich stärker von 15% der an der Wahl beteiligten Gewerkschaftsmitglieder in den Bundestag einziehen konnte.

Für Großorganisationen, die mehr als andere für die Überwindung einer »halbierten Demokratie« durch die Demokratisierung auch der Arbeitswelt und damit für einen breiteren Ansatz sozialer und politischer Emanzipation stehen, sind solche Wahlen Alarmsignale:

> »Ja, man muss auch unbequeme Fragen stellen. Alleine zuzugeben, dass derselbe Prozentsatz wie in der Gesamtbevölkerung von Gewerkschaftsmitgliedern – das ist doch bitter für uns. Man muss sich dieser Realität stellen.« (I1, 773)[6]

Das ist nicht selbstverständlich: Die Bedingungen der Erwerbsarbeit und daran angelagerte Verteilungskonflikte – Kerngeschäft der Gewerkschaften – stehen gegenwärtig in Deutschland nicht im Zentrum rechtspopulistischer Politik. Ausländer- und Flüchtlingsfragen, Antiislamismus, innere Sicherheit sowie der Protest gegen die politische Elite bilden gegenwärtig deren propagandistischen Kern. Die populistische Rechte in Deutschland hat sich arbeitsgesellschaftlicher Kernthemen bis dato nicht prominent angenommen, auch wenn in den aktuellen Wahlstrategien der AfD sozialpolitischen Themen aufgegriffen werden (Häusler/Roeser 2017). In anderen Teilen Europas ist das anders – allerdings, wie der Front National in Frankreich in der Auswertung der Präsidentschaftswahl 2017 zeigt, verbunden mit höchst strittigen Auseinandersetzungen.

[6] Die Zitatnachweise folgen der Rubrifizierung der Interviews und Gruppengespräche und geben die Fundstelle mit Randziffern wieder. Sie sind entsprechend anonymisiert.

1.3 Arbeitsweltliche Spurensuche

In einer breit angelegten Befragungsstudie waren Zeuner et al. Anfang der 2000er Jahre der Verbreitung rechtsextremer Einstellungen unter Gewerkschaftsmitgliedern nachgegangen. Der – wie sie selbst schreiben – »zutiefst irritierende« Befund: »Die (Arbeitnehmer-)Mittelschicht ist dann, wenn sie sich gewerkschaftlich organisiert, erheblich anfälliger für Rechtsextremismus, als wenn sie nicht gewerkschaftlich organisiert ist.« (Zeuner/Gester/Fichter/Kreis/Stöss 2007: 50) Dabei ist nach dem sozio-ökonomischen Status durchaus zu differenzieren. Die »Unterschicht« mit niedrigem Nettoeinkommen und Bildungskapital (Arbeiter*innen, Arbeitslose, Rentenbezieher*innen) weist die mit Abstand höchste Zustimmung zu rechtsextremen Einstellungen auf, ist aber vergleichsweise schwach gewerkschaftlich organisiert. Deutlich darunter liegen die Zustimmungsraten unter »Facharbeiter(n) und gehobene(n) Angestellte(n), die über ein relativ gutes Einkommen und teilweise auch über eine vergleichsweise gute Bildung« verfügen, der so genannten Mittelschicht. Aus ihr rekrutiert sich rund die Hälfte der Gewerkschaftsmitglieder, und: In ihr sind rechtsextreme Einstellungen unter den Organisierten stärker vertreten als unter Unorganisierten (bei der Unterschicht ist das Gegenteil der Fall). »Die maßgeblichen Trägergruppen der Gewerkschaften sind also besonders wenig immun gegen rechtsextreme Ideen; aus ihren Reihen stammt die Hälfte der rechtsextremen Gewerkschaftsmitglieder.« (ebd.: 52)

Der Befund von Zeuner et al. lautet: Erhöhte rechtspopulistische – oder wie sie bevorzugen: rechtsextreme – Einstellungen unter Gewerkschaften haben einen Mittelklassebias. Er ist damit vergleichbar mit dem, was Heitmeyer et al. parallel mit dem Konzept der »gruppenbezogenen Menschenfeindlichkeit« (zuletzt Heitmeyer 2012) bis weit in Kreise der gesellschaftlichen Mitte analysiert hat und anschließend daran in den Bielefelder und Leipziger Untersuchungen Bestätigung fand (Zick/Klein 2014; Zick/Küpper/Krause 2016; Decker/Kiess/Brähler 2016). Doch die Hintergründe bleiben weitgehend unausgeleuchtet. »Hier hilft nur die alte Erkenntnis weiter, dass Faschismus schon immer, so der Soziologe S.M. Lipset, ein ›Extremismus der Mitte‹ war, dass also die Abstiegsängste der Mittelschichten rechtsextremen Bewegungen viel mehr Energie verschaffen als die eher hilflosen Klagen der bereits Abgestiegenen.« (Zeuner et al. 2007: 56) Es handelt sich mithin um Verlust- und Abstiegsängste derjenigen, die noch etwas zu verlieren haben

– ein vielfach belegter Befund, der jedoch sehr im Allgemeinen bleibt und über die virulenten sozialen bzw. den Gewerkschaften naheliegenden arbeitsgesellschaftlichen Kontextbedingungen wenig aussagt.

Allerdings kommt im Fall der Gewerkschaftsmitglieder eine weitere These hinzu: Die Erfahrung der Mitglieder mit der Machtlosigkeit ihrer Organisation. Sozialabbau und soziale Spaltung, Abbau von Arbeitnehmer*innenrechten und »concession bargaining« im Betrieb sind Zeugnisse für die nachhaltige Erosion gewerkschaftlicher Schutzfunktionen. Dabei geht es nicht nur um materielle Schlechterstellung, sondern ebenso um die Abwertung der einst anerkannten Rolle organisierter Lohnarbeit in Wirtschaft, Gesellschaft und Politik. »Für die passiven Mitglieder führt dieser Frust zur Abwendung von den Gewerkschaften als kompetenten und durchsetzungsfähigen Organisationen. Für nicht wenige mündet er in die – zunächst passive – Hinwendung zu rechten Ideologien.« (ebd.: 57) Neben der sozialen Schichtung – oder anspruchsvoller: der klassenstrukturellen Zuordnung – kommt der Erfahrung erodierter gewerkschaftlicher Machtressourcen also eine wichtige Bedeutung zu. Wir werden darauf in unserer Untersuchung zurückkommen.

Was nun Einstellungsmuster selber anbelangt, belegen Zeuner et al., dass es vor allem die Dimensionen »Befürwortung einer rechtsautoritären Diktatur« und »Wohlstandschauvinismus« sind, die die höchsten Zustimmungswerte unter rechtsaffinen Gewerkschaftsmitgliedern aufweisen. Näher auseinandergesetzt haben sich damit Forscherteams in einem breit angelegten europäischen Projekt über »sozioökonomischen Wandel, individuelle Reaktionen und die Anziehungskraft der extremen Rechten« (SIREN). Darin wird auf vier Erklärungsansätze abgehoben:

Erstens, das bereits gefallene Stichwort aufgreifend: *Wohlfahrtschauvinismus*. Der individuelle und nationale Wohlstand wird gegen Ansprüche von außen – Schutz- und Asylsuchende, aber auch Arbeitnehmer*innen aus anderen Nationen, die in Unterbietungskonkurrenz auf dem Arbeitsmarkt auftreten – verteidigt. Dies kann durchaus in Opposition zum Neoliberalismus mit einer sozialstaatlichen Orientierung einhergehen. So sind rechtspopulistische Parteien in Skandinavien z.T. vehemente Verfechter eines wohlfahrtsstaatlichen Regimes, allerdings nur für das eigene »Volk«, alle anderen ausgrenzend.

Zweitens *Standortnationalismus*. Dem zufolge hat neoliberale Globalisierung über längere Zeit zu einer Verstärkung nationalistischer Orientierungen in einem Ordnungsschema von Hierarchisierung und Abwertung geführt. Mit der Aufwertung der wettbewerbspolitisch überlegenen Nation erfolgt die Herabsetzung der anderen. Das rechte Sicherheitsdispositiv wäre also: Selbstaufwertung durch Abwertung anderer. Damit ist – so die weitere These – eine Anschlussstelle für eine nicht klassenspezifische Deutung der erfahrenen sozialen Widersprüche und Interessenverletzungen zwischen In- und Outsidern und damit des Umpolens von der vertikalen zur horizontalen Konfliktachse gefunden.

Ein drittes, aus den beiden vorhergegangenen abgeleitetes Erklärungsmuster macht sich weniger an der Neuaufladung national(istisch)er Orientierungen fest, sondern rückt die *Entfesselung der Konkurrenz* im Zeitalter des Neoliberalismus ins Zentrum. Damit werde der soziale Konflikt in einem vermeintlich neodarwinistischen Sinne als Kampf von Volksgruppen und Ethnien eingeordnet – eine gleichsam naturalistische Umdeutung von Interessenkonflikten.

Schließlich viertens die nicht zuletzt durch die Folgen der Globalisierung erzeugten Abstiegsängste der *Modernisierungsverlierer*. Das Argument: Die Globalisierung führt dazu, dass in den Kernländern des zunehmend entdemokratisierten Kapitalismus das untere Drittel (wenn nicht die untere Hälfte) der Einkommensbezieher*innen nicht mehr am Anstieg des Wohlstandes partizipiert und beständiger Angst um die Sicherheit des Arbeitsplatzes unterliegt.

Noch einmal anknüpfend an diese Befunde resümiert Christoph Butterwegge (2017: 25): »Die für den Rechtsextremismus bzw. -populismus konstitutiven Aus- und Abgrenzungsideologien, vor allem Rassismus, Nationalismus und Sozialdarwinismus, sind in letzter Konsequenz auf die Konkurrenz zurückzuführen, welche eine notwendige – wohlgemerkt: nicht hinreichende – Bedingung für die Herausbildung entsprechender Handlungsanleitungen und Legitimationskonzepte zur Ausgrenzung von (ethnischen) Minderheiten bzw. Leistungsschwächeren darstellt.« Ins Zentrum der sozial-ökonomischen Ursachenanalyse wird somit die Konkurrenz gerückt, deren »Säurebad« (Marx) ihre systemischen Gegensätze Solidarität, Gerechtigkeit und Humanität zersetzt.

Man könnte daran grundsätzlichere Einwände geltend machen, etwa derart, dass damit auch denkbare nichtkapitalistische Marktordnungen (»Marktsozialismus«) der Gefahr des Rechtspopulismus im gleichem Maße unterliegen würden. Doch das ist hier nicht der Punkt, sondern vielmehr der, dass Konkurrenz hier nur für die Widersprüche der Austauschprozesse steht: sei es zwischen den global und national agierenden Unternehmen oder zwischen den Lohnabhängigen auf dem Arbeitsmarkt. Damit ist aber nur eine Seite des kapitalistischen Reproduktionsprozesses in die Analyse einbezogen, während der Arbeits- und Verwertungsprozess selbst nicht weiter durchleuchtet wird. Dabei wäre doch eigentlich dies naheliegend, heißt es doch schon bei Marx: »Der ehemalige Geldbesitzer schreitet voran als Kapitalist, der Arbeitskraftbesitzer folgt ihm nach als Arbeiter; der eine bedeutungsvoll schmunzelnd und geschäftseifrig, der andere scheu, widerstrebsam, wie jemand, der seine eigene Haut zu Markt getragen und nun nichts anderes zu erwarten hat als die – Gerberei.« (MEW 23: 191)

Die »Welt der Arbeit« ist bis heute in der Rechtspopulismus-Forschung eine black box. Eine Ausnahme stellen die Arbeiten der von Klaus Dörre geleiteten Forschungsgruppen dar, in denen – neben anderen Zugängen – auch auf die Flexibilisierung und Entgrenzung der Arbeitswelt verwiesen wird, also Restrukturierungen der Arbeitstätigkeiten, die als »bedeutendste Veränderung« charakterisiert werden. »Für alle, deren Leben vom Lohn abhängt, ist es heutzutage nur um den Preis des ›sozialen Tods‹ möglich, sich dem ›Spiel des Wandels, der Mobilität, der ständigen Anpassung und Umschulung‹ zu entziehen (Castel). Auch Stammbelegschaften mit Festanstellung sehen sich ständigen Bewährungsproben ausgesetzt. (…) Standortkonkurrenzen und Umstrukturierungen in Permanenz erfordern immer wieder individuelle Anpassungsbereitschaft, sie sind mit Leistungsintensivierung sowie körperlichen und psychischen Belastungen verbunden, die in der medial inszenierten Jobwunderwelt gar nicht auftauchen.« (Dörre 2018: 9f.) Wenn dies nicht durch solidarisches Klassenhandeln – so die Argumentation in Kürze – aufgefangen wird, greifen Prozesse exklusiver Solidarität, womit zugleich eine politische Neuverortung im rechtspopulistischen Spektrum Konturen annimmt.

Eine weitere Ausnahme stellt eine neue Untersuchung – mit repräsentativem Datensatz – zu »Gründen für rechtspopulistische Orientierung auch unter Gewerkschaftsmitgliedern« von Hilmer/Kohlrausch/Müller-Hilmer/Gagné (2017) dar. Der Befund: »Der Arbeitskontext spielt eine wichtige Rolle für die Entscheidung, AfD zu wählen. Bei der Wahlentscheidung ist allerdings weniger die objektive Erwerbssituation von Bedeutung, sondern vielmehr die Sorge um die Gestaltbarkeit der eigenen Erwerbsbiographie in der Zukunft.« (ebd.: 47) Beide Punkte sind festzuhalten. Es geht nicht nur um materielle Verlustängste, sondern ebenso um das »Empfinden, dass die Zukunft (im Arbeitskontext) nicht mehr individuell kontrollierbar und gestaltbar ist« (ebd.), dass die »Aufwertung von Autonomie« wieder zurückgedrängt und »Verantwortung für sich selbst« (ebd.: 14) in ein neues Herrschaftssystem überführt wird. Beides mündet in Kontrollverlust-Erfahrungen. Hierauf ist zurückzukommen.

Kurzum: Das Forschungsfeld[7] ist groß, auf weiten Strecken ungeklärt, mit deutlichen Lücken versehen. Unser Ansatz besteht darin, eine spezifische Leerstelle in den Blick zu nehmen: das Verhältnis von Rechtspopulismus und Arbeitswelt.

1.4 Engführung: Untersuchungsansatz

Absicht der hier vorgelegten Studie ist es, diese Leerstelle mit einem explorativen qualitativen Untersuchungsansatz zumindest in einem ersten Zugriff zu erschließen. Damit können nicht die quantitativen Lücken geschlossen werden: Befunde darüber, wie viele Gewerkschafter*innen AfD wählen, sind durch qualitative Sozialforschung ebenso wenig zu gewinnen wie nähere Aufschlüsse darüber, in welchen sozialen Klassen, Schichten oder Gruppen der Lohnabhängigen rechtspopulistische oder rechtsextreme Orientierungen stärker verbreitet sind als in anderen (Brenke/Kritikos 2017).

Unsere Fragestellung ist bewusst enggeführt. Rechtspopulismus hat neben verschiedenartigen politischen und kulturellen auch sozio-ökonomische Quellen, die auf der gesamten Bandbreite sozialer Ungerechtigkeit, Spaltungen, Ausgrenzungen und Abstiege verortet sind. Uns geht es um die Frage, ob es im betrieblichen und gewerkschaftlichen Kontext spezifische Gründe dafür gibt, dass rechtspopulistische Orientierungen auch hier eine Verbreitung erfahren. Mehr noch: Gibt es möglicherweise eine arbeitsweltliche »Grundströmung«, ohne die die soziale Verankerung und auch politische Dynamik des Rechtspopulismus nicht zu erklären wären?

Die Relevanz dieser eingegrenzten Fragestellung liegt auf der Hand: Sind es gesellschaftliche Entwicklungen außerhalb der Betriebe, kommt Gewerkschaften im Widerstand gegen den Rechtspopulismus die gleiche, wenn nicht eine geringere Bedeutung zu als anderen zivilgesellschaftlichen Organisationen, die in der Kommune, Region oder auf dem Terrain der politischen Kultur aktiv sind – der Betrieb wäre ein Schau-

[7] Wir haben hier nur spezifische Ausschnitte betrachtet und z.B. das breite Feld sozialpsychologischer Ansätze außen vor gelassen.

platz unter vielen. Ganz anders, wenn es spezifische arbeitsweltliche Potenziale rechtspopulistischer Orientierungen gibt. Trifft dies zu, kommen Gewerkschaften herausgehobene, nicht ersetzbare Aufgaben im Kampf gegen völkische, antidemokratische und menschenfeindliche Einstellungen und Aktivitäten zu.

An unsere vorangegangenen Befragungen zum »Krisenbewusstsein« können wir anschließen: Auch in der unteren »Mitte« der Arbeitsgesellschaft, bei den vollbeschäftigten (Fach-)Arbeiter*innen und Angestellten oberhalb prekärer Beschäftigungsverhältnisse, wächst die Wut über die sich in längerer Frist krisenhaft entwickelnden Verhältnisse. Dabei konnten wir soziale Unsicherheit näher eingrenzen: mit einem Krisenverständnis, das nicht vornehmlich zyklisch geprägt ist, sondern Statusgefährdung und ein System permanenter Bewährungsproben durch permanente Restrukturierung in den Unternehmen (Marktsteuerung, indirekte Steuerung) erzeugt. Bereits vor der Mobilisierung der »Wutbürger« durch Pegida und AfD verorteten wir den »Humus« dieser Bewegung und zu erwartender Mobilisierungserfolge. Die Ergebnisse unserer beiden früheren Studien haben so unsere Einschätzung bekräftigt, dass Gesellschaftskritik durch Kritik der arbeitsgesellschaftlichen Erfahrungen fundiert bleibt. Betrieblich basierte Kritik ist näher an den konkreten Konflikten, die Ausdruck des gesellschaftlichen Grundwiderspruchs von Kapital und Arbeit sind, auch wenn sich dazwischen ideologische Schichten schieben, die dies verdecken oder mystifizieren. Das heißt für die Erklärung des Wut-Bürgers, dass dessen Kritik und Emphase nicht nur durch die sozialen Verwerfungen einer neoliberalen Gesellschaft im generellen Sinn begründet sind, sondern dass rechtspopulistische Anschauungsweisen sich auch aus den Zumutungen der Arbeitsexistenz ergeben. Kurz: dass auch der Rechtspopulismus eine arbeitsgesellschaftliche Grundlage hat.

Es scheint, dass mit der sogenannten Flüchtlingskrise und dem Aufstieg der AfD für die Wut über wachsende soziale Unsicherheit, Abstiegsängste und verweigerte Anerkennung nunmehr mehrere Adressaten existieren: (1) Adressaten, denen gegenüber Vorurteile mobilisiert werden können, (2) Adressaten, die Sprachrohr von Protest sind, und (3) die politischen Eliten als Adressaten – nicht als Lösung, sondern als Spiegel und damit reflexive Verstärkung der Wut.

Es gibt keinen Automatismus zwischen Arbeitswelt und vorurteilsgeladenen, fremden- und demokratiefeindlichen Einstellungen. Durch Konzentration unserer Befragungen auf gewerkschaftlich organisierte

Beschäftigte wollen wir einen Beitrag leisten, zu erkennen, in welchen Zwischenschritten aus den sozialen Nöten der Arbeitsgesellschaft rechtspopulistische Wertorientierungen und entsprechende politische Überzeugungen erwachsen *können.* Bewusst sprechen wir von einem arbeitsweltlichen *Nährboden*, da es hier nicht um Zwangsläufigkeiten gehen kann. Wir wollen Erfahrungen und Umgangsformen mit den unterschiedlichen Spielarten des Rechtspopulismus in Betrieben und Gewerkschaften zusammentragen. Und: Wir wollen spezifischer zu klären versuchen, wie Gegenstrategien angelegt sein können, die zu einer Ausdünnung und Bekämpfung des Rechtspopulismus beitragen.

Der Fokus unserer Untersuchung ist der Betrieb. Diese Ebene wird in den meisten Befragungen zum (arbeits-)gesellschaftlichen und politischen Bewusstsein – auch in den Untersuchungen zum Rechtspopulismus – wenig berührt; arbeitsweltliche Probleme als Entstehungskontext rechter Einstellungen sind nahezu vollständig ausgeblendet, einzig auf die existenziell bedrohliche Lebenslage der Menschen in prekärer Beschäftigung und die Bedrohung durch Arbeitslosigkeit wird Bezug genommen. Die konkreten Arbeitsbedingungen der Beschäftigten und daraus resultierende Arbeitsbelastungen waren bislang kaum Thema der Rechtspopulismusforschung.

Der Betrieb ist nicht nur Ort möglicher Auseinandersetzungen, sondern zugleich zentraler Erfahrungsraum von gesellschaftlichen Entwicklungen. Die Orte real vergesellschafteter Arbeit – das ist der immer noch entscheidende Unterschied zu manchen anderen politischen Orten – bieten die Möglichkeit, Erfahrungen auszutauschen, (teil-)kollektiv zu verarbeiten und gemeinsame Schlüsse daraus zu ziehen. Umgekehrt zeigen sich im Betrieb nicht nur unterschiedliche Formen von ökonomischer (Krisen-)Betroffenheit, sondern auch mögliche soziale Spaltungslinien und Problemverschärfungen. Auch wenn kollektive Erfahrungs- und Verarbeitungsprozesse durch differenzierende und fragmentierende Arbeits- und Leistungsbedingungen erschwert sind, bleibt die Arbeit im Betrieb sowohl zentraler Ort für Einsichten in soziale Prozesse als auch zentraler Ansatzpunkt für politische Handlungsperspektiven.

Unsere Erhebung bleibt aber nicht auf die betrieblichen Kontextbedingungen beschränkt. Gleichzeitig fragen wir nach generellen Einschätzungen der sozialen und politischen Lage und nach der Rolle der politischen Akteure. Dass dabei die Gewerkschaften eine Schlüsselrolle einnehmen, liegt in der Fragestellung der Studie begründet.

In unserer Erhebung sind wir drei Fragen nachgegangen:

1) Inwieweit und in welcher Form treten rechte Orientierungen und Aktivitäten in den Betrieben verstärkt auf?

   Hier geht es zunächst darum, das betriebliche Terrain näher zu sondieren: Wo, in welchem Umfang und in welcher Form ist es in der betrieblichen Arbeit zu rechtspopulistischen Meinungsäußerungen, Aktivitäten, Konflikten und Auseinandersetzungen gekommen? Was waren Anlässe und Verlaufsformen? Welche Gegenstrategien wurden diskutiert und angewandt? *(Kapitel 2)* Und: Wie stellt sich die Situation für die Gewerkschaften dar – in welcher Weise sind sie mit dem anstürmenden Rechtspopulismus in den Betrieben und nicht zuletzt in ihren eigenen Reihen konfrontiert? *(Kapitel 3)*

2) Haben die Verhältnisse in den Betrieben etwas mit dem Aufstieg des Rechtspopulismus zu tun? Sind sie Teil des Nährbodens, auf dem rechte Orientierungen und auch eine Partei wie die AfD gedeihen können?

   Dieser Fragekomplex zerfällt in zwei Teile: Zum einen haben wir nach den wichtigsten betrieblichen Entwicklungen und Problemschwerpunkten gefragt *(Kapitel 4)* und zum anderen nach der Einschätzung/Vermutung über den Zusammenhang zwischen den betrieblichen Problemen, der daraus entstehenden Unzufriedenheit und der Zunahme rechter Einstellungen *(Kapitel 5).*

3) Wie artikuliert sich die Entfremdung gegenüber dem politischen Feld, insbesondere den Parteien? Wann und wie schlägt Kritik an politischen Entscheidungen und Entwicklungen – z.B. in Nachfolge der Agenda 2010 – in Establishmentkritik um? *(Kapitel 6)* Und schließlich: Wo liegen die Schranken bisheriger Gewerkschaftspolitik in Bezug auf den Rechtspopulismus in den Betrieben? Welche neuen Herausforderungen stellen sich ihnen dabei? *(Kapitel 7)*

Im Anhang schildern wir zwei Fälle offensiver rechtspopulistischer Auftritte gegen Gewerkschaften und stellen die »Arbeitnehmervereinigungen« der AfD kurz vor.

1.5 Erhebung, Methoden und Untersuchungsfeld

Eine solche Fragestellung legt einen offenen Erhebungsansatz nahe. Nur mit qualitativen, explorativ orientierten Erhebungsinstrumenten können die unterschiedlichen Einschätzungen von Erscheinungsformen und möglichen Ursachen rechter Orientierungen und Aktivitäten eingefangen werden. Auf Repräsentativität im statistischen Sinne müssen wir im Gegenzug verzichten.

Vorgehen

Wie schon in den vorangegangenen Studien haben wir unsere Erhebungen schwerpunktmäßig in gewerkschaftlichen Bildungsstätten durchgeführt, dieses Mal ergänzt durch Expert*innengespräche mit hauptamtlichen Gewerkschaftsfunktionär*innen. In den Bildungsstätten haben wir Gewerkschaftsmitglieder, Vertrauensleute und (zumeist gewerkschaftlich organisierte) Betriebsräte befragt, die dort Seminarveranstaltungen besucht haben. Natürlich hat dieser Zugang in erster Linie pragmatische, forschungsökonomische Gründe: Auf keinem anderen Weg erreicht man so schnell eine größere Zahl von Befragungspersonen aus verschiedenen Betrieben mehrerer Branchen.

Auf diese Weise konnten wir uns mit begrenzten Ressourcen einen relativ breiten Einblick in die aktuelle Situation in den Betrieben und Gewerkschaften verschaffen. Auch scheint der Kontext einer Bildungsveranstaltung ideal für eine sozialwissenschaftliche Erhebung: Die Befragten befinden sich in einer vergleichsweise handlungsentlasteten Situation, relativ gesehen zum Arbeitsalltag im Betrieb, zugleich aber bereits thematisch auf interessenpolitische und gewerkschaftliche Fragen fokussiert.

Die Untersuchung erfolgte in zwei Schritten:

- In einem ersten Schritt wurden Expert*innengespräche mit hauptamtlichen Gewerkschafter*innen durchgeführt: aus der gewerkschaftlichen Bildungsarbeit, Geschäftsstellen, Bezirken sowie Vorständen. Aus den Expert*innengesprächen konnten u.a. Hinweise auf Konflikte in gewerkschaftlichen Organisationsbereichen in Ost- und Westdeutschland für tiefer gehende Recherchen gewonnen werden.
- In einem zweiten, nachgelagerten Schritt wurden Gruppengespräche mit Gewerkschaftsmitgliedern, gewerkschaftlichen Vertrauensleuten, Betriebs- und Personalräten durchgeführt. Dabei standen Beobachtungen über rechte Aktivitäten auf der betrieblichen Ebene, die Problemschwerpunkte in den Betrieben und die Diskussion möglicher Gründe für den Aufwind des Rechtspopulismus im Zentrum.

Ziel war es, möglichst basisnahe Interessenvertreter*innen zu befragen, die im engen Kontakt zu ihren Kolleg*innen in den Abteilungen stehen und über eigene Arbeitserfahrung im Betrieb verfügen. Zudem bilden sie das Scharnier zwischen Belegschaft und Gewerkschaft. Wir haben die Befragten in ihrer Doppelrolle – sowohl in ihrer Position als Beschäftigte als auch zu ihrer interessenpolitischen Arbeit – befragt. In die Darstellung der betrieblichen Zustände gingen ihre eigenen Arbeitserfahrungen ein; bei den Schilderungen und Einschätzungen rechter Aktivitäten befanden sie sich in der Rolle des Beobachters. Über rechte Orientierungen und Aktivitäten haben wir also nur *indirekt* über die Beobachtungen und Berichte der Kolleg*innen etwas erfahren – das gilt es immer zu berücksichtigen. Aussagen dazu sind deswegen immer mit Interpretationen verbunden.

Wir sind uns der Fehlerquellen bewusst. Möglicherweise reproduzieren wir verzerrte Wahrnehmungen, die uns berichtet wurden. Wir haben dies im »Gesamtbild« unserer Befragung versucht interpretatorisch auszuschließen. Solange rechtspopulistische oder rechtsextreme Kräfte nicht in breiterer Front organisiert im betrieblichen Kontext aktiv sind, sind wir auf die Berichte der »umstehenden« Kolleg*innen angewiesen. Es führt u.E. möglicherweise nicht sehr viel weiter, »Originalton« von Rechtspopulist*innen oder -extremist*innen einzufangen, solange es sich bei ihnen gleichsam um »Exoten« in einem sehr spezifischen, nicht verallgemeinerbaren (ostdeutschen) Milieu handelt.

Unsere Herangehensweise weist auch Vorteile auf. Zumindest kursorisch zeigen unsere Interviews und Gespräche, welche Verbreitung und welchen Stellenwert das Thema Rechtspopulismus im betrieblich-gewerkschaftlichen Kontext erlangt hat. Ferner: Die Frage, wie man mit Rechtspopulismus im Betrieb umgeht, muss letztlich immer vonseiten der maßgeblichen Akteur*innen in den Belegschaften, Vertrauenskörpern und Betriebsräten beantwortet werden. Hier bieten unsere Interviews Material, das ausgewertet werden kann. Und last but not least: Es sind unsere Interviewpartner*innen, die die Auseinandersetzung mit der neuen Rechten in den Betrieben führen müssen. Wie sie darüber denken, ist maßgeblich für realitätstaugliche Gegenstrategien.

Erhebungsinstrumente

Für die Sondierungsgespräche mit hauptamtlichen Gewerkschaftsfunktionär*innen und betrieblichen Interessenvertreter*innen wurde als Instrument das *leitfadengestützte qualitative Interview* eingesetzt. Ziel war es hier, möglichst breite Informationen über rechtspopulistisch zu verordnende Aktivitäten und Konflikte einzuholen. In ihnen ging es auch darum, deren Hintergründe und organisationspolitische Bearbeitung zu durchleuchten. Darüber hinaus dienten die Gespräche dazu, eine Einschätzung von organisationspolitischen Defiziten (z.B. Rückgang politischer Bildungsarbeit) für das Erstarken des Rechtspopulismus zu erkunden und mögliche Gegenstrategien zu diskutieren. Aus den Expert*innengesprächen konnten auch Hinweise für das Sample gezogen werden: So konnten betriebliche Kontexte und Geschäftsstellen ausgemacht werden, in denen es zu Konflikten gekommen ist, die auf rechtspopulistische Aktivitäten zurückgehen. Zum Teil ergaben sich daraus auch Zugänge für Gruppengespräche in Bildungsstätten.

Den Expert*innengesprächen lag ein grob strukturierter Leitfaden zugrunde, der an die jeweilige Gesprächssituation angepasst wurde. Die Interviews dauerten bis zu zwei Stunden, wurden aufgezeichnet und transkribiert.

Als zweites Instrument haben wir das *leitfadengestützte Gruppengespräch* eingesetzt. Dieses Instrument ist ein Mix aus Gruppendiskussion und Interview: Es nutzt das Setting der Gruppendiskussion, die offene Gesprächsführung und die Diskussion von Anreizen wird jedoch mithilfe eines Leitfadens ergänzt, um auch systematische Informationen einzuholen. Die Befragten entstammen insofern aus Realgruppen (einer Gewerkschaft, aber aus unterschiedlichen Betrieben und Regionen), da sie gemeinsam an gewerkschaftlichen Veranstaltungen teilnehmen, in deren Anschluss wir sie befragt haben. Die Gruppen wurden also nicht extra für die Erhebung zusammengestellt. Die bei künstlichen Gruppen typische Phase des Kennenlernens und der Orientierung der Diskussionsmitglieder entfiel damit. Allerdings sind die Befragungspersonen mehrheitlich keine Kolleg*innen im selben Betrieb, Vertrauensleutekörper oder Betriebsrat, sie teilen überwiegend keine gemeinsame alltägliche Arbeitspraxis. Ebenso wenig konnten wir davon ausgehen, dass sie bereits gemeinsam eine besondere Gruppenmeinung zu unseren Untersuchungsthemen ausgebildet hatten; sie haben in der Erhebungssituation also eher individuell bestehende Meinungen und Positionen artikuliert (und aktualisiert, vielleicht in Teilen im Diskussionsprozess auch revidiert). Den Gruppendiskussionen lag ein grober Leitfaden mit einzelnen Thesen als Diskussionsanreiz zugrunde. Sie dauerten jeweils ca. zwei Stunden, wurden aufgezeichnet und transkribiert.

Untersuchungsfeld

Im ersten Untersuchungsschritt haben wir *19 Expert*innengespräche* mit hauptamtlichen Gewerkschaftsfunktionär*innen von ver.di, IG Metall und DGB durchgeführt. Davon sind sechs Gesprächspartner*innen im gewerkschaftlichen Bildungsbereich tätig (im Vorstandsbereich und in Bildungseinrichtungen). Neun Gesprächspartner*innen kamen aus regionalen Gliederungen der beiden Gewerkschaften: aus Niedersachsen, Baden-Württemberg, Thüringen, Sachsen und Bayern. Außerdem haben wir Interviews mit drei Vertreter*innen des DGB durchgeführt (Bundesvorstand, Bayern und Sachsen)

Die *Gruppengespräche* fanden in den Bildungsstätten der IG Metall in Sprockhövel und Springe und in Bildungsstätten von ver.di in Brannenburg, Gladenbach und Saalfeld statt. Außerdem gab es zwei Gesprächsrunden in einem externen Tagungsort von ver.di und IG Metall in Bayern. Die Teilnehmer*innen der Gesprächsrunden nahmen an unterschiedlichen gewerkschaftlichen Seminaren teil und konnten sich nach Vorstellung unserer Studie entscheiden, ob sie sich für ein Gruppengespräch zu Verfügung stellen. Es gab also keine Vorauswahl unsererseits nach irgendwelchen Kriterien, sondern die Auswahl war freiwillig und zufällig. Die regionale Zusammensetzung war zwar durch den Ort der Bildungsstätte beeinflusst, aber nicht prägend: Die Teilnehmer*innen eines Seminars kamen aus mehreren Bundesländern, meistens jedoch waren sie auf ein oder zwei Länder konzentriert. Es gab eine Gesprächsrunde in Ostdeutschland und auch einige Teilnehmer*innen aus Ostdeutschland in Gesprächsrunden in Westdeutschland, aber wir hatten Schwierigkeiten, mit unserem Thema an Seminarveranstaltungen in Ostdeutschland anzudocken. Uns wurde von Teamer*innen erklärt, dass sie befürchten, mit dem »hoch emotional besetzten Thema« den Ablauf ihres Seminars zu gefährden. Deswegen konnten wir die Situation in Ostdeutschland nicht so ausführlich erfassen, wie wir es ursprünglich wollten. Auch die Zusammensetzung der Teilnehmer*innen nach Branchen und Betriebsgrößen(-arten) ergab sich mehr oder weniger zufällig, da wir in den meisten Fällen an gewerkschaftliche Seminare andockten, die nicht branchen- oder betriebsbezogen waren. Dennoch gab es einige Gesprächsrunden, die von einer oder zwei Branchen/Unternehmen geprägt waren.

Wir haben insgesamt *14 Gruppengespräche* mit im Schnitt sieben Teilnehmer*innen durchgeführt (insgesamt 95 Teilnehmer*innen). Im IG Metall-Organisationsbereich waren folgende Industrien vertreten:

ein großes Automobilwerk, zwei große Automobilzulieferer (mehrere Werke), ein Stahlwerk, eine IT-Firma, ein Luftfahrtunternehmen, mehrere kleinere Metallbetriebe (darunter auch Zulieferer für die Automobilindustrie). Insgesamt waren 36 Industriebeschäftigte aus 20 Betrieben einbezogen.

Bei ver.di waren folgende Dienstleistungsbereiche vertreten: Finanzdienstleistungen, Telekommunikation, mehrere Logistiksparten, diverse Bereiche des Öffentlichen Dienstes, Kliniken, Sonstige. Insgesamt waren 59 Dienstleistungsbeschäftigte aus 25 Betrieben einbezogen.

Im Metallbereich waren von den Teilnehmern 29 männlich und acht weiblich. Im Dienstleistungsbereich waren 35 männlich und 24 weiblich.

Die Altersgruppen waren sehr gemischt, eine Gruppenrunde bestand aus Auszubildenden. In der Qualifikationsstruktur überwog das mittlere Segment (Facharbeiter*innen, Angestellte, z.B. Kundenberaterin). An den Gesprächsrunden nahmen auch Beschäftigte mit Migrationshintergrund teil.

Insgesamt waren 114 Personen in die Erhebung einbezogen.

***

Die folgende Ergebnisdarstellung bemüht sich – wie schon in den Vorgängerstudien – um eine detail- und materialreiche Darstellung, bei der die Befragten ausführlich selbst zu Wort kommen: Wir stellen in eher unüblich umfangreicher Weise Zitate aus den Gesprächen dar. Die Gesprächsausschnitte sind im Original-Wortlaut belassen und zeigen damit die Lebhaftigkeit der gesprochenen Sprache. Wir sehen uns in unserer Rolle als Wissenschaftler*innen nicht als die Expert*innen oder Dolmetscher*innen, die die Aussagen der betrieblichen Kolleg*innen zu »übersetzen« hätten, sondern möchten die Betroffenen möglichst umfassend selbst zu Wort kommen lassen. Unsere Interpretationen und Folgerungen, die wir ziehen, sind als Hypothesen zu verstehen, die noch einer breiten empirischen Überprüfung bedürfen. Trotz dieser Vorläufigkeit hoffen wir, Anregungen für die gewerkschaftliche und politische Diskussion und zur weiteren Reflexion über die arbeitsweltlichen Hintergründe des Rechtspopulismus geben zu können.

2. Rechte Orientierungen und Aktivitäten im Betrieb

Der Auftritt des Rechtspopulismus in Betrieben und Unternehmen unterscheidet sich von dem in der gesellschaftlichen und politischen Öffentlichkeit. In letzterer sind Zuspitzung und Provokation – die aufgeregte Empörung politischer Gegner*innen einkalkulierend – probate Mittel zur Erregung öffentlicher Aufmerksamkeit. »Stöckchen-Spiel« nennt Bernd Gäbler (2017: 20ff.) das.

In der Arbeitswelt sind die Verhältnisse andere. Offene, gar organisierte rechtspopulistische Aktivitäten sind dort bislang Einzelfälle. Das schließt als spektakulär wahrgenommene Aktionen nicht aus. Es gibt rechtspopulistische Aktivist*innen auch in Betrieben, sogar als gewählte Interessenvertreter*innen; Initiativen für deren stärkere Vernetzung sollen Erfolge bei Betriebsratswahlen sicherstellen; mehrfach und an verschiedenen Orten kam es zu teilweise massiven Störaktionen bei gewerkschaftlichen 1.-Mai-Kundgebungen; vor Betrieben finden rechte Flugblattverteilaktionen statt und auf Betriebsversammlungen werden ressentimentgeladene Stimmen laut. Aber dabei handelt es sich um keine breitflächigen Umgruppierungsprozesse wie im politischen Feld.

Von daher könnten unsere Befunde möglicherweise als Entwarnung interpretiert werden. Das wäre jedoch ein Fehler. Wir gehen, wie wir nachfolgend ausführen werden, davon aus, dass der Prozess der Enttabuisierung des Rechtspopulismus nach dem Erfolg bei der Bundestagswahl im September 2017 anhalten, wenn nicht sogar noch verstärkt wird. Das wird – wie nach den für die AfD erfolgreichen Landtagswahlen zuvor – von entsprechenden Kräften in Betrieben als Ermutigung wahrgenommen. Vor diesem Hintergrund werden Betriebs- und Personalratswahlen von der populistischen Rechten zur politischen Profilierung genutzt.

Ein Fehlschluss, der zu einer Unterschätzung rechtspopulistischer Aktivitäten in Betrieben und Unternehmen führen kann, ergibt sich aus veränderten Kommunikationsformen, einem – um noch einmal Gäbler (ebd.: 11) zu zitieren – »fundamentalen Umbruch« des Mediensystems (vgl. Kap. 1.1, 2.5). Dabei wird deutlich: Unterhalb der Folie einer politisch scheinbar befriedeten betrieblichen Öffentlichkeit finden Veränderungen statt, die, statt Entwarnung zu signalisieren, Alarmglocken in Bewegung setzen sollten.

Unsere Projektthese lautet: Die Arbeitswelt bietet dem Rechtspopulismus ein großes Terrain. Ein Kollege aus einer ostdeutschen IG Metall-Geschäftsstelle bringt es auf den Punkt:

> »Die Arbeitswelt (...) bestimmt das Leben der Kolleginnen und Kollegen. Die verbringen einen Großteil ihres Lebens im Betrieb. Da sind sozusagen für sie ... alle Prozesse auch am spürbarsten. Na klar ist das ein Riesen-Angriffspunkt.« (I4, 1045)

Insgesamt berichten die von uns Befragten von einem breiten Spektrum unterschiedlicher Formen, in denen der Rechtspopulismus im Betrieb sichtbar wird. Sie reichen von der vorsichtigen Äußerung von Befürchtungen und Ängsten gegenüber der Fluchtbewegung über deutlich fremdenfeindliche und rassistische Statements im Betrieb oder in den sozialen Medien bis zu offenen AfD-Aktivitäten und zur Infiltration der betrieblichen Interessenvertretung. Die Darstellung unserer Befunde orientiert sich an dieser Rangfolge.

2.1 Klimaveränderung: Enttabuisierung rechter Meinungsäußerungen

Alle Befragten berichten von einer »Klimaveränderung« im Betrieb, die mit der Fluchtbewegung 2015 einsetzt. Der Umgang mit den Geflüchteten löste zwar zunächst eine Welle der Hilfsbereitschaft und des ehrenamtlichen Engagements aus, doch gleichzeitig kam es zu einer Verstärkung und Entladung rechter Ressentiments. Ein freigestellter Betriebsrat und Vertrauenskörperleiter schildert seinen Eindruck:

> »Und also ich glaube, es ist erstens Angst und zweitens spüren die halt irgendwo ein Stück weit eine Ungerechtigkeit. (...) Und jetzt kommt der Flüchtling und bekommt das. Und das ist dann schon auch so, dass sich dann so eine Wut entlädt. Wobei, also es gibt genauso ganz viele Initiativen von Menschen, die sich bei Flüchtlingen in allem Möglichen engagieren. (...) aber die Flüchtlingswelle, ich glaube, das war so noch mal der I-Punkt oben drauf.« (I7, 245)

Die Wahrnehmung der Fluchtbewegung als I-Punkt schließt ein, dass es zuvor bereits verstärkende Signale einer »Klimaveränderung« gab. Zumeist artikuliert sich dies in »latenten Ausbrüchen«, wie im Fall eines sozial-medizinischen Dienstleistungsunternehmens:

> »Eine offene Diskussion im Bereich des rechten Spektrums gibt es bei uns nicht, hat es auch noch nie gegeben, passt auch nicht mit unseren Grundsätzen zusammen. (...) die Leute, die bei uns arbeiten, wissen das auch. Nichtsdestotrotz gibt es natürlich so einen latenten rechten Ansatz, wie überall in der Bevölkerung, der sich nicht dadurch manifestiert, dass man sagt, ich finde jetzt die AfD gut und Ausländer müssen jetzt mal weg, oder sonst irgendwo was, sondern so teilweise halt eben in latenten Ausbrüchen, dass man halt eben schon mal abwertig über bestimmte Bevölkerungsgruppen spricht und so weiter.« (VG8, B2, 248)

Vorgelagert ist ein Prozess der Empörung über die Verschlechterung arbeitsmarkt- und sozialpolitischer Verhältnisse sowie spürbarer politischer Ignoranz und Missachtung. Eine erwerbslose Kollegin, Mitglied eines gewerkschaftlichen Erwerbslosenarbeitskreises in Ostdeutschland, beschreibt diesen Prozess zunächst im Kontext der Pegida-Proteste:

> »Was dem Wutbürger bei uns dazu Anlass gegeben hatte, da ist jemand, der den Mund aufmacht und da schließen wir uns erst mal an. Aber sie haben zu spät erkannt, dass die Wut (...) der Lutz Bachmann gar nicht vertritt. Sondern dass er ziemlich rechts angesiedelt ist. So, und aber trotzdem sind die in dem ersten Jahr zu Tausenden denen hinterhergelaufen (...) haben aber nur die falsche Adresse genommen (...) da ist das ganze Pegida-Gedöns entstanden und die AfD kam dann hinterher. Die hatten leichtes Spiel.« (IG1, B6, 1086)

Für sie liegen die prägenden Abwertungserfahrungen jedoch weiter zurück – wobei auch mit Kritik an der Haltung der Gewerkschaften nicht hinter den Berg gehalten wird. Sie führt fort:

> »Aber meine Wut persönlich war vor 13 Jahren größer – mit Einführung von Hartz IV. Weil die Sozialpartner, die mit an dem Tisch gesessen haben, es nicht geschafft haben, dieses Ding mit zu kippen, weil sie eben erpresst worden sind. Das war die erste Wut gewesen. Und die zweite Wut war gewesen, wo wir uns dann jahrelang organisiert haben und den Leistungsträger mit darauf hingewiesen haben,

was für ihn auf dem Spiel steht für die Zukunft, wo wir jetzt drin sitzen, und von denen sind wir belächelt worden. Das war ja noch nicht mal das Schlimmste. Aber das Schlimmste war gewesen, dass wir beschimpft worden sind von ihm, wir wären zu blöd, wir sollten uns da raushalten. Wir haben keine Ahnung von Politik, wir sollten unser Mundwerk halten und uns lieber Arbeit suchen gehen. Da war ich sehr wütend gewesen. Jetzt bin ich zum Teil schadenfroh.« (IG1, 1077)

Hier ist Sozialkritik noch mit einer progressiven Widerstandsperspektive verknüpft, aus der sich Wut an »Entscheidungsträgern« speist – wir werden später (Kap. 6) sehen, dass rechte Ressentiments sich vor allem als »Establishmentkritik« profilieren.

Doch zunächst zurück zu verschiedenen Aspekten der »Klimaveränderung«. Diese zeigt sich zunächst vor allem in privaten Gesprächen mit Kolleg*innen. Dabei wird eine direkte Zuordnung zu ausländer- und fremdenfeindlichen Einstellungen oft vermieden. Die Befragten sind zögerlich mit der Bewertung, dass in diesen Gesprächen im Betrieb rechte Orientierungen zum Vorschein kommen.

»Privat, in den Pausen, wo man halt mal so zusammen steht. Das war natürlich jetzt, wo die vielen Flüchtlinge kamen, war das natürlich schon auch ein Thema. Ja, in Richtung, wie viele kommen da noch? Wo soll das hingehen usw. (...) Und jetzt aber nicht so, dass man sagen könnte, okay, das geht jetzt in eine Richtung von Rechtspopulismus, sondern einfach nur, ja, ganz normale Ängste ...« (VG1, B1, 48)

Auch dort, wo die betriebliche Kultur und zum Teil auch formelle Regelsetzungen rechte Meinungsäußerungen nicht zulassen, wird von »latenten rechten Ansätzen« berichtet. Die Befragten berichten von Kolleg*innen, die »ein bisschen rechts orientiert« sind – was immer das konkret bedeuten mag – und deren Einstellung als »relativ normal« noch unterhalb der Schwelle zum Rechtspopulismus eingestuft wird. Dies ist, wie der nachfolgenden Passage aus einer Diskussion in einem Jugendseminar zu entnehmen ist, auch der Fall bei einem Kollegen mit türkischem Migrationshintergrund:

»(...) bei uns gibt es auch Leute, die halt so bisschen rechtsorientiert sind. Aber ich komme mit denen klar, weil wenn die zu mir sagen zum Beispiel, scheiß Ausländer, dann sage ich zu ihnen, scheiß Nazi. Und dann lachen wir drüber. Also das ist so ein Geben und Nehmen. Also es ist jetzt nicht so, dass das halt ernst gemeint ist von denen

> und so. Ist halt ein bisschen rechts, aber ich kann ihn nicht ändern. (...) ich komme mit jedem von diesen 350 Leuten klar, in allen drei Schichten. « (IG4, B, 472)

Erfahrungen aus Betrieben mit einem hohen Migrationsanteil bestätigen eine zwiespältige Einschätzung: einerseits freundschaftliche Verhältnisse ungeachtet unterschiedlicher nationaler Herkunft, andererseits die Beobachtung rechter Orientierungen.

> »Wir haben einen relativ hohen Ausländeranteil bei uns in der Firma, was aber so im Ganzen gut läuft. Also da gibt es keine schäbigen Äußerungen. Das sind Kollegen, die schon seit Jahren zusammenarbeiten, die haben sich so gefunden, da finden private Einladungen statt, es gibt Freundschaften und so (...). Wir haben Betriebsratskollegen, die sich wohlwollend über Pegida oder bei uns heißt das Begida aus Bielefeld äußern. Wir haben homophobe Betriebsräte, die aber ansonsten total nett sind. Also man darf sich das (...) die stehen da nicht drin, ich weiß nicht, mit Uniform, mit Hakenkreuz am Arm – so sind die ja nicht. « (VG8, B3, 286)

Auch wenn vieles widersprüchlich bleibt oder in der Schwebe gehalten wird: Offensichtlich gibt es im Kontext der Fluchtbewegung einen signifikanten Prozess der Enttabuisierung rassistischer Ressentiments in Betrieben und Verwaltungen.

Die Aussagen gegenüber den Geflüchteten folgen meist einer einfachen Argumentation: »die nehmen uns was weg«.

> »Der Grundtenor ist (...) wenn sie kommen, kriegen ja so quasi vieles neu, alles, und wir müssen uns alles erarbeiten.« (VG1, B5, 149)

Das, was an rechter Orientierung schon länger vorhanden war, wird jetzt offener gezeigt und ausgesprochen. Hier eine Beobachtung aus der öffentlichen Verwaltung, die – wie unser Interviewpartner anmerkt – verallgemeinerbar ist:

> »Also grundsätzlich das Thema rassistisches Verhalten oder rassistische Ressentiments gegenüber Kolleginnen und Kollegen oder auch gegenüber halt der Bevölkerung gibt es schon immer nach meiner Wahrnehmung, und zwar durch alle Bereiche durch. (...) Allerdings in einem für mich bis vor drei Jahren in den Betrieben der öffentlichen Verwaltung kaum wahrnehmbaren Umfang (...). Meist mit der Ausnahme, [wenn] jemand wahrnehmbar auf einer Personalversamm-

lung [auftrat], der halt also optisch schon in den Kreis von Rechtsradikalen gepasst hat, wo man dann halt auf Nachfrage oder auch anhand seiner Äußerungen gemerkt hat, wie der so tickt. Aber das war tatsächlich (...) in den Betrieben eher die Ausnahme. Das hat sich verändert ganz deutlich mit der (...) ich finde kein richtiges Wort, weil da gefallen mir alle Wörter nicht, mit der Flüchtlingshysterie, sage ich mal so, die da losgetreten worden ist.« (V1, 34)

2.2 Radikalisierung des Alltagsrassismus

Die »Klimaveränderung« bleibt nicht bei einer Enttabuisierung rechter Vorurteilsstrukturen stehen. Darüber hinaus kommt es zu Fällen der Radikalisierung – Enttabuisierung geht über in Enthemmung. Eine Stimme aus einem Telekommunikationsunternehmen, die exemplarisch ist:

> »Wenn es bloß offen reden wäre, wäre es ja nicht so schlimm. Das Tragische ist die Art, wie man darüber redet. In der Vehemenz, dass man frühere Tabuthemen anspricht und mit welcher Radikalität, das ist das, was mich ein bisschen besorgt macht.« (VG1, B3, 119)

Radikalisierung kommt konkret in fremdenfeindliche Aussagen gegenüber den Geflüchteten zum Ausdruck. Diese folgen – wie es oben bereits einmal anklang – meist einer einfachen Argumentation: »die nehmen uns was weg«. Eine Wahrnehmung, die sich quer durch die Republik zieht:

> »Vor allen Dingen zu der Hochzeit der Flüchtlingseinwanderung. Es werden zu viele. Mein Geld wird immer weniger. Die müssen ja auch irgendwo leben. Die müssen ja auch irgendwo von bezahlt werden. Das geht wieder an unsere Kasse, an unser Geld. Es bleibt ja nichts anderes, als einen großen Zaun zu ziehen.« (IG3, B4, 149)

Diese Erfahrung eines jungen Vertrauensmanns aus der Entwicklungsabteilung eines Automobilzulieferers deckt sich mit der eines Kollegen, der in Süddeutschland bei einem Unternehmen der Messtechnik beschäftigt ist:

> »(...) das geht einfach darum, dass die kommen, dass die die Jobs wegnehmen, (...) dass sie im Prinzip auf Kosten unseres Sozialstaats hier ihr Leben genießen wollen. Dass sie ... naja, alle sich nicht integrieren werden, dass wir damit unsere eigene Gesellschaft, unsere

> eigene Kultur zerstören, langsam selbst untergraben, und dann heißt es so: Ja, wir sind so dumm und wir lassen das zu.« (IG5, B4, 153)

In der Haltung gegenüber Geflüchteten wird ein Alltagsrassismus sichtbar, bei dem die Übergänge von provokanten, aber nicht fest im rechten Ressentiment verankerten Äußerungen bis zu verbalen rechtsradikalen Stigmatisierungen und Ausgrenzungen durchaus fließend sind. Und es sind nicht nur Äußerungen.

> »Es gibt Schmierereien in Toiletten, das haben wir nach wie vor immer wieder mal punktuell, also auch gerade faschistische Elemente wie Hakenkreuz, so was finden wir schon.« (I2, B2, 637)

Es gibt offenkundig eine Grenze, bei der die Überschreitung von rassistischer Anmache in veritable Konflikte umschlägt. Ein junger Kollege mit türkischem Migrationshintergrund schildert die Grenzüberschreitung:

> »Ich war bei der Instandhaltung eingesetzt (...) da war so ein Kollege von mir, ein Instandhalter, und der war auch ein bisschen rechts angehaucht so. Und zur Anfangszeit, als ich da angefangen habe zu arbeiten, dann hat er immer so Sprüche rausgelassen: Ey, Kanake, wie geht's? Und hey, mein Lieblingskanake. Und am Anfang habe ich noch gesagt, okay, der macht Scherze. Machst du auch ein bisschen Scherze. Und dann hat er nach einer Zeit angefangen, das zu übertreiben. Kanake hier, Kanake da. Kanake hol das, Kanake heb das auf, Kanake mach dies, Kanake ... Irgendwann dachte ich mir: Alter, übertreib doch nicht deine Rolle so, ne? Einmal, zweimal, dreimal geht – aber wenn ich jeden Tag zur Arbeit komme, Kanake, geh Kanake – macht es keinen Spaß mehr. Und irgendwann ist er dann ausgerastet, hat mich da angeschrien, hat mir dann auch fast eine reingehauen. Da bin ich dann zu dem Jugendvertreter gegangen, habe dem die Sache geschildert. Und das ging auch bis zur Personalabteilung. Wir haben versucht, mit ihm zu reden. Und das lief dann hinter geschlossenen Türen ab so, die Sache wurde dann einfach so gegessen.« (IG4, B4, 568)

2.3 »Der Islam ist schuld«

Das Anwachsen fremdenfeindlicher Ressentiments trifft insbesondere die Geflüchteten aus islamisch geprägten Ländern. Das Bild des Islam bekommt einen Stellenwert im Alltagsleben und wird zur Projektionsfläche der eigenen Ängste und Abstiegssorgen. Auch dies wird als Teil der Klimaveränderung in den Betrieben gesehen.

> »Ja, also ich merke es, sage ich mal, in der Arbeit auch bei einem Kollegen, der relativ sehr stark gegen Ausländer ausgesagt hat, der gesagt hat, der Islam ist daran schuld, dass es soweit gekommen ist in Deutschland, dass wir letztendlich daran schuld wären, dass so viele Kriege passiert sind, und alle sollen wieder zurück in ihr Land kommen. Was die hier überhaupt zu suchen haben.« (VG2, B6, 131)

In der von Pegida und AfD zur Zielscheibe auserkorenen »Islamisierung des Abendlandes« findet die Islamophobie ihren zugespitzten ideologischen Ausdruck. Rückwirkend wird sie verstärkt durch den IS-Terror, der auch in Deutschland seine Spuren hinterlässt.

> »(...) die haben doch irgendwas erzählt von Islamisierung des Abendlandes und der ganze Terror und alle Schwarzköpfe, die sind eine Bedrohung für uns. (...) Und die ganzen Medien. Ach guck mal, da ist ein Bombenanschlag, voraussichtlich ein Islamist. Und da explodiert eine Bombe, ja, bestimmt einer mit Migrationshintergrund. Und da wird einer ... läuft irgendwo rein und knallt 300 Leute auf einmal ab und da sagen die: Ja, der hat bestimmt auch einen islamischen Hintergrund. Und das ist alles auch Hetzerei und die Leute, die das alles lesen und sich denken, verdammte Scheiße, die ganzen Islamisten, die hier rumlaufen, hey, das ist alles eine Bedrohung für uns. Und guck mal, die AfD, die stellt sich dagegen und sagt, die wollen wir hier nicht haben. Und dann wählen die die.« (IG4, B, 397)

Islamophobie ist ein Bestandteil des modernen Alltagsbewusstseins. Mit der Fluchtbewegung fallen die Hemmschwellen, die in der Vergangenheit verhindert haben, dass diese Vorurteile offen ausgesprochen wurden. Der Islam wird als Bedrohung empfunden – bis hinein in Bereiche der gewerkschaftlichen Bildungsarbeit. Dazu die folgende Beobachtung eines hauptamtlichen Kollegen:

> »(…) gegen Antisemitismus würden wir sehr massiv vorgehen. Der Islam löst einen ganz anderen Reflex aus und da kann man nicht mehr auf einer gemeinsamen Wertebasis sozusagen von Freiheit der Religionsausübung ausgehen, sondern das wird sofort als Bedrohung empfunden. Und das nicht nur bei Teilnehmenden, die zu uns kommen, sondern auch bei vielen unserer Teamenden, und auch durchaus bei Hauptamtlichen, die einfach Ängste, die da in die Gesellschaft getragen werden, auch haben, ja? Eine gewisse Unwissenheit, ja, also was ist der politische Islam? Was hat das mit dem normalen Islam zu tun? Wie sieht es aus mit der Scharia, wo wird die eigentlich überall angewendet? Und das wird verknüpft mit einer allgemeinen Angst vor Migration.« (B2, B2, 89)

2.4 Rechte Orientierungen und Konflikte in multiethnischen Belegschaften

Wenn die Fluchtbewegung als I-Punkt oder Katalysator des Rechtspopulismus auch in den Betrieben und Verwaltungen zu sehen ist, stellt sich die Frage, wie es sich in multiethnischen Betrieben verhält. So sind z.B. mehr als ein Viertel (26%) der Beschäftigten in der Automobilindustrie migrantischer Abstammung.

Die Meinungen darüber, ob ein hoher Anteil von Beschäftigten mit Migrationshintergrund sich als Hemmschwelle gegenüber dem Rechtspopulismus auswirkt oder diesen eher fördert, sind geteilt. Die einen gehen davon aus, dass eine multiethnisch geprägte Belegschaft gegenüber dem Rechtspopulismus eher gefeit ist.

> »Also wir sind ein Betrieb mit … ich würde mal geschätzt sagen, 60 Prozent Mitarbeiter mit Migrationshintergrund. Dafür ist es bei uns innerbetrieblich, wie gesagt, also rein jetzt nur im Betrieb selbst sehr ruhig, sehr friedlich. Die populistische Attacke, die findet überwiegend im Privatleben über Facebook und sonst irgendwas statt. Aber im Betrieb selbst ist es ruhig. Wir hatten jetzt einmal so einen Vorfall vor knapp zwei Wochen, wo zufällig dann ein türkischer Mitarbeiter und ein glühender AfD-Fan aneinander geraten sind, allerdings nicht aufgrund von der AfD, sondern aufgrund von Erdoğan. Also ansonsten ist es, wie gesagt, relativ ruhig (…). Was mir auffällt, diejenigen, die am stärksten eigentlich gegen Migranten hetzen, am glühends-

> ten für die AfD werben, sind eigentlich diejenigen, die überhaupt noch nie einen Flüchtling von Nahem gesehen haben.« (VG8 B5, 371)

Andere sehen in den ehemaligen Migrant*innen eine besondere Quelle von Fremdenfeindlichkeit und eine abwehrende Haltung gegenüber Geflüchteten. Hierzu eine Diskussionssequenz mit jungen Kolleg*innen aus Metallbetrieben:

> »B3: Ihr habt ja Türken, Jugoslawen, Russen, vermute ich mal, ne? Also ist ja eigentlich alles im Betrieb. Und trotzdem so eine Stimmung [gegen Geflüchtete]?
>
> B7: Ja, das kommt auch nicht nur von Leuten ohne Migrationshintergrund. Es kommt teilweise auch von russischstämmigen Leuten oder von polnischen Kollegen oder auch von türkischstämmigen Leuten. Das hat, glaube ich, überhaupt nichts mit dem Migrationshintergrund zu tun.
>
> B9: Aber das kenne ich aus der Vergangenheit auch. Also als Anfang der Neunziger die Diskussion war damals, die sogenannte Asyldebatte, da haben durchaus viele Migranten, die schon ganz lange in Deutschland sind, haben auch die Zuwanderung von außen als Bedrohung gesehen, auch für ihre eigene Position, ihre eigene Integration in Deutschland, und haben in das gleiche Horn getutet. Das waren sowohl teilweise türkische Kollegen oder spanische Kollegen, deren Familien schon seit Jahrzehnten da waren, als auch gerade viele neu Angekommene aus Russland.«

Im weiteren Gesprächsverlauf wird von den Befragten selbst eine Einordnung auf der sozialen Stufenleiter vorgenommen.

> »B: Ja, aber die wollen halt nicht …
>
> B9: Die wollen dazu gehören und wollen (…) also das ist überhaupt ein Phänomen bei Einwanderungsbewegungen, dass die, die als Letzte gekommen sind, sind immer die, die von denen, die knapp vorher gekommen sind, abgelehnt werden. Das ist nicht ungewöhnlich.« (IG4, 348)

Ein Kollege, dessen Eltern zur Zeit der Franco-Diktatur aus Spanien nach Deutschland geflüchtet waren, unterstützt diese Position und ordnet sie in einen generellen politischen Wandel ein:

> »(…) was ich ziemlich klar mitbekomme, ist bei den russischen Kollegen: Also die sagen ganz offen, die wählen AfD. Die haben selbst

Angst, dass hier so viele Ausländer reinkommen. (...) Ja, man kriegt es schon teilweise mit, auch den politischen Wandel, der stattfindet. Früher hätte keiner vor 30 Jahren seinen Schlächter gewählt. Jeder Arbeiter hätte SPD gewählt. Heutzutage ist es kein Problem, AfD zu wählen oder CDU oder FDP – das hätte es früher nicht gegeben. Also dieser Wandel, der da stattgefunden hat, das ist schon beängstigend. Aber das ist durch die Hartz-IV-Gesetze und durch den Neoliberalismus zustande gekommen.« (VG8, B4, 338)

In Branchen, in denen es noch in größerem Umfang gering qualifizierte Beschäftigtengruppen gibt, können in der Konkurrenz zwischen deutschen und ausländischen Kollegen Unterlegenheitsgefühle der deutschen Beschäftigten entstehen, die zu Ablehnung führen.

»Die Frage, ob es vielleicht ein bisschen entspannter ist, wenn verschiedene Nationalitäten miteinander arbeiten, die habe ich sowohl als auch wahrgenommen. Ich habe aber auch beobachtet, auch in meinem Ex-Betrieb, dass in dieser Branche [Logistik] (...) oft viele ohne Schulabschluss, das sind halt einfache Jobs, die man nach einer kurzen Anlernzeit halt machen kann. Das sind ja Menschen, die schon unten am Rand (...) noch so mit ihrer körperlichen Kraft arbeiten. Die stellen dann fest, dass sie nicht nur ganz unten sind, sondern dass viele ausländische Kollegen denen intellektuell überlegen sind. Und das führt oft auch dazu, natürlich sich erst recht noch unterlegen zu fühlen. Und das hat auch wirklich viel mit Minderwertigkeitsgefühlen zu tun und dadurch entsteht ja auch – unter anderem – die Ablehnung.« (VG7, B4, 372)

Die multiethnische Zusammensetzung von Belegschaften ist also keine Garantie für eine vorurteilsfreie und kollegiale Haltung gegenüber Geflüchteten und auch der Erfolg »rechtspopulistischer Rattenfänger« wird dadurch nicht verhindert. Ein anderes Problem sind die Spannungen und Konflikte sowohl innerhalb der Communities (z.B. innertürkisch, sei es mit Aleviten oder Kurden) als auch zwischen ihnen, die ebenfalls einen rechtspopulistischen Hintergrund haben können. Gewerkschaftsfunktionäre können dazu berichten:

»Bei mir landen natürlich auch Fälle, wo es nicht nur um die AfD geht oder um so was wie einen deutschen Rechtspopulismus, sondern es geht natürlich auch um die Spaltung in der türkischen Community, es geht um Spaltung in der russischen Community. Und das sind ja alles

> diese ganzen Ethnisierungen, mit denen wir auch noch mal zu tun haben. Und ich finde, wir dürfen die nicht außer Acht lassen.« (B5, 144)

Gewerkschaftsfunktionär*innen geraten in Gefahr, in diesen Konflikten von der einen oder anderen Seite angefeindet zu werden.

> »Und wer sich da einmischt, läuft natürlich Risiko, ist mir selber passiert, dass du da plötzlich von den einen gefeiert und von den anderen zum Todfeind erklärt wirst. Ich habe auf einer Kundgebung von Aleviten, also kurdischen Aleviten gesprochen, ... und die schwächste Form war der Beschwerdebrief an den Vorstand mit der Drohung, dass mit einem Betrieb mit enorm hohem Migrationsanteil türkischer Leute Massenaustritte angedroht worden sind. Und gegipfelt in dem Umstand, wir erwarten über die Social Media eine Bekanntmachung, du bist Terrorist, du bist Rassist, und so weiter.« (I2, B, 709)

Es gibt migrantische Gruppen, die aufgrund ihrer historischen Erfahrungen in den Herkunftsländern antidemokratische und autoritäre Einstellungen mitbringen, die sich mit rechtspopulistischen Angeboten in Deutschland verbinden lassen.

> »Und ich muss da schon auch sagen, dass gerade diese russischstämmigen Kollegen, Philippinen, alles ... also diese harte Hand einfordern. Weil sie es von zu Hause kennen politisch, klipp und klar hier ab in den Knast oder weg, raus! Das sind auch die, obwohl die selbst einen Migrationshintergrund haben, Jugoslawen, also ich sage jetzt nicht nur die Kroaten, sondern auch die Jugoslawen, dasselbe Beispiel, die zeigen dann mit dem Finger auf andere, obwohl sie das beste Beispiel für Wirtschaftsflüchtlinge sind und sind völlig resistent. Und das sind genau die, die dann auch die AfD wählen.« (VG8, B6, 442)

Rechte, autoritäre Orientierungen in migrantischen Gruppen und die Offenheit, mit der bei deutschen Kolleg*innen rechtpopulistisch diskutiert wird, laufen zeitlich parallel – so wird uns berichtet:

> »Wir haben das Problem, dass wir 40 Prozent Russland-Deutsche haben, 40 Prozent türkischer Herkunft und ungefähr 20 Prozent noch – meist im Angestelltenbereich – normal, oder irgendeine Nationalität, die relativ schwach vertreten sind. Was auffallend ist, dass zum Beispiel ein Herr Putin durchaus eine große Rolle spielt bei unseren Russland-Deutschen, und auch ein Herr Erdoğan durchaus eine sehr große Rolle in diesen Gruppen spielt. Und auch Meinungen bilden.

> Und auf der anderen Seite, wenn wir dann auf die deutsche Seite gehen, haben wir durchaus sehr stark, dass Sachen, die früher, ich sage mal, so unterm Tisch weiter gereicht worden sind, heute überm Tisch gereicht werden. Dass Leute ganz klar zu Parolen der AfD stehen und sie versuchen auch, in dem Betrieb als Meinung umzusetzen. Also das ist schon sehr stark. Das gab es vor drei Jahren nicht.« (IG2, B5, 174)

Es wird auch berichtet, dass in der Konkurrenz zwischen deutschen und ausländischen Beschäftigten die Migrant*innen aus dem osteuropäischen Teil der EU »bedrohlicher« sind als die aktuell Geflüchteten. Hier die Erfahrung eines Kollegen, der in einem großen Transport-/Zustellerunternehmen beschäftigt ist:

> »Was vielen Deutschen Angst macht, dass sie die Arbeitsplätze verlieren, das sind nicht die Asylanten, die bei uns im Hof stehen, das sind die EU-Mitglieder. Das sind die Rumänen, (...) das sind die Litauer und alle, die von da kommen. (...) Wenn man Polen nimmt, wenn man vor allem die Baltikumländer nimmt, die wandern alle hierher. Ob die bei uns Pakete zustellen oder ob die zu Hause alte Leute pflegen, weil wir sind Zusteller, wir gehen durch die Häuser und wir sehen, wie es ist. Es ist jedes zweite Haus, da wo die ältere Dame oder Herr wohnt, pflegt eine Osteuropäerin. (...) Dass der da jetzt seit 20 Jahren arbeitet als Lkw-Fahrer oder Paketzusteller und dann kommt einer aus Rumänien, der jung ist, der schnell ist, der lernfähig ist (...) die sind alle sehr gut in dem, was sie machen. Das muss man zugeben. (...) Die verstehen vielleicht nicht hundertprozentig Deutsch, aber die beherrschen meistens noch sehr gut Englisch und das und das und das. Die füllen Papier aus, ohne irgendwas. Die kommen super mit Scanner zurecht.« (VG7, B3, 522)

2.5 Ressentimentgeladene Kommunikation in sozialen Medien

Die ressentimentgeladene Kommunikation über Probleme der Arbeitswelt findet verstärkt über soziale Medien statt. Hier mischt sich die Attraktivität neuer Kommunikationsmedien mit der Möglichkeit, Verständigungsprozesse, Foren, Orientierungs- und Organisierungsprozesse zu nutzen, die gleichsam geschützt und abgeschirmt unterhalb der Ebene der Betriebsöffentlichkeit bleiben können (siehe Kapitel 1). Über die sozialen Medien werden rechtspopulistische und rassistische Texte, Bilder und Meinungen verbreitet, die auf der Alltagebene der betrieblichen Kommunikation nicht sichtbar werden oder eben nur am Rande auftauchen.

> »... ich bin viel im Internet unterwegs, da merkt man es besonders. Da sind dann diese Internetrambos, nennt man es gerne, die lassen ihren ganzen Frust, den sie den ganzen Tag über aufgebaut haben, dann im Internet raus, in irgendwelchen Kommentaren, Postings, etc.« (VG2, B4, 843)

In den sozialen Medien kann man Unmut, Ärger, Hass gegenüber Geflüchteten im Schutz der Anonymität äußern – und so auch an der Geschichte über die vermeintlich bevorzugten Asylbewerber in Deutschland weiterspinnen.

> »(...) oder so Kommentare, mir werden die Stunden gekürzt, es läuft ein Sozialplanverfahren, und hier muss man nur Asyl sagen können, kriegt man alles in den Arsch gesteckt. Also dieser soziale Neid, sage ich jetzt mal, ohne zu wissen, woher der begründet ist. Und so hinter diesen sozialen Medien kann man sich ja prima verstecken, da muss man sich erst mal nicht outen. Ich denke mal, das ist alles so aus der Deckung raus. Eigentlich will ich das nicht laut sagen, aber die Betroffenheit ist da, sage ich mal. Die merkt man schon im Betrieb.« (VG6, 72)

Die sozialen Medien werden teilweise zielgerichtet für kommunikative und organisatorische Netzwerke in Betrieben genutzt – wiederum unterhalb der Ebene der Betriebsöffentlichkeit zur Sammlung Gleichgesinnter und Rekrutierung von Sympatisant*innen. Ein exemplarischer Fall eines Kollegen:

> »(...) also der hat einen richtig guten Rückhalt innerhalb der Belegschaft, ganz lieber netter Kerl, man kann sich super mit dem unterhalten, aber der hat seit anderthalb, zwei Jahren eine klare Stellung bezogen, eine klare Position. Der fischt deutlich am rechten Rand. Der macht richtig Stimmung, sei es über seinen Facebook-Account, wo Fakenews, provozierende Bilder, Inhalte gepostet werden. Und wir wissen seit ein paar Wochen, dass er auch eine WhatsApp-Gruppe gegründet hat, wo ungefähr 30 Kollegen drin sind, wo er auch der Administrator ist. Also er lädt die Leute ein und er ist auch quasi dort der Meinungsführer und der Stimmungsführer, wo nicht nur AfD-Po-

> sitionen, sondern auch Artikel von rechten News-Seiten, also solche Fakenews-Seiten, die klar am rechten Rand fischen, (...) diese WhatsApp-Gruppe trägt unseren Firmennamen und dahinter Café (...) denkt man ja erst mal nichts Schlimmes, wenn man da eingeladen wird. Und dann wird da ausschließlich so eine Politik gemacht.« (IG4, B3, 282)

Dem auf die Spur zu kommen, das wird immer wieder gesagt, fällt nicht leicht. Auch Gewerkschaften nutzen soziale Medien als Informationskanäle. Aber präsenter und aktiver Player sind sie damit noch nicht; ihre arbeitsweltliche Öffentlichkeitsarbeit ist nach wie vor von klassischen Foren und Mitteilungsformen geprägt. So sind es immer wieder Überraschungsmomente, in denen die Verbreitung und Verankerung rechtspopulistischer Vorurteile und Aktivitäten selbst in ihrem Nahbereich schließlich doch erfahrbar wird. Ein Gewerkschaftssekretär, der die neuen Medien zu nutzen versteht, zeigte sich nach eigener Recherche selber überrascht:

> »Nicht erkennbar war für uns, dass es bis auf einzelne sichtbare Personen überwiegend über Social Media eine so tiefe Verankerung in die eigenen gewerkschaftlichen Strukturen hinein gibt.« (I2, B, 13)

Wie damit umzugehen ist, darüber gibt es unterschiedliche Erfahrungen. Zum einen, weil Facebook, Twitter et al. immun gegen demokratische Kritik an menschenverachtenden Posts sind und nur auf massivsten politischen Druck reagieren.

> »Leute, von denen ich das nie gedacht hätte, die teilen dann plötzlich Bilder und irgendwelche Texte, wo ich denke, was ist mit euch los? Also wirklich rechts, eindeutig rechtsextreme Bilder teilweise, die Facebook dann auch, selbst wenn man sie meldet, ich habe schon öfter getestet, auch nicht löscht.« (VG2, B4, 119)

Noch größer wird das Problem, wenn die vorstehend beschriebenen Prozesse der Enttabuisierung und Enthemmung insbesondere hier greifen und »Meinungsfreiheit« im Sinne des »man wird ja wohl noch mal sagen dürfen« für faschistische Posts reklamiert wird. Dabei geht es nicht nur um Belegschaftsangehörige, nicht nur um »einfache Gewerkschaftsmitglieder«, sondern auch um betriebliche Interessenvertreter*innen und Funktionär*innen, wie ein IG Metall-Sekretär berichtet:

> »Es gab einen Betrieb, wo Funktionäre, Betriebsräte, Vertrauensleute eine WhatsApp-Gruppe hatten und irgendwelche von Judenwitzen bis sonst was verteilt haben. Ich kenne die handelnden Personen und ich hätte es nie gedacht: Junge Menschen, offen wie sonst was, und posten da einen Müll von Hakenkreuzen bis Adolf Hitler (...) Und da gab es dann auch eine Kündigung in dem einen Fall in dem Betrieb. Ist auch vom Arbeitsgericht dann bestätigt worden. Aber gibt es natürlich unter den Beschäftigten Solidaritätserklärungen für denjenigen, der gekündigt ist, weil die böse IG Metall ist natürlich daran schuld, dass der gekündigt worden ist.« (I7, 214)

Auf der anderen Seite ergeben sich für Betriebsräte und Gewerkschaften Interventionsmöglichkeiten, wenn rechte Orientierungen im Betrieb über soziale Medien demaskiert werden können. Hier ein Fall erfolgreichen »Rückholmanagements«:

> »Wenn es um Maßnahmen gegen einzelne Personen geht, die sich irgendwie rechts äußern oder so, muss man sehr genau hingucken, womit wir es zu tun haben. Weil es wird niemand irgendwie als Faschist oder Rechtsextremer geboren, und muss es auch nicht bleiben. Wir hatten konkret einen Fall mit jemand in der Ausbildung, sehr junge Person, und da tauchten immer Facebook-Einträge auf. Und dann wurde mit der Person gesprochen. Und die war auch Vertrauensperson. Und unser Bevollmächtigter hat ein Gespräch geführt. Und es wurde deutlich, (...) dass das eine Geschichte war, mit 16, 17 in die falschen Kreise abgedriftet und blöde Sprüche gemacht und sich auch in so einem Milieu bewegt, (...) so im NPD-Umfeld. Aber inzwischen auch raus. Und ich finde, da muss man auch sehr genau gucken, wie sich Menschen entwickeln.« (IG4, B1, 632)

Widerstände und Chancen liegen hier nah beieinander. Um sie zu erkennen, bedarf es, so wurde uns geschildert, nicht zuletzt einer gewerkschaftlichen Kommunikation, in der die sozialen Medien nicht nur gelegentlich, sondern systematisch »auf dem Schirm sind«. Exemplarisch das Statement eines Geschäftsführers einer IG Metall-Geschäftsstelle:

> »Ich habe mehrere Erfahrungen gemacht, gerade über Facebook habe ich gemerkt, wie das immer und immer stärker wird, wie das immer mehr hochpoppt, und habe halt zum Anlass genommen zu sagen, Leute, wir müssen jetzt mal drüber reden, wo wir denn Linien ziehen, wo wir für uns als IG Metall rote Linien ziehen.« (I3, 15)

2.6 Die Wähler der AfD – Protest oder Überzeugung?

Die Durchsetzung der AfD im politischen System fokussiert auch die betrieblichen Meinungsbildungsprozesse neu. Enttabuisierung erhält einen weiteren Schub. Ein kurzes Statement, das in unser Befragung so oder etwas anders formuliert mehrfach geäußert wurde:

> »Also mir gegenüber haben einzelne Kollegen schon bekannt, dass sie beim nächsten Mal die AfD wählen werden. Haben aber als Begründung immer die etablierten Parteien genannt.« (IG1, B4, 345)

In den meisten der uns berichteten Beobachtungen ist von solchen Protestwählern die Rede: Sie wählen AfD, nicht weil sie sie gut finden, sondern als Protest gegen die anderen politischen Parteien.[1] Eine knappe Gesprächssequenz:

> »B: Ich wähle jetzt die AfD, dann wird sich was ändern. Wähle ich die SPD oder CDU, bleibt das Gleiche. Die anderen sind zu schwach und die AfD wird irgendwas verändern, (...) So kenne ich auch Leute bei mir in der Arbeit, die so denken. Wir wählen jetzt die AfD, ob rechts oder nicht – Hauptsache, es ändert sich was. Weil die da oben machen ja nur Scheiße im Moment.
>
> B3: Protest.
>
> B: Ja, Protest, das sind alles Protestwähler. Das sind keine rechtsradikalen Leute. Das sind einfach Leute, die kein Bock mehr haben, die wollen einfach was ändern.« (IG4, 315)

Manche Kolleg*innen äußern Verständnis für diese Protestwähler, darunter auch Wechselwähler zwischen links und rechts.

> »Es ist ja auch kein Wunder, dass die Wähler zwischen AfD und links hin und her tendieren und eben nicht zwischen CDU und AfD. (...) das sind die Leute, die einfach nur wollen, dass sich was ändert, und der Überzeugung sind, dass die, die an der Macht sind, es nicht machen. (...) Also auch ich habe das Gefühl, dass vieles von dem, was hier gemacht wird, von unseren Politikern nicht zum Wohl unseres Volkes ist.« (VG9, B2, 638)

[1] Vgl. dazu auch Kapitel 6.

Andererseits gibt es auch Hinweise auf inhaltliche Gründe, die für die Wahl der AfD sprechen, vor allem bezüglich der Flüchtlings- und Asylpolitik.

> »(...) das waren keine Protestwahlen, sondern die Leute haben bewusst die AfD gewählt, weil sie bewusst gegen Flüchtlinge gehetzt haben. (...) Also sie waren sauer über die Politik, weil das mit den Flüchtlingen so passiert ist. Das hat zu Wut geführt meiner Meinung nach. Und das hat unter anderem auch dazu geführt, dass die AfD das bedient hat. Und dann haben sie eben das Kreuz dort gemacht.« (V2, 925)

Bekenntnisse zur Wahl der AfD verbinden sich häufig mit einer Relativierung der politischen Ausrichtung: Die AfD sei nicht rechtsradikal und nicht mit der NPD vergleichbar. Vielfach bleibt offen, wie weit Sympathien und Affinität gehen. Ein ver.di-Sekretär fasst seine Eindrücke zusammen:

> »Ich glaube, die AfD besetzt auch so eine Lücke für Menschen, die sagen: Naja, also die NPD hätte ich nie gewählt. Das sind mir zu viel Nazis. Aber bei der AfD, wenn ich mir da halt so bloß das Spektrum angucke, das mich interessiert, könnte ich die Idee haben, ja, die sind ja eigentlich gar nicht so schlimm oder gar nicht so rechts. Und von daher glaube ich, haben die so eine Lücke bedient, die es vorher nicht gab, und wo jetzt die Leute auch sagen: Okay, das wähle ich auch.« (V1, 509)

Hinzu kommt, dass AfD-Funktionär*innen auch im Auftreten als geschickt und intelligent eingeschätzt werden und der Partei ein moderneres Erscheinungsbild als früheren rechten Parteien attestiert wird:

> »Ich habe mir letztens in YouTube von meinem ehemaligen Standortchef das Video angeschaut, der ist inzwischen Kreistagsabgeordneter [der AfD] in Gießen, dem seine Antrittsrede, also ich meine, der hat schon Intellekt. Man merkt das auch in seinen Reden. Also das ist nicht so einer, der so Parolen rausbrüllt oder so, sondern wie gesagt, der packt das sehr geschickt in Sätze und hinterfragt die Sachen so. Und das ist halt nicht das Deutschland, in dem er geboren ist, in dem er aufwachsen möchte. Und dass es jetzt Zeit ist, dagegen was zu tun und dass Deutschland Deutschland bleibt.« (VG4, B4, 620)

Der organisierte Rechtspopulismus versucht die vorhandene Kritik an der Politik und dem Establishment aufzugreifen und sich damit als Teil der Basis oder eben des Volkes zu profilieren. Eine Kollegin aus einer ostdeutschen Großstadt, in der die AfD auf die Mobilisierung von Pegida/Legida etc. aufbauen konnte:

> »Also das ist so was, was mir jetzt in den AfD-Strukturen halt relativ oft auffällt. Das ist immer wieder dieses: Aber wir sagen doch eure Meinung. Aber wir sind doch die, die für das Volk sprechen. Und wir sind so wie ihr. Und die anderen Politiker, die jetzt auch mal nur Politiker sind, die sind ja die da oben.« (VG9, B1, 559)

Seit die AfD in den Landtagen und schließlich auch im Bundestag in Fraktionsstärke vertreten ist, wird eine »Normalisierung« in der Haltung zum parteipolitischen Rechtspopulismus festgestellt. Die AfD zu wählen und es öffentlich zuzugeben, war vorher kaum zu beobachten:

> »Seit die AfD im Landtag ist, stelle ich fest, dass das Bekenntnis zur AfD deutlich größer geworden ist. Also die Leute bekennen sich dazu, weil die AfD etabliert ist, sie in Landesparlamenten vertreten, auch eben in Baden-Württemberg (…) ist und damit noch mal qualitativ ein Unterschied für die Leute kommt. Also die sagen jetzt eher, ja, sie haben AfD gewählt oder sie unterstützen die AfD.« (I2, B, 17)

Das hat Konsequenzen für die betrieblichen Auseinandersetzungen. Es gibt zwar immer noch Tabuisierung und Ächtung, aber Teile der Belegschaften fordern von der Gewerkschaft eine neutrale Position. Ein Vertrauensmann umreißt den Konflikt zwischen der gewerkschaftlichen Bewertung und der AfD-Affinität deutlich:

> »Ja, die AfD bei uns in der Produktion ist ein Thema. Die IG Metall hat ja glaube ich vor anderthalb Jahren das erste Mal öffentlich auch Stellung bezogen zur AfD (…). Und unser Betriebsbetreuer hat quasi für die IG Metall gesprochen: Wir können keine Schnittmengen mit dieser AfD sehen. Das ist eine Partei, die wir nicht unterstützen können. Und bei uns hat es im Anschluss auch einen Austritt gegeben von einem Kollegen, der ganz konkret mich an den Arbeitsplatz gerufen hat als Vertrauenskörperleiter und hat gesagt: Hier ist mein Gewerkschaftsbuch, also hier ist mein Austritt. Ich unterstelle der IG Metall, oder ich sage, das war ganz klar Meinungsfaschismus. Die AfD ist eine legitimierte Partei, die ist nicht verbo-

ten. Und insofern dürft ihr als Gewerkschaft auch nicht gegen diese Partei sprechen.« (IG4, 270)

Dass gewerkschaftliche AfD-Kritik wie in diesem Fall zu Austritten von Mitgliedern geführt hat, wurde uns mehrfach berichtet.

Was die Rolle und die Entwicklung der AfD angeht, haben manche der Befragten auch einen zeitlichen Ablauf vor Augen: Da ist zunächst die Wut und Ohnmacht über die drückenden Verhältnisse im Betrieb und in den anderen gesellschaftlichen Bereichen; präziser noch: Die Politik unternimmt zu wenig gegen diese Zustände. Mit den Pediga-Bewegungen findet diese Wut und Ohnmacht einen Bezugspunkt in der Zivilgesellschaft. Die Fluchtbewegung im Herbst 2015 verstärkt die Auflösung der politischen Blockierung und wird gleichsam als »Dammbruch« gesehen, der auch die AfD nach oben »gespült« hat.[2]

»Und wer mir erzählen will, das ist seit 2015, der hat aber ganz gewaltig was verschlafen (...). Diese Flüchtlinge sind nur der Punkt auf dem I (...), das hat nur das Fass zum Überlaufen gebracht, mehr ist es nicht.« (VG7, B4, 683)

Die AfD etabliert sich im Parteiensystem und erreicht damit in Teilen der Bevölkerung eine gesellschaftliche Akzeptanz. Die Anschauungsweise und ihre organisatorischen Erscheinungsformen werden tendenziell »normal«. Das heißt aber auch: Vor dem Dammbruch oder dem I-Punkt gab es Gründe für ein beträchtliches Maß an Unzufriedenheit mit Blick auf die arbeitsweltlichen Verhältnisse. Die Symptome von rassistischen, völkisch-nationalistischen Orientierungen werden benannt. Darauf wird von den Befragten immer wieder hingewiesen: auf frühere rechte Parteien und auf radikale rechte Gruppierungen.

»Aber bei dieser Rechtspopulismus-Geschichte AfD und NPD und DVU und Republikaner und wie die alle heißen, (...) das richtet sich ja nicht nur gegen Menschen, die aus einem anderen Land kommen oder andere Wurzeln haben. Ich meine, als politisch anders Denkender bist du ja genauso betroffen. Ich meine, das war vor der Flüchtlingswelle, dass hier ein Zeltlager von Jusos überfallen worden ist

[2] Der Vizechef der AfD, Alexander Gauland, erklärte die hohen Flüchtlingszahlen im Herbst 2017 als äußerst hilfreich für seine Partei. »Natürlich verdanken wir unseren Wiederaufstieg in erster Linie der Flüchtlingskrise«, sagte Gauland. »Man kann diese Krise ein Geschenk für uns nennen.« (Spiegel online, 12.12.2015)

von Rechten und mit Baseballschlägern niedergeknüppelt.« (VG7, B4, 639)

* * *

Dort, wo es zu offenen Konflikten (selbst Austritten) gekommen ist, ziehen sich die Beteiligten auf die Argumentation zurück, dass die AfD eine zugelassene Partei auf dem Boden der Rechtsordnung ist. Die Argumentation, dass rassistische, fremdenfeindliche oder nationalistisch-völkische Rhetorik die gebotene Kooperation und den Respekt gegenüber anderen Betriebsangehörigen stört oder belastet, wird als Einschränkung der Meinungsfreiheit zurückgewiesen. Mindestens zum Zeitpunkt der Befragungen blieben auch die Abgrenzungen gegenüber rechtsorientierten Einstellungen und Haltungen auf offenkundige Regelverletzungen begrenzt. Größere Teile der Betriebsmitglieder erkennen (und missbilligen) wohl entsprechende Bewertungen, zögern allerdings, eine rechtsorientierte Einstellung hinter entsprechenden Äußerungen festzumachen.

3. Zum Umgang der Gewerkschaften mit dem Rechtspopulismus

Die *Klimaveränderung* in den Betrieben macht vor Gewerkschaften nicht halt. Im vorangegangenen Kapitel wurde eine große Bandbreite rechtspopulistischer Einstellungen und »Auftritte« im betrieblichen Kontext und in dessen Nahbereich dargestellt, darunter auch jene Formen von sozialer Abwertung und alltagsrassistischer Ausgrenzung, die sich am Arbeitsplatz, in Pausengesprächen, in Social Media, auf Betriebsversammlungen und in konkretem politischem Engagement Ausdruck verleihen.[1] Gewerkschaften, Vertrauensleute, Betriebs- und Personalräte sind damit immer wieder und zunehmend häufiger konfrontiert. Ebenso wie die Betriebspolitik sind ihre Bildungsarbeit und Tarifpolitik, die Sozial-, Migrations- und Gesellschaftspolitik Felder der Auseinandersetzung mit rechten Ressentiments. Und: Auch Interessenvertreter geben sich als Rechtspopulisten zu erkennen. Dabei kann das Selbstverständnis durchaus unterschiedlich sein: Entweder sehen sie keinen Widerspruch darin, Arbeitnehmerinteressen zu vertreten, aber gleichzeitig ein ausgrenzendes Verständnis von Solidarität zu predigen; oder sie mobilisieren offensiv gegen Gewerkschaften, denen sie vorhalten, Teil des Establishments zu sein.

Selbstverständlich: Die überwältigende Mehrheit der Gewerkschaftsmitglieder steht eindeutig aufseiten der demokratischen Kräfte, die Mehrheit im Mitte-Links-Spektrum. Es sind nicht zuletzt auch Gewerkschafter*innen Teil jener Willkommenskultur, die sich für den Schutz und die Integration der Zufluchtsuchenden engagiert hat. Gewerkschaften stehen für die Erweiterung und Vertiefung einer sozialen Demokratie. Dennoch ist es die neue Rechte, die im »Kampf um die Köpfe« auch in gewerkschaftlichen Nahbereichen Fortschritte erzielt.

---

[1] In einer historischen Perspektive ist das keine grundlegend neue Beobachtung. Bereits beim Einzug der NPD in westdeutsche Parlamente Mitte der 1960er Jahre zählten auch Gewerkschaftsmitglieder zu deren Wähler*innen. In unseren Interviews wird auch an die Unterstützung der »Republikaner« (REP) erinnert, denen es 1989 gelang, mit sieben Prozent der Stimmen ins Europäische Parlament einzuziehen.

Es ist also nicht das rechtspopulistische Potenzial an sich, dessen Entdeckung bereits länger zurück liegt. Neu ist hingegen, dass sich der Rechtspopulismus nicht mehr, wie Heitmeyer es ausdrückt, »hinter den Gardinen« versteckt.[2] Wenn wir von Klimaveränderung sprechen, meinen wir erstens die im vorstehenden Kapitel beschriebene teilweise Entdiabolisierung rechtspopulistischer Anschauungen und »Auftritte« auch im betrieblichen Nahbereich, die auch mit einer Verrohung von Sprache und Umgangsformen einhergeht. Klimaveränderung bedeutet zweitens, dass vormals eher passive Reaktionen aktiviert werden und damit Mobilisierungskraft entfalten; wir haben dies einleitend im Vergleich mit unseren Krisenbefragungen dahingehend beschrieben, dass die zuvor »adressatenlose Wut« zuerst mit Pegida und dann mit der AfD eine Projektionsfläche gefunden hat. Wut resultiert nun nicht mehr weitgehend in Ohnmacht, sondern setzt neue kollektive Machtfantasien frei.

Klimaveränderung hat in unserem Kontext noch eine dritte Dimension: Das Verhältnis von Rechtspopulismus und Gewerkschaften verändert sich. In zwei Richtungen: Zum einen schließt sich gewerkschaftliches und rechtspopulistisches Engagement nicht von vornherein aus (3.1), zum anderen kommt es nun von rechter Seite zu einer schärferen antigewerkschaftlichen Profilierung, nicht nur auf zivilgesellschaftlichem Terrain, sondern auch im betrieblichen Nahbereich (3.2). Für die Gewerkschaften erwachsen daraus neue Gefährdungen ihrer Organisationsmacht (3.3) wie auch ihrer institutionellen Machtressourcen (3.4).

3.1 »Die IG Metall ist ein toller Haufen, aber die NPD gefällt mir mindestens genauso gut«

Was vor Jahren noch »hinter Gardinen« verborgen war, ist an die Öffentlichkeit getreten. Durchaus zur Überraschung nicht weniger aktiver Gewerkschafter*innen, insbesondere dann, wenn sich rechtspopulistisches Potenzial nicht in eher klein- und mittelbetrieblichem Umfeld gleichsam außerhalb betrieblicher Interessenvertretungsstrukturen entwickelt, sondern in hochorganisierten Industrieunternehmen.

[2] »Was als normal gilt, kann nicht mehr problematisiert werden.« Gespräch mit Wilhelm Heitmeyer über Deutsche Zustände, Parallelgesellschaften und die Lockungen des Linkspopulismus, in: INDES 2017-3, Göttingen 2017: 10.

»In XY [Industriestadt] haben wir gesagt, die AfD wird kein Bein auf den Boden bekommen, dafür haben wir auch ganz aktiv mit unseren Betriebsräten und Vertrauensleuten Wahlkampf gemacht. Die AfD ist in XY mit über zehn Prozent in den Rat der Stadt eingezogen. Wir haben gesagt, diese multikulturelle Gesellschaft in XY, die gelungene Integration, verhindert, dass die AfD Fuß fängt. Der Vorsitzende des neuen Migrationsausschusses der Stadt ist ein AfD-Mensch.« (I6, 64)

Eigentlich war man der Auffassung gewesen, die Verhältnisse »im Griff« zu haben. Zwar gab es in der Vergangenheit auch immer mal wieder Aktivitäten der NPD, die aber durch ein breites zivilgesellschaftliches Bündnis erfolgreich blockiert und zurückgewiesen werden konnten. Und, wie andernorts auch, war das »Phänomen Rechtsextremismus, Diskriminierung, sexuelle Belästigung« (I6, 169) im Unternehmen und am Arbeitsplatz durchaus bekannt, schien aber keine neuen Dimensionen angenommen zu haben. Doch es hatte sich etwas Entscheidendes verändert: Die Bereitschaft zur Aktivierung, zu sichtbarem Protestverhalten war gestiegen. Mit der AfD war ein politisches Angebot auf den Plan getreten, das »Wutbürger« ansprach und zugleich Ausdruck von deren gestiegener Aktivierungsbereitschaft war.

Der neue Grad der Selbstmobilisierung zeigt sich in einem anderen Fall, der ebenfalls in Westdeutschland lokalisiert ist, ebenfalls nicht in einer gleichsam abgehängten, sondern auf den ersten Blick prosperierenden, industriell geprägten Region:

> »Wir hatten hier eine Veranstaltung eines breiten Bündnisses gegen den Auftritt von [der damaligen AfD-Ko-Vorsitzenden] Petry (...) [mit] 500 Teilnehmerinnen und Teilnehmern (...). Aber wir haben in der gleichen Dimension erfahren, dass viele unserer Kolleginnen und Kollegen entweder auf die Veranstaltung [der AfD] gegangen sind oder sich dann anschließend dazu bekannt haben, sie wären ja gerne (...). Bis hin zu dem, dass sie uns angesprochen haben und sagen: Hey, ihr seid ja als Gewerkschaften gut und richtig, aber ihr seid politisch falsch drauf.« (I2, 56)

Die Aktivierung hat hier punktuell Dimensionen angenommen, bei denen die Kräfteverhältnisse zwischen rechter Mobilisierung und zivilgesellschaftlich-gewerkschaftlichem Gegenprotest nicht mehr eindeutig sind. In ostdeutschen Bundesländern war durch Pegida und deren regionale Ableger ein Vorlauf zur rechtspopulistischen Wende der AfD gegeben, der eine starke Mobilisierungsfähigkeit entfalten konnte. Bereits vor der Fluchtbewegung im Herbst 2015 hatten sich erstmals Ende 2014 »Patrioten gegen die Islamisierung des Abendlandes« in fünfstelliger Zahl zu sogenannten Spaziergängen zusammengefunden, zunächst in Dresden, dann aber auch in Leipzig (dies blieben die Hochburgen) – und Thüringen (Rehberg/Kunz/Schlinzig 2016). Ein Gewerkschaftssekretär der IG Metall berichtet:

> »Es war Anfang 2016, da war die Thügida (...), da waren wir manchmal in XY [Stadt] mit hundert Leuten, die wir zur Gegendemo mobilisieren konnten. Im Januar gleich in [20]16, da haben die mit tausend Leuten auf dem Platz der Deutschen Einheit gestanden. Mit tausend Mann, und nur die Agitatoren vorne. Ich habe gedacht, mir bleibt das Herz stehen. Ein Selbstverständnis, das Deutschlandlied mit allen drei Strophen gesungen, ja? Von der Maas bis an die Memel. Tausend Anhänger. Echt, eiskalt. [Wir] haben manchmal dagestanden und haben gesagt, wir sind uns nicht sicher, wo die Mehrzahl der Metaller stehen, mitten auf dem Platz.« (I3, 547)

Hier war das Kräfteverhältnis bereits nach rechts hin umgeschlagen und der verstärkt organisiert auftretende Rechtspopulismus hatte sich nationalistisch-völkisch radikalisiert – was 2014/15 noch nicht genuin der Fall war.[3] PEGIDA/Thügida und vergleichbare Mobilisierungen fungierten als »rechtspopulistische Empörungsbewegungen«, die »das Ressentiment salonfähig gemacht« haben (Vorländer 2016: 103, 108).

Was in den vorstehenden Interviewpassagen angesprochen wird: Gewerkschaftliches und rechtspopulistisches Engagement schließen sich nicht aus – nicht nur (wie die früheren Umfragen bereits gezeigt haben) auf der elektoralen Ebene, sondern auch im Mobilisierungs- und

---

[3] »Wenn sich im Spätherbst 2015 der Eindruck verfestigen konnte, dass PEGIDA eine offen rassistische Bewegung geworden war, die sich aggressiv gegen Flüchtlinge und Migranten wendete und mit der immer radikaleren Rhetorik die dünnen Grenzen zwischen sprachlicher und physischer Enthemmung zu verschwimmen drohten, so war für die Hochphase um die Jahreswende 2014/15 festzustellen, dass PEGIDA in Dresden keine Bewegung von Rechtsextremisten sowie Islam- und Ausländerfeinden gewesen ist, wie zunächst gemutmaßt wurde. Etwa ein Drittel der Teilnehmer der Kundgebungen und ›Abendspaziergänge‹ ließ zwar fremdenfeindliche und islamophobe Motive und Einstellungen erkennen. Die Mehrheit übte indes vor allem fundamentale Kritik an Politik, Medien und der konkreten Funktionsweise der praktizierten Demokratie in Deutschland.« (Vorländer 2016: 101f.)

Organisationsverhalten. Bei einem angewachsenen Teil der abhängig Beschäftigten sind gewerkschaftliches und rechtspopulistisches Engagement keine unvereinbaren Gegensätze mehr. Das muss zunächst verwundern. Für Gewerkschaften ist der zentrale Interessengegensatz zwischen Kapital und lohnabhängiger Arbeit damit im sozialen Verhältnis zwischen »Oben« und »Unten« angesiedelt. Im rechtspopulistischen Weltbild verschiebt sich der Interessengegensatz auf die horizontale Achse: »Innen« versus »Außen«. Die naheliegende Vorstellung wäre, dass die Mitgliedschaft in einer auf Solidarität basierenden Schutzorganisation, die die Konkurrenz in den eigenen Reihen überwindet, um dem Kapital Konkurrenz machen zu können, das Votum oder gar Engagement für ethnische, religiöse und sexistische Ausgrenzung ausschließt. Doch gleichzeitiges gewerkschaftliches und rechtspopulistisches Engagement ist keine individuelle Schizophrenie und keine gesellschaftliche Paradoxie. Die übertragbare Erfahrung aus einer ostdeutschen IG Metall-Geschäftsstelle:

> »(...) wir haben hier drei Sekretäre, die beschäftigen sich nur mit Erschließungsarbeit. Und die erzählen schon, dass sie ganz oft auf Menschen treffen, die sich einerseits ganz stark im Betrieb engagieren für Verbesserungen, gar nicht so für demokratische Strukturen, aber für sozusagen Verbesserung der Arbeitsbedingungen der Kolleginnen und Kollegen, die aber gleichzeitig dann abends den Bus organisieren, um nach Dresden zu fahren. Und die erleben beides als Widerstandsmoment.« (I4, 350)

Auf eine knappe Formel gebracht:

> »(...) die IG Metall ist ein toller Haufen, aber die NPD gefällt mir mindestens genauso gut.« (I3, 45)

Der Rechtspopulismus wird damit – stärker als es früher der Fall war – ein Problem, das sich nicht nur im Außenverhältnis sondern im Innern der Gewerkschaften stellt. Das bleibt nicht nur auf der Mitgliederebene, sondern erfasst auch betriebliche Funktionsträger. Ein Gewerkschaftssekretär aus einer IG Metall-Geschäftsstelle in Ostdeutschland:

> »Ich war bei einer Betriebsratsklausur YZ [Unternehmensname] (...). Und dann meldet sich einer und sagt: Ich will das hier sagen im Betriebsratsgremium, elfköpfiger Betriebsrat, ich war jetzt hier schon dreimal auf der AfD-Demo beim Höcke.« (I3, 607)

In ostdeutschen Bundesländern stellt sich die Artikulation rechtspopulistischen Engagements in spezifischer Weise im Prozess der Organisierungsarbeit und des Neuaufbaus von Interessenvertretungsstrukturen. Der gewerkschaftliche Organisationsgrad liegt – ebenso wie die Tarifbindung – deutlich unter den Werten der westdeutschen Bundesländer – nur in Sachsen-Anhalt (mit 16,5% Ende 2015) wird das gesamtdeutsche Niveau (15,7%) überschritten, Sachsen (15,3%) kommt ihm zumindest nahe (Hellmich/Lesch 2017). Strukturwandel und Deindustrialisierung sind zentrale Erklärungsfaktoren.[4]

Der Fall des Aufbaus einer betrieblichen Interessenvertretung, den uns ein Gewerkschaftssekretär schilderte, ist kein singulärer, sondern wiederholt sich andernorts. Am Anfang steht der Kontakt mit wenigen betrieblichen Vertrauenspersonen, mit denen die Wahl eines Betriebsrats »im Verborgenen, weil du die Kollegen schützen willst«, vorbereitet wird. Mit der Wahl eines Wahlvorstandes, der den Kolleg*innen Kündigungsschutz sichert, ist die erste Hürde genommen. Der nächste Schritt ist der in diesen Fällen nicht selten kritische. Es geht darum, schnell Kandidat*innen im Betrieb zu finden,

> »Leute, die bereit sind, sich zu organisieren (...), die du gar nicht kennst. Die haben nicht, wie du das häufig in den alten Bundesländern hast, schon irgendwelche gewerkschaftlichen Seminare und was weiß ich was gemacht (...). Zufällig Leute, die füllen einen IG Metall-Zettel aus, die IG Metall-Liste (...). Und dann hast du einen zufällig zusammengewürfelten Betriebsrat, der dann halt gewählt worden ist, ohne dass du Einflussmöglichkeiten hattest.« (I3, 33)

---

[4] Dementsprechend schwierig und konfliktuell ist es, in klein- und mittelständischen Betrieben Interessenvertretungen aufzubauen – »union busting« gehört zum Alltag: »Dann kommen diese ganzen Naujocks [eine auf union-busting spezialisierte Kanzlei] dieser Welt an den Start. Also das sind frühkapitalistische Zustände (...) wenn Menschen das tagtäglich erleben, verlieren sie auch den Glauben an Gesellschaft. Die haben kein Bild mehr von Gesellschaft, sondern die erleben, wie ihnen tagtäglich das Fell über die Ohren gezogen wird. Es gibt da drin keine verlässlichen Regeln mehr, sondern es gilt das Gesetz des Stärkeren (...), die erleben auch Politik nicht als eine Institution mit Gestaltungsanspruch.« (I4, 183)

Hier herrscht eine Situation, in der organisatorischer und institutionell garantierter Schutz nahezu suspendiert ist – eine geradezu »anomische«, regellose Lage, in der es darum geht, Organisationsmacht und institutionelle Machtressourcen erst einmal aufzubauen, um Recht und gesellschaftlichen Normen Geltung zu verschaffen; eine Situation zumal, in der deutlich wird, dass Solidarität nicht am Anfang steht, sondern selbst ein aus sozialen Kämpfen erwachsendes Resultat ist.

Dabei kann die Erfahrung gemacht werden, dass ein gewerkschaftlich-interessenpolitischer Aktivierungsansatz auch rechtspopulistische Orientierungen anspricht, sodass

> »(...) wir über so einen Weg, ohne dass wir das beeinflussen konnten, dann irgendwie AfD- oder sogar NPD-affine Leute in die Betriebsräte gewählt bekommen haben (...) das nahm zu.« (I3, 46)

Es ist diese Paradoxie, die die Logik eines interessenpolitischen Entweder-Oder sprengt. Wo Rechtspopulismus oder -extremismus in die Betriebe drängt und nicht sogleich mit einer antigewerkschaftlichen Attitüde daherkommt, wird er zu einem auch internen organisationspolitischen Problem.

Gleichzeitigkeit von gewerkschaftlichem und rechtspopulistischem Engagement ist *ein* Fall der Neukonturierung der Verhältnisse. Der Rechtspopulismus im Betrieb kann auch eine eigenständige Prägung erhalten, getrennt von der Gewerkschaft oder gar in Opposition zu ihr.

Die Wut, die sich in Pegida und AfD artikuliert, gründet neben gesellschaftlichen und politischen auch auf sozialen und arbeitsweltlichen Problemlagen. Wo dies zum Ausdruck kommt, ist die betriebliche und gewerkschaftliche Interessenvertretung auf ihrem eigenen Terrain und zugleich auch in ihrem Kerngeschäft von der Neuformierung der populistischen und extremen Rechten betroffen.

Nachfolgend wird über eine Abteilungsversammlung berichtet, in der nicht Fragen der politischen Öffentlichkeit, sondern manifeste Probleme im Betrieb – hier ein Konflikt über die Abschaffung einer Entgeltprämie durch den Arbeitgeber – mit einem erfolglosen Schlichtungsverfahren Gegenstand offener Kritik von rechts waren:

> »Also die ganze Produktion, die ganze Logistik, 200 Kollegen, Früh- und Spätschicht, alle in der Kantine und wir haben dieses Ergebnis vorgestellt. Und da hat dann genau dieser Kollege, dieser AfD-nahe oder rechte Kollege mehrfach das Wort ergriffen und hat da halt Fragen gestellt, so kritische Fragen, auch Anti-Geschäftsleitung, Anti-Arbeitgeber (...). Also frecher zu sein (...) Ich meine, als Betriebsrat darf man auch kritisch sein, aber man hat natürlich ein Wording und man hat natürlich auch irgendwo eine Grenze, was den Umgang mit der Geschäftsleitung angeht, und der hat da Fragen gestellt, also die sehr, sehr kritisch waren, die ich mir jetzt nicht unbedingt erlauben würde. Auch in dem Tonfall und in einer Provokation, und das

> kommt natürlich bei vielen Kollegen auch gut an. Und da hat er auch Applaus für bekommen.« (IG4, B3, 850)

Der Rechtspopulismus tritt hier nicht – wie aus der AfD-Programmatik z.T. abgelesen wird – in einem neoliberalen Kostüm auf, sondern als konsequenter, rücksichtsloser Fürsprecher der Belegschaft, der »kleinen Leute« im Betrieb. Rechtspopulismus als Stimme radikaler Kritik, die die Arbeit der Zuspitzung beherrscht, während der Betriebsrat nicht nur die institutionellen Gepflogenheiten beachtet, sondern auch Kompromisslinien auslotet. Hier deutet sich eine Differenzierung in der betrieblich-politischen Arbeit an: »Konfliktpartnerschaft« auf der einen Seite, Provokation auf der anderen. Obgleich der Betriebsrat das Schlichtungsergebnis zurückweist, droht er gegenüber der rechten Provokation als »Sozialpartner« zwischen den Fronten zu stehen und die Gewerkschaft das Image einer »intermediären Organisation« zu erhalten, die einen eindeutigen interessenspolitischen Bezug vermissen lässt. Im folgenden Fall hatten AfDler in einer sächsischen Großstadt vor den Toren eines Automobilwerks gegen die längeren Arbeitszeiten in der Metallindustrie im Vergleich zu den tarifvertraglichen Regelungen im Westen protestiert und der IG Metall Untätigkeit vorgeworfen; im zweiten angesprochenen Fall hatte die AfD im Juli 2016 ein Auto vor der IG Metall-Geschäftsstelle mit der Aufschrift geparkt: »He Gewerkschafter, wann kommt ihr endlich zur AfD? Wir Arbeiter sind schon da!« (siehe Vorbemerkung).

> »Wir sehen doch, dass die (...) vor dem XY-Werk stehen und Flugblätter verteilen und uns in die etablierte Ecke rücken wollen. Und uns damit angreifen, dass wir bestimmte grundsätzliche Fragen gar nicht aufnehmen. Oder in Berlin vorm Gewerkschaftshaus die Plakatwagen der AfD stehen. Und wir finden keine Positionen dazu, sondern wir (...) tun auch noch so, als wenn wir Teil des Systems sind.« (I4, 839)

Nach wie vor gilt, dass Gewerkschaften – im Unterschied zu etablierten politischen Parteien – nicht unter einem Generalverdacht stehen, Teil des verhassten Establishments zu sein. Wie wir in unseren Krisenstudien bereits betont haben, gilt, wenn auch bereits mit größeren Abstrichen, weiterhin: Gewerkschaften sind diejenigen Organisationen, die noch am dichtesten an jene Beschäftigte herankommen, die noch nicht über ein geschlossenes rechtspopulistisches Weltbild verfügen. Doch auch ihre Glaubwürdigkeit beginnt zu bröckeln. Denn es gibt heute auch eine Ausweitung von Vorurteilsstrukturen auf das gewerkschaftliche Feld und damit die Gefahr, dass auch die Organe der gewerkschaftlichen Interessenvertretung neu verortet und dem Establishment zugeschlagen werden (siehe Kapitel 7.2).

3.2 »Das sprengt den Laden« – Gefährdung von Organisationsmacht und Infragestellung des politischen Mandats gegen Rechts

Der Betrieb ist kein öffentlich-demokratischer Raum. Nirgendwo anders sind die Herrschaftsverhältnisse derart in den Eigentums- und Direktionsrechten zementiert und die »Räume« für Verständigung limitiert. Letzteres gilt in verstärktem Maße in einer Betriebsweise, die in der Lage ist, die »Poren« des Arbeitstages durch Leistungsintensivierung weitgehend zu schließen und selbst Arbeitspausen durch flexibilisierte Arbeitszeiten und Arbeitsdruck gleichsam wegzurationalisieren. Auch für Gewerkschaften, Betriebs- und Personalräte sind dies restriktive Rahmenbedingungen, ihr Mandat, ihre Sprecherrolle in der Belegschaft immer wieder unter Beweis zu stellen.

Der Klimawandel in den Betrieben und politische Umbrüche stellen die kommunikativen Machtressourcen der gewerkschaftlichen und betrieblichen Interessenvertretungen vor massive Herausforderungen. In zahlreichen Fällen wurde berichtet, dass Gewerkschaftssekretär*innen nahegelegt wurde, die Probleme globaler Migration, deren Ursachen und Folgen, oder, breiter angelegt, das Thema Rechtspopulismus auf Betriebsversammlungen nicht zur Sprache zu bringen, weil dies zu Unmut und Protest aus den Reihen der Belegschaft führen würde.

> »(...) Kollegen in Sachsen-Anhalt berichten dann, wenn sie auf Betriebsversammlungen das Thema Flüchtlinge angesprochen haben, gab es keinen Beifall mehr. Das ist auch tendenziell im Westen gewesen. In Sachsen-Anhalt dann aber so, dass der Betriebsratsvorsitzende sagte, pass mal auf Junge, hast eine gute Rede gehalten, wenn du nächstes Mal wiederkommst, lässt du das Thema aber weg.« (I1, 13)

Mit dem Ratschlag, sich gegenüber diesem Ansinnen ein »dickes Fell« zuzulegen, kommt man spätestens dann nicht sehr weit, wenn man feststellen muss, dass man gegen die Stimmung einer Betriebsversammlung anreden muss. Ebenso schwer fällt die Entscheidung gegenüber den betrieblichen Funktionär*innen und den gewerkschaftlichen Gremien, in diesem Fall dem Ortsvorstand der IG Metall-Geschäftsstelle, sind sie es doch, von deren Engagement gewerkschaftliche Organisationsmacht entscheidend abhängt:

> »(…) das ist die neue Qualität – Leute, die dazu nichts mehr machen wollen. Also die sagen, das kommt nicht auf die Betriebsversammlung, das sprengt uns den Laden. Also wir werden nicht mehr wiedergewählt. Oder es gibt zum Beispiel auch so Äußerungen gegenüber der Geschäftsstelle der IG Metall: Schickt uns hier bloß keinen politischen Sekretär hin, der jetzt hier wieder anfängt mit AfD. Es gibt so Sachen, dass versucht wird, im Ortsvorstand, sage ich mal, das totzuschweigen oder auch abzuspalten.« (B5, 118)

Anders formuliert: Jede/r Bevollmächtigte und jede/r Sekretär*in einer Geschäftsstelle oder Bezirksverwaltung wird es sich mindestens zweimal überlegen, ob und wie er/sie sich gegen Widerstände seiner/ihrer Basis aufstellt, ohne sich zu isolieren.

> »(…) ganz gezielt bin ich angesprochen worden von auch aktiven Betriebsräten, die sich durch diesen AfD-Erfolg auch geoutet haben in ihren populistischen Positionen, ja? Wo dann gesagt wird, hey lass das bitte raus, das führt nur zu Unmut innerhalb unserer Belegschaft, du machst für uns beide das Leben schwer. (…) Ob ich mich daran halte, das entscheide ich. Aber das ist schon ein Diskurs, der stattfindet. Auch in den Betrieben, insbesondere, wenn es darum geht, populistische Parolen auch zu demontieren in Beiträgen auf einer Betriebsversammlung. Dann merken wir, dass es auch Funktionäre gibt, die sagen, das ist nicht gut.« (I2, 567)

Hier kommen politische Differenzen zum Tragen, die eine offensive Auseinandersetzung mit dem Rechtspopulismus deutlich erschweren. Die Demobilisierung, die hier bereits angelegt ist, kann auch expliziten Charakter annehmen, wie der nachfolgende Fall zeigt:

> »(…) wir hatten mal die Diskussion, ob wir uns zu Legida bekennen [gemeint ist, offiziell an einer Gegenkundgebung teilzunehmen]. Und da sind wir uns einig gewesen, dass wir das nicht machen, weil das die Gefahr birgt, dass die ver.di-Mitglieder sich da spalten. Und das wollten wir vermeiden. Also da waren wir uns aber auch einig, dass wir das dann nicht machen.« (VG9, B3, 134)

Dass es sich hierbei bei weitem nicht um einen Einzelfall handelt, belegt u.a. ein auf den ersten Blick scheinbar selbstverständlicher Vorgang: ein gewerkschaftlicher Aufruf (Flugblatt), nicht AfD zu wählen, der von Beginn an umstritten war und schließlich in erheblichem Maße torpediert wurde:

> »So, bei diesem Flugblatt (...) haben wir hier drei Entwürfe gehabt und alle drei zerrissen und das vierte gemacht. Dann kam ein sehr moderates Flugblatt raus. (...) So, dann haben wir gesagt, können wir das so machen? Dreimal verworfen, sehr zurückhaltend, wo aber am Schluss dann schon stand, wir empfehlen nicht die AfD zu wählen. (...) Dieses Flugblatt ist schätzungsweise in der Hälfte der Betriebe nicht verteilt worden. (...) Das heißt, unsere Betriebsräte, das ist immer der Filter. Du kannst ein tolles Flugblatt machen, wenn die das nicht verteilen ... So, es gibt schon Betriebsräte, die entweder diese Position nicht teilen oder nicht bereit sind, den Konflikt mit der Belegschaft zu führen.« (I1, 52)

Es wäre also erheblich zu kurz gesprungen, wenn man offensive politische Interventionen gegen rechtspopulistische Aktivitäten allein oder maßgeblich von einer entschlosseneren Politik der gewerkschaftlichen Führungsgremien erwartet. Die vorstehenden Sentenzen machen vielmehr deutlich, dass es mit Aufrufen nicht getan ist. Widerstände kommen von Teilen der Basis ebenso wie aus Teilen der ehren- und hauptamtlichen Interessenvertretungen. Damit ist auch im Binnenverhältnis die Notwendigkeit breiter politischer Bildungsarbeit zum »Bohren harter Bretter« noch einmal ausdrücklich unterstrichen (siehe hierzu Kapitel 7). »Konzentration auf das Kerngeschäft« lautet die Devise häufiger in den Gruppengesprächen. Dahinter steht der grundlegende Einwand, Gewerkschaften sollten sich generell aus »der Politik« fernhalten, oder die Wahrnehmung, gewerkschaftliches Handeln – im Kontext der Fluchtbewegung – sei gleichsam überpolitisiert und die Betriebspolitik käme demgegenüber zu kurz.

> »Aber ich finde, das Engagement in die politische Richtung von der Gewerkschaft sollte sich aber auch wenigstens ein bisschen in Grenzen halten, (...) gerade so die einfacheren Mitarbeiter, die in der Gewerkschaft sind, bezahlen ja dafür, um auch für sich selbst möglichst viel Gutes rauszuholen. Und wenn man dann wie in XY (Ort, Geschäftsstelle), was ja eigentlich eine riesen Industriestadt ist, ei-

> gentlich von der Gewerkschaft nur noch von Flüchtlingsaktionen etc. hört, aber eigentlich nichts mehr von irgendwelchen Errungenschaften in Betrieben hört, da kann das als Mitarbeiter, der vielleicht ... dessen Beruf auf der Kippe steht und wo es eben im Moment genauso viele Probleme gibt, dass dem das dann auch irgendwann reicht.« (IG5, 1007)

Hinzu kommt der Vorbehalt, »Politik« würde als permanenter Konfliktstoff die notwendige gewerkschaftliche Einheit zersetzen und damit die Kampfkraft der Gewerkschaft schwächen. Schließlich wird auch die Erwartung geäußert, die – von politischen Einmischungen entlastete – Verfolgung des tarif- und betriebspolitischen Kerngeschäfts würde jene verteilungs- und arbeitspolitischen Erfolge erleichtern, die mehr soziale Gerechtigkeit herstellen:

> »(...) dann wäre die Debatte mit den Flüchtlingen nebensächlicher, weil die Menschen dann einfach zufriedener wären, mit dem, was sie haben.« (VG9, B3, 692)

»Politik« wird hier als fortwährender Streit – alternativ: als Geschacher – in einem entfremdeten Feld gesehen, von dem man sich fernhalten soll. Der »Kampf gegen Rechts« sei nicht Aufgabe der Gewerkschaften oder würde sich bei erfolgreicher gewerkschaftlicher Politik gleichsam »von alleine« lösen. Gewerkschaftsarbeit wird hier als un- oder vorpolitisches »Geschäft« gesehen.

3.3 Re-Ethnisierung statt migrantischer Firewall

Eine weitere Problemdimension kommt hinzu: Es war schon immer eine irrige Vorstellung, dass Ausländerfeindlichkeit in einer wachsenden multiethnischen und multikulturellen Gesellschaft austrocknen würde. Ausländerfeindlichkeit findet unter Umständen einen besseren Nährboden, wo kein oder nur peripherer Kontakt gegeben ist – in weiten Teilen der ostdeutschen Bundesländer ist das der Fall. Die Neue Rechte zeichnet sich zudem in weiten Teilen durchaus durch ethnopluralistische Orientierungen aus: Die Realität unterschiedlicher Ethnien wird anerkannt, jede/r soll nach seinen/ihren Kulturen leben, aber nicht an einem Ort, sondern eindeutig regional, national und weltweit getrennt – in gewisser Weise ein »Rassismus ohne Vor-Ort-Rassen«.

Doch das beleuchtet nur eine Seite. Was für Gewerkschaften die Probleme und Herausforderungen im Weiteren potenziert, ist die Tatsache, dass auch in Teilen der migrantischen Community ein starkes Potenzial ethnisch ausgrenzender und antidemokratischer Auffassungen vorhanden ist.

Zunächst scheinen einige Daten für eine interessenspolitische Firewall zu sprechen. Beispiel IG Metall: Nahezu jedes vierte Mitglied im Betrieb (24,4%) hat eine migrantische Biografie. Ihre Rolle in der betrieblich-gewerkschaftlichen Willensbildung ist gewichtig: 37% der Vertrauensleute und 32% der Betriebsratsmitglieder weisen einen Migrationshintergrund auf, 38% in den Delegiertenversammlungen der IG Metall-Geschäftsstellen. Kurzum: Migrantische Kolleg*innen sind interessenspolitisch hoch aktiv, was bei den Betriebs- und Gewerkschaftswahlen goutiert wird (IG Metall 2017). Könnte dies nicht zugleich eine migrantische Brandschutzmauer gegen fremdenfeindliche und rassistische Orientierungen in den Belegschaften bilden, zumindest in den westdeutschen Bundesländern, wo der migrantische IG Metall-Organisationsgrad über dem Durchschnitt liegt? Am höchsten ist er für Baden-Württemberg mit 33,7% der betrieblichen Mitglieder ausgewiesen,[5] während in den ostdeutschen Bundesländern Fremdenfeindlichkeit ohne Migrant*innen[6] vorherrschend ist.

Aus einem Interview mit einer hauptamtlichen Gewerkschaftskollegin, die in der Migrationspolitik aktiv ist, ergibt sich ein differenziertes Bild. Zunächst bestätigt sich die Wirkung einer Firewall. Dabei hat das Institut der Mitbestimmung – bei aller machtpolitischen und demokratiepraktischen Begrenztheit – eine hohe Bedeutung für migrantische Beteiligung und deren Anerkennung:

> »Ich glaube, dass nach wie vor dieser betriebliche Universalismus über das Betriebsverfassungsgesetz oder auch der gewerkschaftliche Universalismus (...) auch ein Stück weit schon gelebte Praxis ist (...). Also wir haben seit '72 ein Betriebsverfassungsgesetz, wo ich sagen würde, da konnten Menschen mit und ohne deutschen Pass gleichberechtigt teilhaben. Das heißt nicht, dass es keinen Rassis-

---

[5] Danach folgen Bayern mit 28,6% und der Bezirk Mitte mit 25,3% und erst an vierter Stelle NRW mit 24,4%. Siehe a.a.O.

[6] Der Anteil der Bevölkerung mit Migrationshintergrund macht in Brandenburg 5,9% aus, in Sachsen 5,4%, in Sachsen-Anhalt 5,0%, in Thüringen und Mecklenburg-Vorpommern jeweils 4,9%.

> mus oder keine Diskriminierung gab, aber allein die Tatsache, dass eine demokratische Teilhabe möglich war auf Augenhöhe, und dass du sowohl Betriebsrat, Betriebsratsvorsitzender werden konntest, mit oder ohne deutschen Pass, finde ich, ist erst mal eine andere gelebte Praxis.« (B5, 193)

Insofern wirkt hier schon so etwas wie eine Firewall – allerdings nicht in einem quantitativen Sinn, wonach ein hoher Anteil migrantischer Bevölkerung an sich bereits eine Brandmauer gegen Rassismus sei, sondern in einer qualitativen Hinsicht als gelebte Beteiligung und praktizierte Betriebsdemokratie.

> »Das ist ein Unterschied, ob du im Betriebsrat, sage ich mal, 30 Prozent Menschen mit Migrationshintergrund hast, das sind deine Kollegen und du musst mit denen arbeiten, oder ob da keine sind und die kommen nur als Flüchtlinge.« (B5, 307)

Der Blick auf die migrantischen Communities macht aber auch deutlich, dass eine Firewall schnell deaktiviert werden kann. Hier spielen zwei unterschiedliche Vorgänge eine Rolle. Zum einen die Angst vor einer Konkurrenz- oder Verdrängungssituation bei Migranten, die seit längerem in Deutschland sind. Dahinter steht eine in Teilen gescheiterte Integrationspolitik von Arbeitsmigranten in Deutschland, die nun gegen Geflüchtete gewendet wird:

> »(...) Integration von Flüchtlingen! Das ging auch durch die migrantische Community. Das wollen wir nicht, mein Sohn und mein Neffe hat auch noch keinen Ausbildungsplatz!« (B5, 468)

Zum anderen lässt sich unabhängig von der Fluchtbewegung 2015/16 eine Verstärkung von einzelnen Dimensionen gruppenbezogener Menschenfeindlichkeit durch rechtspopulistische oder rechtsextreme Strömungen unter Migrant*innen beobachten. Ein Beispiel ist das Direktmandat der AfD im Wahlbezirk im Mannheimer Norden mit einem hohen Anteil von Migrant*innen aus Russland. Auch die Wahlerfolge von Erdoğans AKP in der türkischen Community in Deutschland legen nahe, das betriebliche Feld der Migration nicht nur unter dem Blickwinkel des deutschen Rechtspopulismus zu sehen, sondern auch die politischen und kulturellen »Spaltungen« der migrantischen Communities in einer Bandbreite von nationalchauvinistischen bis rechtsextremen Orientierungen in den Blick zu nehmen.

> »Wenn ich jetzt zum Beispiel ein Seminar habe, wo Leute plötzlich anfangen, andere zu beschuldigen, in der Gülen-Bewegung zu sein, oder aufzurufen, man muss die jetzt beschnüffeln, oder unsere alevitischen Kollegen... du hast ja ganz viele Konflikte inzwischen auch im Betrieb (...). Und deshalb sage ich, wenn wir uns über das Thema Rechtspopulismus beschäftigen, müssen wir uns insgesamt über diese ganzen Entwicklungen oder über diese Zuspitzung unterhalten, ob das nun türkische Community ist, ob das russische Community ist, meinetwegen sogar die italienische oder griechische.« (B5, 148)

Dahinter steht, so unsere Interviewpartnerin, eine Re-Ethnisierung in verschiedenen migrantischen Gruppen, die bis zu Ausgrenzungen und handgreiflichen politischen Spaltungen führen kann – so weit, dass

> »(...) es zum Beispiel Betriebsräte gibt, die einfach sozusagen schlichtweg behaupten, der gehört zur Gülen-Bewegung und der muss aus dem Betriebsrat raus. Oder man muss Sachen sammeln ähnlich wie damals zurzeit mit der griechischen Diktatur, dass du sozusagen anfängst zu schnüffeln.« (B5, 417)

Das sollte zum Schrillen betrieblich-gewerkschaftlicher Alarmglocken führen. Denunziation ist in einer demokratisch-solidarischen Organisation nicht hinnehmbar. Doch auch hierzu gibt es einen Subtext, der im Einzelnen die vorstehend beschriebenen Reaktionsweisen noch in ein anderes Licht taucht: Die betriebliche Interessenvertretung weiß um die Konflikte von migrantischer Re-Ethnisierung im Betrieb, teilweise in den Organen der Interessenvertretung selbst, will aber verhindern, dass sie offen zutage treten, um daraus folgende Konfrontationen zu vermeiden.

Dahinter stecken im konkreten Fall begründete Einschätzungen über Gefahren, die aus fragmentierenden und zentrifugalen Tendenzen in den Belegschaften resultieren. Tenor: Zu den vielen ungelösten Problemen und überbordenden Anforderungen soll nun nicht auch noch das Migrationsthema politisiert werden. Auch das reaktiviert Abwehrhaltungen: Das Potenzial ist groß, dadurch Mitglieder zu verlieren.

3.4 Gewerkschaftliche Umgangsweisen mit der Neuen Rechten

Wie reagieren und positionieren sich Gewerkschaften nun gegenüber dem Rechtspopulismus »auf ihrem Terrain«?

Der Umgang der Mitgliedsgewerkschaften des Deutschen Gewerkschaftsbundes (DGB) mit rechtspopulistischen Aktivitäten in ihren Organisationsbereichen lässt sich in drei Punkten zusammenfassen: (1) menschenfeindliche Hetze wird nicht toleriert und führt zum Ausschluss aus der Gewerkschaft; (2) der Rechtspopulismus verfügt über keine Alternativen zur Lösung der manifesten ökonomischen, gesellschaftlichen und politischen Probleme der Gegenwart – er ist vielmehr deren verschärfender politischer Ausdruck; (3) es gilt zwischen Funktionären und Parteimitgliedern auf der einen und Anhängern auf der anderen Seite zu unterscheiden; für letztere muss es »Rückkehroptionen« geben.

Mit diesem Dreischritt – klare Kante, Aufklärung, offene Tür – ist auch der praktische Umgang umrissen: keine Einladung von Rechtspopulisten und Rechtsextremen zu gewerkschaftlichen Veranstaltungen, keine Teilnahme von Gewerkschaften an Veranstaltungen der Neuen Rechten, aber harte inhaltliche Auseinandersetzung mit deren Vertretern auf Foren Dritter.

Zwischen diesen Eckpunkten gibt es jedoch offene Fragen. Zum Beispiel: Wie weit treibt man die Auseinandersetzung mit rechtspopulistischen und -extremen Positionen, ohne diese aufzuwerten? Was sind die »richtig« platzierten Themen in der Auseinandersetzung mit dem Rechtspopulismus? Wie »argumentiert« man gegen Vorurteilsstrukturen? Aus unseren Interviews mit Hauptamtlichen sowie den Gruppengesprächen mit Mitgliedern und Ehrenamtlichen von IG Metall und ver.di ergibt sich ein bunter Strauß an Strategieoptionen. Trotz klarer »Beschlusslage« zeichnet sich eine durchgängig geteilte und in der gewerkschaftlichen Praxis gemeinsam verfolgte »Marschrichtung« nicht ab.

Klare Kante und offene Tür

Die erste Strategieoption – klare Kante gegen Rechts – ist nicht so selbstverständlich, wie es beim ersten Eindruck scheint. Wir haben gesehen: Rechtspopulistische Vorurteilsstrukturen sind durchaus weit in den Betrieben verbreitet und aus Belegschaften (z.B. in Belegschaftsversammlungen), aber auch betrieblichen Interessenvertretungen kommt es zu Forderungen, die gewerkschaftspolitische Kritik fremdenfeindlich-rassistischer Stimmungen und Strömungen zurückzustellen. »Klare Kante«

heißt demgegenüber zunächst einmal, derartigen Aufforderungen nicht Folge zu leisten:

> »In W (Großstadt in Sachsen) hat sich natürlich ein Betriebsrat [eines Automobilwerks] auf die Bühne gestellt und Tacheles geredet, und zwar auch so, dass er angreifbar ist dafür. Also klipp und klar. Hier in Z [weitere sächsische Großstadt] waren Leute [eines anderen Autowerks] auf der Bühne, also auch der Betriebsrat war auf der Bühne. Und es waren Leute von den Stadtwerken auf der Bühne, also so ver.di-Vertreter. Das hat man immer gemacht, es gab deswegen einzelne Austritte, die auch begründet waren. Also wir haben zum Beispiel im Bezirksvorstand DGB gesagt, Austritte wird es geben, und wenn es die gibt und die nicht zurückholbar sind, dann ist das so.« (D3, 263)

Gewerkschaften stehen hier ebenso wie andernorts zusammen – Einheitsgewerkschaft gegen Rechts hat hier eine Aktualisierung erfahren. Und mehr noch: Auch Mitgliederaustritte schrecken nicht ab.

> »(...) natürlich gibt es Austritte. Und wir haben das auch noch mal diskutiert. Aber der Punkt ist ..., wenn man da keine klare Kante zeigt, für die vielleicht die einen Leute rausgehen, dann gehen die anderen Leute raus. Und wenn die anderen Leute rausgehen oder sich in die innere Immigration zurückziehen, dann haben wir viel mehr verloren, weil das sind die, die wir wirklich brauchen.« (D1, 553)

Es kommt nicht nur zu Austritten – auch von Ausschlüssen wird berichtet. »Wer hetzt, der fliegt« – das scheint eine klare Ansage zu sein. Quer durch die Einzelgewerkschaften des DGB, seien es nun einfache Mitglieder, betriebliche Funktionäre oder Hauptamtliche.

> »(...) dass es auch durchaus erfahrene Betriebsleute gibt, (...) dass jemand in den Tarifkommissionen sitzt einer Mitgliedsgewerkschaft, in dem Fall von der NGG, und postet und damit klar ist, dass der gewerkschaftliche Grundprinzipien verlässt. Ich weiß es auch von der Eisenbahner- und Verkehrsgewerkschaft, die Leuten sogar gekündigt haben, als EVG'ler die Parolen verbreitet haben, wie: Wenn Sie in einem Zug fahren, wo Flüchtlinge sitzen, der danach im Prinzip weggeworfen werden kann, weil – sage ich mal ganz drastisch und platt – die kacken neben das Klo, die machen nicht sauber und so Sachen. Und die Eisenbahner- und Verkehrsgewerkschaft, ich weiß nicht wie

> viele, aber hat Leuten auch die Mitgliedschaft gekündigt, die das massiv verbreitet haben.« (D2, 427)

Mitgliederverluste bedeuten Schwächung von gewerkschaftlicher Organisationsmacht. In Zeiten, in denen alle DGB-Gewerkschaften nicht wenige Ressourcen darauf konzentrieren, Mitglieder zu halten und neue zu gewinnen, ist das Durchhalten einer Politik der »klaren Kante gegen Rechts« ein deutliches Signal dafür, das politische Mandat gegen Rassismus und Demokratiefeindlichkeit zu nutzen – auch dort, wo relevante Teile der Belegschaft und der Mitgliedschaft dies nicht goutieren! Diese Strategieoption bietet aber nur eine Teilantwort. Sie ist eindeutig gegenüber Funktionären der Neuen Rechten, die versuchen, in Bereiche der betrieblichen und gewerkschaftlichen Interessenvertretung vorzudringen. Doch beileibe nicht alle Wähler*innen oder bekennenden Sympathisant*innen rechter Gruppierungen, allen voran der AfD, sind mit ihren Auffassungen fest im rechten Ressentiment verankert. Hier gilt die Strategieoption der »offenen Tür«, der politischen Aussprache und im Fall des Austritts des Rückholmanagements. Eine, wie Praktiker vor Ort wissen, nicht leichte Aufgabe. Das gilt zumal für »Aussteiger« aus extrem rechten Milieus:

> »Es ist die IG Metall, die die Aufgabe hat, die zurückzuholen. (...) Wir haben einzelne Fälle gehabt, wo ehemalige NPD-Kader über Leiharbeit und dann Übernahme Eingang in den Betrieb gefunden haben (...) und wo einer dann, ohne dass wir richtig aufgepasst haben hier, Mitglied der IG Metall geworden ist und dann gesagt haben: Ich will bei euch mitmachen. Ich habe mit denen nichts mehr zu tun. Ich habe mich losgesagt, bin jetzt alleinerziehender Vater und alles Käse, war ein falscher Weg. (...)
>
> Wo wir vor der Frage standen: Hm, was machen wir denn jetzt? Ich das offen im Vertrauenskörper diskutiert habe und es Einzelne gab, die gesagt haben: Nein, auf keinen Fall. Wir haben Angst, wenn wir den sehen, weil der vor fünf Jahren da und da und da in dem Kader aktiv war, mit dem wollen wir nichts zu tun haben. (...) und in mehreren Gesprächen dann eigentlich klar war, dass mir noch mal die Aufgabe zufiel, zugewiesen worden ist, ein langes Gespräch mit ihm zu führen, um einfach zu gucken, wie authentisch ist das, was er sagt? Und ich mich dann am Ende des Gespräches für den in den Ring geschmissen habe. Ja, und gesagt habe, denen laufen jeden Tag 50 Leute zu. Und wenn wir die Chance haben, einen mal wieder zu-

> rück ins Licht zu führen, dann dürfen wir das nicht einfach verstreichen lassen.« (I3, 164)

Hier zeigt sich: »Klare Kante« und »offene Tür« sind einander ergänzende Strategieoptionen, die mitunter nicht scharf voneinander zu trennen sind. Kompliziert sind auch Problemstellungen, die bereits im Kontext der Betriebsratswahl angeklungen sind: Wie verhält es sich bei betrieblichen Interessenvertreter*innen aus rechtspopulistischen Strukturen, die jedoch von Teilen der Belegschaft per Wahl legitimiert wurden? Hierzu eine kleine Diskussionssequenz:

> »B: (...) du hast einen aktiven, guten Betriebsrat, der ist aber in der AfD – was machst du da? Es gibt noch kein Ausschlussverfahren. NPD ist klar. (...) du stehst ja jetzt vor dem Problem ausschließen oder nicht? Ist klar, die fliegen, aber ...
>
> B3: (...) Aber wenn es Betriebsräte gibt, die bei der AfD sind, dann haben die doch auch ... sind die doch gewählt worden.
>
> B: Ja, sie können nur aus der IG Metall rausfliegen, nicht als Betriebsrat.
>
> B3: Ja, aber sie sind ja gewählt worden. Also das heißt, sie müssen doch eine Gefolgschaft haben im Betrieb. (...)
>
> B2: Das heißt, wenn da einer auftritt und so ein paar Sprüche loslässt, dann sammelt der wahrscheinlich Punkte für die Betriebsratswahl. Und das ... kann sich das doch auch auswachsen. Auch, wenn das im Funktionärskörper ganz anders aussieht ...
>
> B: Das Problem ist für uns, es steht auf zweierlei Ebenen. Du hast den Betriebsrat und den Vertrauenskörper. Das ist sozusagen unser anderes Feld. Und wenn da jemand rechtspopulistische Thesen vertritt, kannst du sagen, okay, redet so wie die meisten Kollegen auch. Wenn aber einer Mitglied ist und als Mitglied auftritt, das ist eine andere Situation. Da bist du in der Klemme. Ich bin ja ganz scharf gegen Ausschlussgeschichten, ja?« (B1, 691)

Hier sind mehrere Punkte angesprochen: die Unterscheidung danach, wie stark Kolleg*innen rechtspopulistisch oder gar rechtsextrem orientiert und organisiert sind; die Verbreitung entsprechender Anschauungen im Betrieb, in der Gesellschaft und bei Wahlen; das betriebliche Interessenvertretungsmandat; die Unterscheidung rechtspopulistischer von rechtsextremistischen Organisationen (AfD – NPD), schließlich die generelle Problematik von Gewerkschaftsausschlüssen.

Bereits in der Langfristuntersuchung »Deutsche Zustände« und in den anschließenden Bielefelder und Leipziger »Mitte«-Studien wurde der Nachweis geliefert, dass verschiedene Vorurteilsstrukturen des Syndroms »gruppenbezogener Menschenfeindlichkeit« bis weit in die gesellschaftliche Mitte hinein vertreten werden. Die »Inhalte« von »Hetze« sind folglich weiter verbreitet, auch wenn sie nicht offen und lautstark vertreten und propagiert werden. Das ist im Betrieb nicht anders, wie die vorstehende Debatte über den Betriebsrat und dessen Wähler*innen zum Ausdruck bringt. Der Zugriff über die politische Organisation hilft nicht wirklich weiter. Im Falle der NPD ist es noch eindeutig: Die Mitgliedschaft in dieser rechtsextremen Partei ist mit der Mitgliedschaft in einer Gewerkschaft nicht vereinbar. Doch bei der AfD sieht es anders aus. In ihrer Mitgliedschaft findet sich ein breiter Bogen von elitekritischen und national orientierten Positionen, nach wie vor neoliberalen Auffassungen bis hin zu rechtextremen Denkweisen – und die Übergänge sind im Zweifelsfall fließend. Wie weit die Tür offen steht und für wie lange, das ist jeweils situativ vor Ort zu entscheiden.

»Diversity«

Nicht nur gewerkschaftspolitisch, auch betriebspolitisch gibt es eine Politik der »klaren Kante«. Was auf der einen Ebene der Gewerkschaftsausschluss, ist auf der anderen die Kündigung des Arbeitsverhältnisses. Die Handreichung dazu bietet das Betriebsverfassungsgesetz. In BetrVG § 80 ist dem Betriebsrat eine integrationspolitische und anti-rassistische Rolle zugewiesen: »(1) Der Betriebsrat hat folgende allgemeine Aufgaben: ... 7. die Integration ausländischer Arbeitnehmer im Betrieb und das Verständnis zwischen ihnen und den deutschen Arbeitnehmern zu fördern, sowie Maßnahmen zur Bekämpfung von Rassismus und Fremdenfeindlichkeit im Betrieb zu beantragen (...).«

Das ist keine sonderlich starke gesetzlich-institutionelle Verpflichtung – ebenfalls in § 80 (1) ist die Gleichstellung der Geschlechter und die Vereinbarkeit von Beruf und Familie gefordert. Gleichwohl sind wir in den Interviews und Gruppengesprächen auf zahlreiche Betriebsfälle gestoßen, bei denen § 80 (1),7 mit weitreichenden Konsequenzen Anwendung findet – bis hin zu Kündigungen.[7]

---

[7] Hier hat der Betriebsrat explizites Initiativrecht. »Die Möglichkeit des Betriebsrats, auf die Entlassung eines Kollegen hinzuwirken, ist auf besondere Fälle begrenzt. Das Betriebsverfassungsgesetz nennt beispielhaft ›rassistische und frem-

Ein Kollege berichtet aus einem großen Stahlunternehmen:

> »(…) es gibt bei uns im Unternehmen eine ganz starke Unternehmenskultur, die da heißt Diversity, Vielfalt. Und deswegen, wenn es da irgendwelche rassistischen Ressentiments gäbe, dann sind die weitgehend unsichtbar unter dem Deckel.« (IG1, B4, 122)

Vergleichbar die Praxis in einem Unternehmen der Luftfahrtindustrie:

> »(…) wenn dort sehr deutlich solche [rechtsextremen] Standpunkte vertreten werden, dass auch die Firmenleitung massiv einschreitet. Weil wir haben internationale Kollegen, wir haben internationale Kunden, und da muss man also auch als Arbeitnehmer schon vorsichtig sein, was man sagt. Und es ist auch schon rigoros durchgegriffen worden in der Vergangenheit.« (IG2, B6, 236)

»Diversity« schließt nicht nur Fremdenfeindlichkeit aus, sondern erstreckt sich auch auf andere Komponenten gruppenbezogener Menschenfeindlichkeit, wie das Beispiel eines global tätigen IT-Unternehmens zeigt:

> »Wir sind ein internationales amerikanisches Unternehmen, die halten sehr viel auf Diversity, (…) Respekt vor unterschiedlichen Einstellungen, sei es religiöser Art, sei es Nationalitäten, Ethnien, sexuelle Orientierungen und so weiter. Das ist ein Dogma, das von oben sehr stark verteidigt wird.« (IG2, B2, 319)

Das sind keine Einzelfälle. In den Gruppengesprächen haben Kolleg*innen aus unterschiedlichen Betrieben und Branchen davon berichtet.[8]

---

denfeindliche‹ Betätigungen. Die Richter in Erfurt entschieden nun, dass ein entsprechender Beschluss des Betriebsrats nicht nur den Arbeitgeber bindet, sondern sich auf ein anschließendes Kündigungsschutzverfahren auswirkt. Denn wenn das Gremium dem Arbeitgeber die Entlassung aufgegeben hat und dies hier durch ein Arbeitsgericht bestätigt wurde, dann sei das im Kündigungsschutzprozess zugleich ein ›dringendes betriebliches Erfordernis‹ – die Kündigung sei also sozial gerechtfertigt (Az.: 2 AZR 551/16).« (FAZ, 29.3.2017, S. 16)

[8] Ein Beispiel aus einem IT-Unternehmen: »Code of Content gibt es bei uns … Und ich sage mal so, diese Integrierung von andersstämmigen Menschen und auch die Inklusion von Menschen mit Behinderung, die hat eben bei uns wirklich stattgefunden. … Und sobald bei uns ein rechter Wind aufkommt oder so, wird das egal von wem, ob das jetzt zum Beispiel Teamleiter sind oder Kollegen oder so, dann wird sofort da im Prinzip eingebremst.« (VG4, 187) Ein weiteres Beispiel aus einem Transportunternehmen: »Dann habe ich auch aus so größeren Un-

Doch dabei handelt es sich in unserem Sample um große, international aufgestellte Unternehmen. Dabei werden die Voraussetzungen dieser Firewall deutlich: Es bedarf aktiver Betriebs- resp. Personalräte, wo es sie gibt auch Vertrauenskörper, die ihre diesbezüglichen institutionellen Machtressourcen wahrnehmen. Wo dies nicht der Fall ist, bleibt die normative Vorgabe des Betriebsverfassungsgesetzes eine stumpfe Waffe. Im Gros der Klein- und Mittelbetriebe dürfte das der Fall sein. Wo die Organisationsmacht und die institutionellen Machtressourcen der Gewerkschaften im Rückgang begriffen sind, wird auch dieser Virenschutz gegen Rechts ausgehebelt.

Vorurteile und Aufklärung

Zu unserem Sample zählen eine Reihe von Interviews mit haupt- und ehrenamtlichen gewerkschaftlichen Bildungsarbeitern. Ein zentrales Feld: Allein in der IG Metall nehmen jedes Jahr rund 100.000 Mitglieder an Seminaren teil (B1, 264). Die Hauptzielgruppe der *politischen* Bildungsarbeit sind in der Metallgewerkschaft die Vertrauensleute; wo es Vertrauenskörper gibt, läuft darüber ein unverzichtbarer Teil der Mitgliederrekrutierung. Die Stärkung von Organisationsmacht ist so eng verbunden mit politischer Aufklärung und Kommunikation. Dabei haben die Gewerkschaften sowohl hinsichtlich des Feldes (Betrieb) als auch der Intensität bzw. quantitativen Reichweite des Bildungsangebots durchaus ein Alleinstellungsmerkmal:

> »... wir reichen in Bereiche rein, wo keine politische Partei hinkommt.« (B1, 257)

Es kann hier nicht darum gehen, die gewerkschaftlichen Bildungsinvestitionen sowie die Ansätze und Konzeptionen der politischen Bildungsarbeit insbesondere in der Auseinandersetzung mit der neuen Rechten in den Gewerkschaften zu würdigen. Unsere Fragestellung zielte darauf, wie sich die betriebliche und gesellschaftliche Ausweitung rechtspopulistischer Anschauungen auch in der Bildungsarbeit, unter den Teilnehmer*innen und Teamer*innen, niederschlägt.

---

ternehmen gehört, wo Leute auch tatsächlich gekündigt worden sind, die dann wirklich fremdenfeindliche Äußerungen getätigt haben. Da haben auch unsere Betriebsräte dem zugestimmt. Das war eben vollkommen klar, dass das nicht geduldet wird.« (VG6, 261)

Dass das der Fall ist, wurde uns wiederholt bestätigt, insbesondere in Einführungsseminaren, hingegen deutlich weniger in Aufbauseminaren mit Teilnehmer*innen, die bereits über weitergehende Erfahrungen im Kontext der Interessenvertretung verfügen:

> »(...) ich erlebe das bei unseren Referenten, die Einführungsseminare machen, dass die erhebliche Probleme haben mit Pegida-Einstellungen, mit AfD-Einstellungen, also mit so rechtspopulistischen Geschichten. (...) Auf der Ebene artikulieren die das noch. Das sind oft ehrenamtliche Referenten, also auch nur Betriebsratsmitglieder, Vertrauensleute, und da trauen sie sich an der Ecke, rauszulassen, was sie gerade in der Bild-Zeitung gelesen oder was sich bei ihnen im Kopf angesammelt hat.« (B3, 423)

In der Bildungsarbeit spiegeln sich die gleichen Widersprüche, die auch in der betrieblichen Öffentlichkeit virulent sind:

- Soll man Rechtspopulismus auch in »Fachseminaren« zum Thema machen oder wird durch zugespitzte politische Debatten der zu bewältigende Lehrplan »zerschossen«?

> »Ja, oder zu sagen ... also die Frage, zerschieße ich mir damit das Seminar, (...) wo Betriebsräte berechtigt kommen, um handlungsfähig zu werden für die konkreten Probleme vor Ort, oder interveniere ich hier jetzt in einer grundsätzlichen Wertehaltung? (...) ich glaube, da gibt es halt auch eine Haltung: Okay, wir machen jetzt ein Seminar zu diesem Thema und das andere blenden wir jetzt erst mal aus.« (B2, 592)

- Wie sind Teamer zu befähigen, im Seminar mit rechten Vorurteilen und Provokationen umzugehen? Wie führt man die Diskussion über Vorurteilsstrukturen, wenn es heißt: »Ist ja was dran«?

> »Also wir treffen zum Beispiel auch mittlerweile Menschen, die offen Symbole tragen, die zwar nicht verfassungsfeindlich sind und verboten sind, aber die sozusagen eine offene rechte Gesinnung zum Ausdruck bringen. Und das ist ein ... also ich sage mal, wenn das ein BR1–4 oder so was ist, dann ist es eine ganz schwierige Geschichte für die Trainerinnen und Trainer, das zu thematisieren.« (B2, 588)

Dabei geht es nicht nur um Ressentiments von Seminarteilnehmer*innen, sondern in einzelnen Fällen auch von Teamer*innen.

> »Ich glaube, bei den Teamenden ist es noch mal komplizierter (...), ich glaube, wir haben schon auch einen Teil Teamende, die durchaus diese Vorbehalte, die da bestehen, teilen. Also was läuft eigentlich falsch in unserer Migrationspolitik? Ja, also müssten wir da nicht anders vorgehen? Müssten wir nicht mehr schützen und so? Also das ist insgesamt ein schwieriges Feld. Wir haben natürlich auch ganz viele, die genau aus diesem Grund politische Bildungsarbeit machen, weil sie eine durch und durch antirassistische Grundeinstellung haben und ausgehend von der Würde des Menschen sozusagen ihre Bildungsarbeit aufbauen. Aber trotzdem haben wir auch viele, die diese Ängste mit teilen. So, und ich würde jetzt sagen, wir sind da unterdurchschnittlich. Wenn man jetzt sozusagen von der rechtspopulistischen Wählerschaft geht, dann würden wir im Teamenden-Kreis, würde ich sagen, würden wir unterdurchschnittlich sein. Im Mitgliederbereich überdurchschnittlich, also vom Wahlverhalten, bei den Teamenden unterdurchschnittlich. Aber es ist nicht so, dass sie sagen würden, wir haben das nicht. Also da würde ich deutlich sagen: Ja, wir haben auch da Teamende, wo diese Haltung durchaus anschlussfähig ist.« (B2, 505)

Hinsichtlich der Auseinandersetzung mit der (alten und) neuen Rechten hat es deutliche Veränderungen gegeben.

> »Definitiv. Also in den Neunzigerjahren haben wir ja durch alle Gewerkschaften oder über alle Gewerkschaften hinweg praktisch alle denselben Fehler gemacht und gesagt, wir machen eigene Antifa-Seminare. Was an sich Blödsinn ist. Also warum soll ich mich zum Antifa-Seminar anmelden? Entweder, ich bin überzeugt, oder ich will noch mal besser werden. Also ich kriege definitiv nur die Leute, die schon auf der richtigen Seite stehen, das Herz an der richtigen Stelle haben und die einfach nur besser werden wollen oder einfach die Diskussion suchen. Ich muss es integrieren. Ich muss es in den Alltag reinbringen, so wie wir es mit dem Lila Leitfaden auch mit den Gender-Fragen gemacht haben. Und dieser Fehler ist in den Neunzigerjahren gewerkschaftsübergreifend gemacht worden, nicht nur mit Seminaren in diese Richtung, auch noch mal mit anderen Seminaren. Mit einem positiven Gedanken, ich will dem nämlich ein ganzes Seminar widmen. Aber nicht ganz zu Ende gedacht an der Stelle.« (B2, 686)

Die Forderungen der Bildungsarbeiter zielen auf eine Ausweitung insbesondere der politischen Bildung. Argumente, die dafür sprechen, sind (a) der Rückgang der Bildungsarbeit vor Ort, sei es in den Geschäftsstellen der Einzelgewerkschaften, die diese Arbeit aufgrund der anderen Belastungen oft nicht mehr hinreichend leisten können, und (b) des gewachsenen Bedarfs an Orientierungswissen[9] in Zeiten massiver ökonomischer, gesellschaftlicher und politischer Umbrüche.

> »Es gibt bei denen, die zu uns in die Bildungsstätte kommen, einen großen Bedarf an Diskussion, an Orientierung. An: ›Ich blicke nicht mehr durch, wie sieht das aus‹. Also diese ganzen Unsicherheiten, die ja auch so im Raum liegen, die kommen in so ein Seminar. Und die machen quasi ein- oder zweimal ein Seminar und dann kommen sie in ihren Alltag zurück. Und da passiert das, was ich vorhin angedeutet habe, früher gab es mehr Zusammenhangsdiskussionen etc. Es gibt vor Ort nichts mehr. (...) Kein Raum, keine Gelegenheit für örtliche oder betriebsnahe Diskurse. (...) Es gibt noch so eine Formalstruktur mit diesen Delegiertenversammlungen, aber da kommt dann in der Regel jemand, der hält ein Referat, und dann geht man wieder nach Hause. Es gibt keinen Raum, keine Gelegenheit, wo die Leute das, was auf sie einbricht – Tagesschau, über Zeitungen etc. –, wo sie das mal ein bisschen austauschen, reflektieren können.« (B3, 206)

Einer der praktischen Vorschläge zielt darauf, an die alte Tradition der DGB-Ortskartelle wieder anzuknüpfen, das heißt, Bildungsangebote zu schaffen, die Einzelgewerkschaften übergreifend und nah am Wohnort organisiert sind, wo die Mitglieder sich auch nach Feierabend zum politischen Austausch treffen können und damit Verständigungsräume bieten.

Ein weiterer Vorschlag zielt in Richtung des Wiederausbaus gewerkschaftlicher Vertretungsstrukturen im Betrieb: der Vertrauensleute. Das

[9] »Was kommt von uns selber eigentlich? Mit uns meine ich jetzt Gewerkschaften insgesamt, aber natürlich auch Gewerkschaften in ihrem Einwirken auf Betriebe. Kommt da Deutung für das, was an Problemen da ist? Reicht es aus? Oder inwieweit macht man den Raum auf durch mangelnde Deutung, welche Lücken lassen wir offen? Das ist auch ein Thema von diesem Eribon. Welche Lücken lassen die Linken, die Linke im weitesten Sinne, wo die reinstoßen können? Das wäre eine ganz dringende Geschichte und würde auch vielen Leuten, die in Ortsverwaltungen und in Betrieben tätig sind und nicht rechts sind, helfen, damit umzugehen.« (B6, 668-675)

wiederum wäre anschlussfähig an frühere Konzepte betriebsnaher Bildungsarbeit durch Bildungsobleute.

Weitere Ansätze, die in die Bildungsarbeit hineinreichen, aber auch darüber hinausgehen, kommen hinzu: Stammtischkämpfer*innen, Respekt!, Gelbe Hand, Mach meinen Kumpel nicht an und andere mehr.

3.5 »Blau ist das neue Rot« – Betriebsratswahlen 2018

Die Neue Rechte hat damit begonnen, ihr Potenzial in den Betrieben zu heben. Mittlerweile gibt es drei bzw. vier sogenannte Arbeitnehmervereinigungen der AfD (siehe Anhang, S. 207ff.). Ihr Profil ist das eines »rechten Sozialpopulismus«, der von der neoliberalen Gründungsprogrammatik der AfD zugunsten einer »selektiven Aufnahme sozial- und wirtschaftspolitischer Forderungen im scheinbaren Sinne von arbeitnehmerpolitischen Interessen« (Häusler/Roeser 2017: 25) in weiten Teilen abgesetzt wurde.

Im Vorfeld der Betriebsratswahlen 2018 (1. März bis 31. Mai) formiert sich zudem eine neue Vernetzungs-Plattform, bestehend aus dem Kampagnenprojekt *Ein Prozent* der Identitären Bewegung, dem *Zentrum Automobil* (ZA), einer rechten Betriebsratsinitiative bei Daimler Benz im Werk Untertürkheim, das dort nach dem Gewinn von zehn Prozent der Stimmen bei der letzten Betriebsratswahl mit vier Mitgliedern im Betriebsrat vertreten ist, und dem rechts außen angesiedelten Magazin *Compact* mit dessen Chefredakteur Jürgen Elsässer. Deren »Aktionsziel« ist es, betriebliche Vertreter der Neuen Rechten in die Betriebsräte zu bringen. Betriebsgruppen dafür gibt es Ende 2017 u.a. auch bei Daimler in Rastatt, bei Opel in Rüsselsheim, im Leipziger BMW-Werk sowie bei Volkswagen. Dieses Netzwerk steht politisch dem »Alternativen Arbeitnehmerverband Mitteldeutschland« (siehe Anhang, S. 208f.) um den AfD-Rechtsaußen Björn Höcke am nächsten. ZA-Sprecher Thorsten Häberle sieht das Zentrum »gemäß Satzung zu parteipolitischer Neutralität verpflichtet», gleichwohl würden sich »Zentrum und AfD inhaltlich und thematisch in ihrer Globalisierungs- und Kapitalismuskritik« überschneiden (Schwäbische Zeitung, 13.2.2018). Selbsterklärtes Ziel des ZA ist der »Aufbau gewerkschaftlicher Strukturen als Alternative zu den Monopolgewerkschaften«.

Unsere Interviews bestätigen, dass die Betriebsratswahlen in einer Reihe von Betrieben und in spezifischen Regionen zur Mobilisierung und damit zur Etablierung rechter Organisationsansätze und Interessenvertretungsstrukturen genutzt werden könnten.

> »(…) wenn die einigermaßen pfiffig sind, was sie ja häufig sind, die werden uns bei der Betriebsratswahl mit gegnerischen Listen beschäftigen. Es gibt ja so Ansätze von einem versuchten Aufbau einer Arbeitnehmerorganisation, Arbeitnehmergruppe in der AfD, Aida. Ich glaube, dass diese Populismusfrage auch auf betrieblicher Ebene ankommen könnte.« (I3, 125)

Es gibt bereits AfD-Betriebsräte, die zur Legitimierung ihrer Aktivitäten auf das bekannte Argumentationsmuster zurückgreifen, die AfD sei eine anerkannte, im politischen Raum breit vertretene Partei, die von den Gewerkschaften nicht ausgegrenzt werden dürfe. Gewerkschaften sollten ihre ablehnende Haltung gegenüber der AfD aufgeben und sich parteipolitisch neutral verhalten.

> »(…) von der Tochterfirma der Betriebsratsvorsitzende, der tritt auch für die AfD auf. Ja, also der sagt das auch ganz deutlich. Und er hat moniert, warum denn die Gewerkschaft, die IG Metall, letztendlich mit unseren Mitgliedsbeiträgen da gegen die AfD was unternimmt und so weiter. Also da waren schon ganz schöne Diskussionen bei uns zugange. Und wo mehrere Leute tatsächlich was dagegen gehabt haben, wie denn da die Gelder eingesetzt werden.« (IG1, B1, 328)

Die Gefahr besteht mithin darin, dass die Enttabuisierung und »Normalisierung« des Rechtspopulismus den Aufstieg der AfD nicht nur im politischen System befördert, sondern auch in der betrieblichen Interessenvertretung wirksam wird.

> »(…) also es gibt die große Diskussion um AidA im Zentrum, oder wie sie halt heißen… Die haben wir in A [Fabrikationsstätte] bei B [OEM Automobilindustrie, Süddeutschland], haben wir in C [Ort in Thüringen]. Kann auch sein, dass wir ein Problem in D [Stadt in Sachsen] kriegen, weil da stehen sie vorm Tor.« (I4, 989)

Es gibt folglich Stützpunkte, die ausgebaut werden können und auf andere Regionen und Betriebe ausstrahlen können. Eine Teilverlagerung von AfD-Engagement und -Aktivitäten in die Betriebe könnte die soziale Basis der Partei verbreitern. Bei BMW in Leipzig trat eine rechtspopulistische Gruppe unter dem Namen »IG Beruf und Familie« an, geführt von Frank Neufert, stellvertretender Bundesvorsitzender der

AfD-»Arbeitnehmervereinigung« AidA; die zentrale Losung lautet: Auch Gewerkschaften aus dem Westen hätten den Osten verraten. Ein Gewerkschaftskollege aus Bayern berichtet, wie Gruppen in der rechten Szene die soziale Frage aufgreifen:

> »(...) das ›Freie Netz Süd‹ hat explizit versucht, immer an gewerkschaftlichen Themen anzugreifen, insbesondere an zweien – an der Frage des Mindestlohns und an der Frage der Leiharbeit. Die haben eine Reihe von Flugblättern gehabt. Die haben auch zum Beispiel vor Arbeitsagenturen Flugblätter verteilt. Und wenn du das nicht aufmerksam gelesen hast, hättest du dir denken können, ich kann 95 Prozent dieses Textes unterschreiben. Nur dann war wieder, wie immer halt, dieser Dreh, alles wäre besser, wenn keine Ausländer da wären. Also da war dann auch mal eine Formulierung wie ›Mindestlohn nur für Deutsche‹, Leiharbeit muss weg, aber dann war der Schlenker immer dieses nationalistische Nadelöhr gegen Ausländer. Aber die haben schon ... soziale Fragen aufgegriffen.« (D2, 350)

Das würde zugleich ihr soziales Profil in eine Richtung verschieben, die bei anderen rechtspopulistischen Parteien in Europa wie dem Front National durchaus erfolgreich, wenn auch intern nicht unstrittig ist. Und damit würde neben dem politischen Protestprofil das Profil einer sozialen Bewegung gestärkt. Dazu gibt es Ansatzpunkte, doch noch ist die programmatisch-politische Widersprüchlichkeit der AfD unverkennbar.

> »Dann sagen sie, die Manager-Gehälter sollen nicht gesetzlich, sondern durch tarifpolitische Maßnahmen begleitet gedeckelt werden. Betriebsräte unabhängig von Gewerkschaften. Die AIDA sagt, ein Mindestlohn, aber Qualifikation vor Monetarisierung. Das heißt, die wollen doch keinen allgemeinen Mindestlohn, sondern einen gestaffelten nach Qualität. Und ja, die anderen sagen dann, es muss eine Verpflichtung zur gemeinnützigen Arbeit geben, wobei die sich viel stärker weg vom Betrieb orientieren, diese alternative Vereinigung der Arbeitnehmer. Hartz IV als gestaffelte Geldleistung, Begrenzung Werkvertragsquote, Begrenzung Leiharbeitsquote, enge Verzahnung Arbeitsagenturen und mittelständische Unternehmen und Verpflichtung zu gemeinnütziger Arbeit. Also sagen wir mal, wenn die mit solchen Positionen antreten, dann tun wir uns in der Gegenargumentation leichter, aber wenn die konkret dann einmal Betriebsauseinandersetzungen machen, dann ...« (D2, 922)

Die Themen, um die soziale Frage auch von rechts her zu besetzen, sind durch die sozialen und betrieblichen Auseinandersetzungen vorgegeben. Bei der identitären *Ein Prozent* sind das die Agenda 2010/Hartz IV – »Der Fall Hartz beweist exemplarisch: Manager und Gewerkschaftsfunktionäre, etablierte Parteien und Arbeitnehmervertreter – sie sind keine Antagonisten mit verschiedenen Zielen, sondern arbeiten Hand in Hand«[10] –, die Prekarisierung der Arbeit, insbesondere Leiharbeit – »Politik und Arbeitgeberverbände fordern eine maximale Leiharbeitszeit von 18 Monaten, die Gewerkschaften hingegen nur 12 Monate, geeinigt hat man sich dann auf volle 48 Monate! Sieht so der Kampf für die Interessen der Angestellten aus?«[11] – hohe Managergehälter und Abfindungen, denen auch Gewerkschaftsvertreter*innen in Aufsichtsräten zugestimmt haben, vermeintlich überbordende Vergütung von Gewerkschafts- und Betriebsratsvorsitzenden sowie die Politik der zero tolerance gegenüber Ausländerfeindlichkeit und Rechtsextremismus in den Betrieben nach dem Motto: »Das Establishment hat seine Gesinnungswächter auch am Fließband, im Büro und in der Werkstatt untergebracht« – »Patrioten beschützen deinen Arbeitsplatz«.[12] Mit Establishmentkritik wird gegen Gewerkschaften mobilisiert: »Die Gewerkschaften sind zum Instrument der Mächtigen geworden.«[13] Der Aufbau rechter Interessenvertretungsstrukturen wird in rechte Kapitalismuskritik gepackt, wenn Höcke anlässlich der Gründung der Vernetzungs-Initiative forderte, »die sozialen Errungenschaften von 150 Jahren Arbeiterbewegung gegen die zerstörerischen Kräfte des Raubtierkapitalismus [zu] verteidigen.«[14]

Dabei geht es nicht nur um harte materielle Interessen; auch Erfahrungen, die als Zurücksetzung oder Diskriminierung erlebt werden, spielen eine Rolle. In ostdeutschen Bundesländern wird Ungleichheit neben niedrigerer Entlohnung vor allem auch an längeren Arbeitszeiten festgemacht. Die Angleichung der Arbeitszeiten Ost an die West-Norm der 35-Stunden-Woche in der Metall- und Elektroindustrie war

---

[10] »Linke Gewerkschaften: von den Konzernen gekauft«, www.einprozent.de (16.11.2017).

[11] Ebd.

[12] »Werde Betriebsrat – Patrioten schützen Arbeitsplätze«, www.werdebetriebsrat.de.

[13] www.einprozent.de, a.a.O.

[14] »Compact-Konferenz in Leipzig – Rechtspopulisten wollen in die Betriebe«, www.mdr.de

deshalb ganz und gar nicht zufällig Anlass für eine öffentlichkeitswirksame Flugblattverteilaktion der AfD vor dem Werktor eines Automobil-OEM in Leipzig:

> »Ja, das ist mehr der Punkt (...) von Glaubwürdigkeit. (...) Eigentlich ist es auch eine ungeklärte Frage innerhalb der Organisation [IG Metall], wie gehen wir eigentlich mit dieser Ost-West-Angleichung um? (...) Weil es gab den verlorenen Arbeitskampf 2003. Der steckt tief im kollektiven Bewusstsein drin. (...) Und die Organisation tut sich nicht leicht mit der Frage der Ost-West-Angleichung. Und wenn du ein Arbeitszeitthema hochwirfst, (...) dann ist das bei uns ein belastetes Thema. Und die Kollegen verlangen dann Antworten auf ihre Fragen. Das ist so. Und diese Frage ist eine ziemlich emotional geführte. Unsere Kollegen führen die emotional ziemlich kontrovers.« (I4, 996)

Die Aufstellung eigener rechter Listen zur Betriebsratswahl ist jedoch nur einer der infrage kommenden Wege. Ein anderer Ansatz, interessenspolitisch in den Betrieben stärker Fuß zu fassen, besteht darin, auf sogenannten »unabhängigen« Listen oder verdeckt auf Gewerkschaftslisten zu kandidieren und sich so ein Mandat der Belegschaft zu organisieren.

> »Es wird in einigen Betrieben sein, dass AfD-Leute auf Gewerkschaftslisten sind und auch – man sieht das denen ja nicht an. Irgendwann wird sich schon rausstellen, der ist doch für die AfD in dem einen oder anderen Kommunalparlament aktiv, wie gehst du denn damit um?« (D3, 126)

Mit dieser Frage wird eine interessenspolitische Komplizierung angedeutet: Mit der Wahl wäre eine betriebliche Legitimation für rechte Organisationsansätze verbunden. Man kann dann nicht mehr argumentieren, die populistische Rechte hätte im Betrieb kein Mandat. Stattdessen würde deutlich zutage treten, dass nicht zu ignorierende Teile der Belegschaften mit rechten Vorurteilsstrukturen behaftet sind und eine entsprechende interessenspolitische Ausrichtung befürworten. Die Auseinandersetzung findet dann nicht mehr zwischen der neuen Rechten und den betrieblichen Interessenvertretungen statt, sondern zum Teil innerhalb der Interessenvertretungen und auch in den Gewerkschaften.

***

In Krisensituationen haben sich Gewerkschaften immer wieder als verlässlicher demokratieerhaltender Akteur erwiesen. Ihr Engagement für die Sicherung der Beschäftigung in der Finanz- und Wirtschaftskrise ab 2007 ist ebenso anerkannt wie ihr Einsatz in der Zeit der großen Fluchtbewegung 2015/16 als unerlässlicher Teil der Willkommenskultur und Unterstützer der gesellschaftlichen Integration der Zufluchtsuchenden. Mehr noch: Wo es um die Zurückdrängung des Rechtspopulismus geht, stehen sie nicht beiseite, sondern in den vordersten Linien. Das handelt ihnen – wie wir gesehen haben – Ärger in den eigenen Reihen ein, wenn ein Teil der Mitglieder und Belegschaften fordert, das politische Mandat zurückzustellen und sich auf das entgelt-, beschäftigungs- und arbeitspolitische »Kerngeschäft« zu konzentrieren. Schließlich kommt ein weiterer Punkt hinzu: Wie wir aus unseren Krisenbefragungen wissen und durch andere Untersuchungen (u.a. Dörre 2013) bestätigt sehen, haben Gewerkschaften noch in einem Umfang politischen Kredit unter den Beschäftigten, den die etablierten Parteien des politischen Feldes längst verloren haben (vgl. dazu Kap. 6). Es hängt also viel von den Gewerkschaften ab, wie und mit welchen Erfolgsaussichten der Kampf gegen die populistische Rechte geführt werden kann.

Die Profilierung der Gewerkschaften als politischer Akteur in diesen Auseinandersetzungen ist unverzichtbar – aber nur in dem bisher dargestellten Sinne? Ihre Aufklärungsleistung entspricht hier im Großen und Ganzen der anderer zivilgesellschaftlicher Akteure – mit einem bedeutsamen Unterschied: Gewerkschaften haben im Vergleich zu diesen einen singulären Zugang zu den Etagen der Arbeitsgesellschaft. Ihre Aufklärungsarbeit beginnt in den Betrieben und deren Nahbereichen, dort, wo anderen Organisationen der Zutritt verwehrt ist. Aber gilt das gleichsam nur in räumlicher Perspektive? Spielen die Entwicklungen in der Arbeitswelt ansonsten keine Rolle?

Ganz anders sieht die Rolle der Gewerkschaften aus, wenn es spezifische arbeitsweltliche Potenziale rechtspopulistischer Orientierungen gibt, wenn die Betriebe Teil des Nährbodens sind, auf dem rechte Orientierungen und auch eine Partei wie die AfD gedeihen können. Trifft dies zu – und dies ist unsere Ausgangsvermutung –, dann kommen Gewerkschaften herausgehobene, nicht ersetzbare Aufgaben im Kampf gegen völkische, antidemokratische und menschenfeindliche Einstellungen und Aktivitäten zu.

Wir meinen also, dass Gewerkschaften in dem bisher beschriebenen Erfahrungshorizont unerlässliche Arbeit im Kampf gegen den Rechtspopulismus leisten – dass dies gleichwohl nur die eine Seite der Medaille ist. Gerade in ihrem arbeitspolitischen Kerngeschäft liegt die bislang unbearbeitete Kehrseite.

Damit werden wir uns in den folgenden Kapiteln auseinandersetzen.

4. Arbeitsweltliche Zuspitzung – betriebliche Zustände als Nährboden für Rechtspopulismus

Der Zusammenhang von betrieblichen Verhältnissen und politischen Orientierungen ist kein unmittelbarer, sondern erfolgt über mehrere Vermittlungsschritte. Und natürlich gibt es auch keine zwangsläufige Verbindung zwischen arbeitsweltlichen Verhältnissen und rechten Orientierungen. In unseren Interviews und Gruppengesprächen wird von einzelnen Teilnehmer*innen ein derartiger Zusammenhang jedoch durchaus behauptet, jedoch ist dies eher die Ausnahme. In der Regel stellt sich der Zusammenhang eher diskursiv im Verlauf des Gruppengesprächs her oder interpretativ durch unsere Auswertung. Wir haben in der Darstellung unserer Befunde die Wirkungszusammenhänge und die Argumentationsketten analytisch auseinandergenommen und in eine Reihenfolge gestellt (Kapitel 4-6). Wir beginnen mit den sozialen Verhältnissen in den Betrieben.

Ausgangspunkt der Erzählungen der befragten Kolleg*innen ist zumeist eine Schilderung der betrieblichen Lage und ihrer konkreten Arbeitsbedingungen. Diese werden in der Regel auch bewertet und in den meisten Fällen ist von einer Verschlechterung die Rede. Referenzpunkt ist dabei jedoch nicht eine Situation, in der pauschal »früher alles besser war«, sondern die Verschlechterung der Arbeitssituation wird in der Kontinuität eines längerfristigen Krisenprozesses gesehen. Als »krisenhaft« werden der fortwährende Druck und die permanente Unsicherheit von Beschäftigung, Einkommen und Arbeitsbedingungen verstanden. Als verursachender Hintergrund wird auf die beständige Restrukturierung der Abläufe im Betrieb verwiesen: Aufspaltungen, Verlagerungen, Standortkonkurrenz, Kostensenkungsprogramme, zunehmender Leistungsdruck u.v.a.m. Diese Einschätzungen haben wir schon in unseren beiden Studien zum Krisenbewusstsein 2011 und 2013 vorgefunden, in denen die Konsequenzen dieses »Dauerzustands von Krise« für die Beschäftigten einschneidender erlebt wurden als die realwirtschaftlichen Folgen der Finanzmarktkrise 2008/09. Und aus der Erfahrung einer fortwährenden Bedrohung durch eine permanente Reorganisation erwächst dann auch – damals wie heute – subjektiv eine gesteigerte Unsicherheit und Unzufriedenheit, die vielfach in Wut oder Resignation mündet. Der Druck auf die Arbeitsbedingungen in Zeiten permanenter Reorganisation hört offensichtlich nicht auf. Wir haben solche Einschätzungen auch in Forschungsprojekten in den letzten 20 Jahren immer wieder vorgefunden. Sie waren u.a. ein Beleg für unsere These einer permanenten Reorganisation in den Unternehmen, die teilweise unabhängig von jeweiligen Konjunkturverläufen (»ob Boom oder Krise«) bei den Beschäftigten ständig für Unruhe und Druck sorgt. »Krise ist immer« meint auch das Ende von Normalität, die durch einen Wechsel von Veränderungen und auch ruhigen Phasen gekennzeichnet war. Das Leben in den Betrieben heute kennt keine Ruhephasen mehr.[1] Zwar sind Klagen über steigenden Arbeitsdruck nicht neu, denn die Rationalisierung, die Steigerung betrieblicher Effizienz gehört von Beginn an zum betrieblichen Alltag. Aber es ist eine radikal neue Qualität sichtbar geworden, und wenn wir die Beschäftigten fragen, seit wann das denn so sei, nennen sie immer die 1990er Jahre, in denen das alles angefangen habe.

Wir haben den Eindruck, dass sich seit unseren Untersuchungen vor sechs bzw. acht Jahren die Verhältnisse in den Betrieben weiter zugespitzt haben; sowohl was die objektiven Bedingungen angeht, als auch in der subjektiven Wahrnehmung der Beschäftigten. Dieser Eindruck ist auf dem Hintergrund der historischen Tendenz einer permanenten Reorganisation nicht verwunderlich, denn diese folgt einer immanenten Steigerungslogik als Resultat einer finanzmarktorientierten Unternehmenssteuerung. Hinzu kommt der neoliberale Umbau der Sozialsysteme, der Arbeits- und Beschäftigungsverhältnisse weiter entsichert. »Krise ist immer« heißt deswegen nicht nur immer Unsicherheit, Anspannung und Überforderung, sondern es entsteht eine Abwärtsspirale der Verschlechterung der Arbeitsbedingungen (vgl. Sauer 2013 und 2016).

Ein anderer Eindruck entsteht, wenn man offiziellen Verlautbarungen der Bundesregierung, zahlreichen Darstellungen in den Medien sowie

[1] Es entsteht – so Josef Reindl u.a. (2011) – »ein anderes Arbeitserleben: ein Gefühl der immerwährenden Anspannung, das den Rhythmus von viel und weniger Arbeit, von hektischen und ruhigen Phasen, von Auftragsspitzen und Normallast kaum mehr kennt. Ob im Konjunkturhoch oder Konjunkturtal, im Wachstum oder in der Krise, es kehrt keine ›Normalität‹ mehr ins Arbeitserleben ein.«

der einen oder anderen Expertise[2] folgt: Um Wachstum, Wohlstand, Arbeitsmarkt etc. ist es besser bestellt als je zuvor, Abstiegsängste verblassen. Die Erzählungen in unseren ausführlichen Interviews und Gruppendiskussionen sprechen hingegen eine deutlich andere Sprache. Die Diskrepanz zwischen der öffentlichen und medialen Darstellung der Arbeits- und Lebensverhältnisse und den Schilderungen der von uns Befragten ist größer geworden.

Dies ist in der Befragungsforschung keine neuerliche Paradoxie. Teilweise erklären sich die unterschiedlichen Befunde aus der Befragungsmethode selbst: In standardisierten Befragungen entfällt oft die abwägend-kritische Reflexion, die sich in den Gesprächssituationen qualitativer Interviews einstellt. Hinzu kommt, dass in einer Gesellschaft, in der Zufriedenheit zugleich Erfolg in der Arbeit signalisiert, Unzufriedenheit potenziell als subjektives Scheitern angesehen wird; auch hier ermöglichen offene qualitative Befragungssituationen letztlich sachgerechtere Differenzierung. Und schließlich mag »Zufriedenheit« auch Affirmation oder Anpassung an die gegebenen Verhältnisse zum Ausdruck bringen; Opposition zu artikulieren fällt schwer, vor allem dann, wenn realistische Alternativen in einem überschaubaren Horizont schwer zu identifizieren sind. Nun ist unsere Befragung weit davon entfernt, einen repräsentativen Eindruck hinsichtlich »Arbeitszufriedenheit« zu vermitteln; insofern muss eingeräumt werden, dass unsere These der arbeitsweltlichen Zuspitzung möglicherweise nur einen Ausschnitt wiedergibt. Dieser Einwand trägt generell, solange eine zeitnahe »Kartografie der Arbeit« seitens der Industrie- oder Arbeitssoziologie nicht vorliegt. Aus diversen Einzelstudien können wir jedoch entnehmen, dass »Zuspitzung« auch aus Arbeitsfeldern berichtet wird, die nicht zu unserem Fokus gehören – unser Befund ist daher mehr als eine Arbeitshypothese.[3]

---

[2] »Nach jahrelangem Anstieg war die Abstiegsangst bereits seit Mitte der 2000er Jahre rückläufig. Besonders stark war der Rückgang nach der kurzen Rezession 2009-2010 sowie im Jahr 2016. Angenommen wird, dass neben der guten ökonomischen Entwicklung die Erwerbstätigen sich zunehmend besser mit den neuen Unsicherheiten arrangiert haben und lernen, diese zu bewältigen (›Coping‹).« (Lengfeld 2017: 3)

[3] Wir können auch in diesem Punkt der Einschätzung Heitmeyers zustimmen, wonach viele Zufriedenheitsbefunde wiederum nur eine Teilwirklichkeit abbilden: »Das ist die datengestützte Wahrnehmung, viele Einstellungsuntersuchungen verweisen auf das genaue Gegenteil. Das typische Muster ist: Mir geht es gut, aber der Gesellschaft geht es schlecht. Das ist die Wahrnehmung, dahinter steckt eine ganze Reihe von Abwehrmechanismen. Man muss gegenüber seiner Umwelt immer

Mit der Zuspitzungsthese bezeichnen wir zum Teil Prozesse betrieblicher Umstrukturierungen (Aufspaltungen, Verlagerungen, flexible Beschäftigung, marktorientierte Leistungssteuerung u.ä.), die schon länger wirken, die aber an Intensität und Reichweite zugenommen haben. Hinzu kommen neue Tendenzen (Digitalisierung, Dekarbonisierung, neue Wertschöpfungsketten u.ä.), die das Tempo der Reorganisation erhöhen und die Unsicherheit vergrößern. Sicherlich gehört zur Zuspitzung die fortgeschrittene Prekarisierung von Arbeitsverhältnissen, aber ebenso das, was in scheinbar gesicherten Stammbelegschaften als Anerkennungsverluste und Würdeverletzungen erfahren wird. Und schließlich jene Erfahrungen, bei denen marktgetriebene Selbststeuerung und damit verbundene Autonomieversprechen in Kontrollverluste umschlagen. Unsere Zuspitzungsthese thematisiert also nicht einfach Schlechterstellung in Richtung der Zonen der Prekarität. Es geht weit darüber hinaus um Erfahrungen einer weiteren »In-Wertsetzung« von Arbeit in einer rendite- oder finanzmarktgetriebenen Unternehmenspolitik, die arbeitbezogene Kontroll- und Perspektivverluste generiert.

Einige dieser Tendenzen sind branchenspezifisch, andere wirken eher generalisierend über Industrie- und Dienstleistungsbereiche hinweg. In ihren Auswirkungen auf die Arbeits- und Lebenssituation der Befragten zeigen sich überraschenderweise deutlich *übereinstimmende oder zumindest ähnliche Risiken quer zu den unterschiedlichen Branchen und Beschäftigtengruppen*. Wir werden im Folgenden keine systematische Ursachen- und Risikoanalyse versuchen, sondern beschränken uns auf die in unseren Gesprächen genannten Zusammenhänge.

Wir haben es also mit komplexen Wirkungszusammenhängen zu tun, was wir als arbeitsweltlichen Nährboden des Rechtspopulismus bezeichnen. Wir werden zunächst die betrieblichen Entwicklungen nachzeichnen (Kapitel 4) und anschließend auf deren subjektive Verarbeitung eingehen (Kapitel 5). Die Entfremdung gegenüber dem politischen Feld (der »politischen Elite«) zeichnen wir in Kapital 6 nach.

Doch zurück zum Ausgangspunkt: den sozialen Verhältnissen im Betrieb.

---

noch so tun, als wäre alles in Ordnung – auch dann, wenn das in Wirklichkeit möglicherweise gar nicht so ist. Das sind Schutzmechanismen.« (Heitmeyer 2017: 17)

4.1 Arbeitsplatzverluste durch strukturelle Veränderungen in den Industrie- und Dienstleistungsbranchen

Ein erster Punkt ist – trotz angeblich blendender Arbeitsmarktzahlen – die weiterhin unter der Oberfläche vorhandene Gefahr des *Arbeitsplatzverlustes* und die daraus resultierende politische Ohnmacht, daran etwas zu ändern. Hintergrund sind zum einen Maßnahmen einer ständigen Umstrukturierung in den Unternehmen, die durchgängig in den Schilderungen der Befragten auftauchten. Dabei werden alte und neue strukturelle Veränderungen in den Industrie- und Dienstleistungsbranchen angesprochen: Es sind die alten Strukturprobleme der Stahlindustrie, die erwarteten Strukturveränderungen in der Auto- und Autozulieferindustrie (von Diesel-/Benzinmotoren zum Elektromotor, neue Mobilitätskonzepte) und es sind neue Geschäftsmodelle in den Dienstleistungsbranchen (Banken, Telekommunikation und Logistik in unserem Fall). Bei den Auswirkungen dieser Strukturveränderungen stehen vor allem die Sorgen wegen erwarteter Arbeitsplatzverluste im Vordergrund, neben neuen Qualifikationsanforderungen u.ä.

Von diesen Sorgen und Problemen berichteten vor allem Beschäftigte in *kleineren Metallbetrieben* als Teile eines Firmenkonglomorats, die ständig hin und her jongliert werden.

> »(...) wir haben einen Investor, der letztendlich jede Möglichkeit ausschöpft, die legal möglich ist, um Erträge, Gewinnerträge durch legale Firmenspaltungen zu steigern und wo er dann aufzeigen kann, ja, ihr habt nichts, wir haben nichts, und mit Zahlen jongliert ... und somit eine politische Situation schafft, die unsicher machen kann. Wir haben schon ein paar Leute, die in der IG Metall sind, aber selbst da gibt es Leute drunter, wo man schon die Verzweiflung merkt. Also es sind – wie soll ich sagen – es sind Familienväter, die müssen ihre Kinder ernähren und kriegen das natürlich alles mit. Die gehen mit einem Unmut in die Arbeit rein und da wird (...) ja, da wird Angst geschürt, von wegen Arbeitsplatzsicherheit und so weiter (...). Und das ist so eine Ohnmacht. Wir haben eh keine Möglichkeit. Weil selbst, wenn wir uns organisieren würden, dann wären wir in diesem Großunternehmen letztendlich ja ein ganz kleines Ding, das man schnell wegkicken kann, und das wissen die Leute auch.« (IG1, B1, 57)

Die Beschäftigten in manchem *Zulieferbetrieb* der Automobilindustrie trifft es noch härter:

> »Bei uns wird die Hütte dicht[gemacht]. Das heißt, die Ersten werden im Juni gehen, die Letzten werden im März '19 gehen, sehr wahrscheinlich früher. Jetzt haben wir natürlich einen sehr großen Anteil von Ungelernten (...), sie haben zwar bei uns ein relativ gutes Geld verdient, haben sich einen relativ guten Lebensstandard erarbeiten können, den sie sehr wahrscheinlich am freien Markt nicht mehr bekommen werden. Auf jeden Fall nicht in der Region. Das heißt, das Häuschen und, und, und könnte mehr wie wackeln.« (IG2, B5, 581)

Eine Betriebsrätin aus einem großen *internationalen Computerunternehmen* berichtet von ähnlichen Problemen.

> »Ja, und ich glaube (...), dass die Arbeitsverhältnisse immer unsicherer werden: Wir sind gerade im Zug von weiteren Firmenabspaltungen, Arbeitsplatzabbau, großen Bedrohungen ausgesetzt...und ich sehe da schon einen Zusammenhang in der Unsicherheit, in einer allgemeinen Unsicherheit, die besteht – wie geht es weiter? Lohnerhöhungen sind bei uns nicht an der Tagesordnung. Wir sind nicht tarifgebunden. Die fallen wesentlich knapper aus als sonst wo. Ich glaube schon, dass das ein Klima schafft, das dazu führt, dass man an sich denkt und versucht, Schuldige woanders zu finden. Schuldige, die an dieser Situation mit verantwortlich sind.« (IG2, B2, 122)

In den vorangestellten Fällen handelt es sich um Betriebe, die *nicht tarifgebunden* sind und in denen die Schutzmöglichkeiten für die Beschäftigten dementsprechend geringer sind. Das ist ein wachsendes Feld, das immer mehr Industrie- und Dienstleistungsbereiche erfasst. Aber auch in traditionellen großbetrieblichen Strukturen mit funktionierender Interessenvertretung und Tarifbindung ist der Arbeitsplatzabbau ein Thema. Das trifft Branchen mit schon *traditionellen Strukturproblemen* wie z.B. die Stahlindustrie.

> »(...) im Stahlbereich, Stahlerzeugung, also ThyssenKrupp und Mannesmann (...), da liest man ja jede Woche in der Zeitung, dass die Arbeitsplätze unsicher sind. Hiesinger, der neue Chef, lässt ja nichts aus, die Leute zu verunsichern. Und das trägt sich natürlich in die Belegschaft weiter. Und da geht es auch nicht nur um den eigenen Arbeitsplatz, sondern das sind ja alles ›Familienbetriebe‹. Da arbeiten oft zwei, drei Leute aus einer Familie. Entweder Kinder, Onkel, hast du nicht gesehen. Das heißt also, diese Existenzangst betrifft nicht nur die einzelnen Leute, sondern die betrifft die ganzen Fami-

> lien. Und deshalb ist der Druck auch so hoch (...). Diese Angst, dass eben wie gesagt auf einen Schlag etliche Leute arbeitslos sein könnten, die überdeckt alles.« (IG1, B2, 80)

Und es gibt den *Umbruch in der Automobilindustrie*, der mit massiven Restrukturierungen und dabei auch Arbeitsplatzverlusten verbunden sein wird. Manche Firmen setzen auf den demografischen Faktor, wie ein Betriebsrat vermutet:

> »Die wissen, der Verbrennungsmotor wird sich überholen. Der Elektromotor hat (...) also das Elektroauto hat eine geringere Wertschöpfung, weit weniger Einzelteile. Da wird es dann natürlich den Kampf darum geben, wer produziert es denn unter welchen Bedingungen (...)? Wenn der Umschwung kommt vom Verbrennungsmotor, wird es uns schwer treffen. Ich glaube allerdings auch, dass es da ein Geschäftsmodell gibt (...), weil [das Unternehmen] heute schon weiß, wie viel Menschen es in zehn Jahren noch an Bord hat. Also diese ganzen deutschen Standorte, die produzieren, sind alle so um die Durchschnittsalter 48, 49, 50 (...) und die wissen ganz genau, in zehn Jahren habe ich 50.000 Beschäftigte weniger. Ohne Sozialplan, ohne großen Aufschrei. Die gehen alle wohl zufrieden in Rente. Also ich persönlich glaube, dass das ein Geschäftsmodell ist. Weil (...), überall dort, wo produziert wird, ist ein ähnlicher Altersdurchschnitt.« (I7, 52)

Auch wenn es keine Entlassungen geben sollte, so fällt doch eine erhebliche Zahl von Arbeitsplätzen weg und es ist unsicher, ob sie ersetzt werden. Vorboten für den Umschwung in der Automobilindustrie wurden in der *Dieselkrise* bei den Zulieferern schon sichtbar.

> »Und bei uns ist das größte Problem, weil wir im Moment (...) weil wir fast nur Teile für Verbrennungsmotoren machen, dass wir halt die Dieselkrise verdammt zu spüren kriegen und wir auch (...) ich meine, es geht noch, aber man merkt einen Rückgang deutlich, und das bringt natürlich schlechte Stimmung.« (IG5, B6, 429)

In einem Gruppengespräch mit Auszubildenden wurden die Ängste über die Zukunft der Automobilindustrie und damit auch über die Sicherheit des eigenen Arbeitsplatzes deutlich. Die Befürchtungen über die *Zukunft der Produktionsarbeit in Deutschland* sind in der Politik der Verlagerung von Betriebsteilen seit geraumer Zeit aktuell. Verlagert werden

Betriebsteile mit hohem Anteil an Produktionsarbeit, während manche Entwicklungsbereiche im Land bleiben und auch ausgebaut werden.

> »Also die bauen ein komplettes Entwicklungszentrum. Da wird richtig Geld investiert (ca. 40 Millionen). Das heißt, man redet zwar auf der einen Seite von einer Standortsicherung, aber die geht komplett in den Entwicklungsbereich. Das heißt, der produzierende Teil fällt weg. Man redet zwar davon, dass der Standort noch ein Produktionsstandort bleiben soll, aber (...) ich glaube persönlich auch nicht daran, dass dort noch viel Produktion verbleiben wird. Und das ist halt ein Gefühl von Unsicherheit, weil man selbst (...) weil viele Leute noch nicht wissen, wird meine Stelle jetzt verlagert oder nicht? Und dadurch kommt Unzufriedenheit auf. Ja, und Unzufriedenheit muss man irgendwie abbauen. Und wie das dann enden kann, sieht man ja. Eventuell Schuldige werden gesucht.« (IG5, B3, 523)

Die Verlagerung von Arbeitsplätzen in der Produktion und weniger in den administrativen Bereichen erweckt den Eindruck, dass es immer die »Leute da unten« trifft, es also zu einer ungleichen Vetreilung der Restrukturierungslasten kommt.

> »Die produzierenden Leute sind davon betroffen. Und jetzt sagt zwar die Firma, ja, die wirtschaftliche Situation ist so schlecht, aber eigentlich ist sie sogar sehr, sehr gut, (...) aber wir fahren jetzt trotzdem Kurzarbeit in vielen, vielen Abteilungen – aber nicht im administrativen Bereich, sondern wieder im Produktionsbereich. Das heißt, die Leute, die davon betroffen sind, sind wieder die unten. Das heißt, unten die meisten Leute, also ich denke mal, die Produzierenden (...).« (IG5, B3, 508)

Noch stärker bedroht fühlen sich die älteren Facharbeiter. Die machen einen erheblichen Anteil aus, denn in vielen Metallbetrieben ist der Altersdurchschnitt sehr hoch.

Die Chance, nach der Entlassung wieder einen Arbeitsplatz zu bekommen, ist für die Älteren generell nicht sehr groß, die *Chance auf einen guten Arbeitsplatz* ist für das Segment der Industriearbeiter noch geringer.

> »Aber einen guten Arbeitsplatz zu bekommen, das ist doch das Problem. Ja, diese guten Facharbeitsplätze und interessante Arbeit, gut bezahlt, sicherer Tarifvertrag. Denn im Arbeiterbereich wird fast überall nur noch befristet eingestellt. Ingenieure werden fest ein-

> gestellt, Arbeiter kriegen Jahresverträge, Zweijahresverträge, kriegen keinen festen Arbeitsvertrag. (...) Nicht nur der Leiharbeiter, sondern auch Facharbeiter werden erst mal auf zwei Jahre eingestellt (...). Und ein Arbeitsplatz ist wie ein Besitzstand, er garantiert erst mal Lebenszufriedenheit. Also wenn du Reparaturarbeiten machst, interessante, abwechslungsreiche Arbeiten in der Produktionsvorbereitung und so, so einen Arbeitsplatz zu haben, den man sich da so erarbeitet nach einer gewissen Zeit, das ist wirklich was. Der wird ja auch einigermaßen anständig bezahlt, wenn die tariflich bezahlt sind, und da kann man sein Leben drauf bauen. Aber es werden ... ja, es gibt immer weniger, die diese guten Arbeitsplätze haben. « (B1, 427)

Arbeitsplatzabbau ist jedoch nicht nur in der schon länger schrumpfenden industriellen Produktion ein Thema, sondern auch im Dienstleistungsbereich, der zwar als Ganzer expandiert, in einzelnen Branchen aber einem radikalen Wandel unterliegt. Dies trifft auch die Bereiche, in denen wir unsere Befragungen durchgeführt haben: die von der Bankenkrise erfassten *Finanzdienstleistungen, die florierende Telekommunikation und die expandierenden Logistikbetriebe.* In allen Fällen werden betriebliche Umstrukturierungsmaßnahmen an erster Stelle genannt und in ihrem Gefolge Personalabbau und Leistungsdruck (vgl. dazu weiter unten). Personalabbau ist hier das Resultat von Kostensenkungsprogrammen, die nicht nur den Arbeitsalltag der krisengeschüttelten Bank bestimmen, sondern auch den der prosperierenden Telekommunikationsbetriebe, die sich in der Konkurrenz behaupten müssen.

Zuerst geht es meistens um Umstrukturierungsmaßnahmen, die Ungewissheit und Unsicherheit schaffen, auch über die Sicherheit des Arbeitsplatzes. Kolleg*innen aus einer Bank und einem Telekommunikationsbetrieb berichten übereinstimmend:

> »Jetzt kommen wieder Umstrukturierungsmaßnahmen, wo keiner weiß, was jetzt genau umstrukturiert wird, wer jetzt umstrukturiert wird... Also von dem her, es ist ja keine Sicherheit mehr da. Das ist, man weiß eigentlich nicht, was haben die jetzt mit einem wirklich vor. Dass da irgendjemand einen Plan hat, was da passieren soll, das weiß keiner.« (VG1, B1, 299)
>
> »Also wenn es ruhig wird, da ist schon wieder irgendwas im Argen und man hat keine Möglichkeit, sich einfach mal mit der neuen Situ-

> ation zurechtzufinden, sondern es kommt direkt wieder das Nächste. Und so geht das permanent.« (VG1, B2, 332)

In Großunternehmen mit breit gestreuten Standorten gibt es eine Verbindung von Standortkonkurrenz, Leistungsdruck und Arbeitsplatzabbau. Der Arbeitsplatzabbau erfolgt dann durch *Zusammenlegung von Standorten*, die einen Ortswechsel erzwingt, der nicht von allen mitgemacht wird. Eine Betriebsrätin aus der Telekommunikation beschreibt den Kampf mit den »unsicheren Sicherheiten«:

> »(...) an meinem Standort ist die Ungewissheit und der Arbeitsplatzverlust schon ein Thema. Weil wir sind ein relativ kleiner Standort und dann hat man natürlich die Ungewissheit, die Angst, in Zukunft nach N. ziehen zu dürfen für den Arbeitsplatz. Ja, viele Kollegen haben das schon erlebt. Ein wichtiges Zeichen für Kollegen ist, dass halt auch Gewerkschaftler und Betriebsräte nicht einfach ihre Standorte aufgeben und sagen, ja mei, ist halt dann so, wenn es so kommt ..., der Betriebsrat kann ja nichts dagegen tun. Aber man versucht halt schon den Leuten das Sicherheitsgefühl zu vermitteln. Auch wenn die Sicherheiten sehr unsicher sind. Aber ich sage zu meinen Leuten immer, ihr dürft euch ganz sicher sein, ich lasse den Standort nicht kampflos sterben. Und wenn ich mich festketten muss, das ist mir wurscht, ich lasse den nicht sterben. Aber man weiß es halt nicht. (...) Die Leute sagen, ja, wir müssen die Besten sein in Deutschland, wir müssen die Besten sein in Bayern, weil sonst machen sie uns die Hütte dicht. Und dann können wir alle nach N. fahren und nach A. und nach M.« (VG4, B5, 251)

Aber auch ohne Angst vor Arbeitsplatzverlust gibt es eine generelle Unsicherheit, die aus der *permanenten Reorganisation* in den Unternehmen resultiert. Permanente Reorganisation heißt eine ständige Verflüssigung von organisatorischen Strukturen, die zu einer *ständigen Unruhe* in der Belegschaft führt und eine hohe flexible Anpassungsbereitschaft erfordert. Auch das ein Trend, der quer durch alle einbezogenen Produktions- und Dienstleistungsbereiche immer wieder benannt wird.

> »Wir hängen eigentlich seit zehn Jahren, wenn nicht sogar noch länger, eigentlich permanent in der Luft. Also wie so ein Fädchen, das wird halt mal hin und her geschwungen ... ständig ist da Bewegung drin, ständig passiert irgendwas. Aber wo es wirklich hingeht, das weiß kein Mensch, was denn überhaupt jetzt das Ziel, das Ende die-

> ser ganzen Bewegung ist, das weiß auch keiner. Und das ist, denke ich, mal dann schon der Punkt, wo dann durchaus einige auch dabei sind, die dann sagen, okay, die [die AfD] können vielleicht mehr helfen als ver.di oder der Betriebsrat oder wer auch immer.« (VG1, B1, 586)

4.2 Unsicherheit und Überforderung im Prozess der Digitalisierung

Strukturveränderungen sind in vielen Fällen mit dem Einsatz neuer digitaler Technologien verbunden. Diese *Digitalisierung* hat aber auch unabhängig davon generelle Konsequenzen für *Beschäftigung, Qualifikation und Leistungskontrolle.* Vieles davon ist jetzt schon zu spüren, manches wird erst noch erwartet. Im Zeichen der *Digitalisierung* ist »Agilität« das Stichwort: alles muss immer agiler werden, d.h. selbst organisierter, flexibler, kurzfristig veränderbar und schneller. Vor allem bei älteren Beschäftigten entsteht mit der realen oder erwarteten Digitalisierung ein Gefühl der Überforderung: des »nicht mehr Mitkommens, des Abgehängtwerdens«.

> »Also selbst in einer so guten Firma, in der ich arbeiten darf, geht es um eine Grundunsicherheit. Wir haben eigentlich eine Arbeitsplatzgarantie... für alle Leute, die zum Stammpersonal gehören, was natürlich wiederum alle ausschließt, die nicht dazu gehören. Und trotzdem haben wir ja Veränderungsprozesse (...) da gibt es diese Industrie 4.0 und so, Angst vor Automatisierung. Da kommt eine neue Generation Maschinen, da ist dann das Bedienfeld bloß noch englischsprachig und es stellt sich die Frage, gerade bei Kollegen, die schon 30 Jahre im Betrieb sind: Komme ich da noch mit? Und plötzlich stellt man fest: Scheiße, da kommst du gar nicht mit. Das verstehst du gar nicht, was da an der Tafel steht oder was von dir gewollt wird ... und dann guckt man – ich will nicht sagen mit Argwohn – auf die jungen Kollegen, die das so aus dem Eff-Eff können. Und dann wird aus dieser Grundsicherheit, die man eigentlich hat, dass man sagt, du bist ein solides Unternehmen, saubere Auftragslage, Zusicherung der Beschäftigung bis zur Rente, es ist alles da, und trotzdem sagt man, irgendwie bist du abgehängt oder du bist in der Gefahr, abgehängt zu werden. Also dieses Ausgeliefertsein, das ist eigentlich das Sorgenpotenzial ..., und das fängt dann an bei Menschen wie mir, die einen

> Hauptschulabschluss haben als höchsten allgemeinbildenden Abschluss.« (IG1, B4, 101)

Aber nicht nur Ältere haben Angst vor der Zukunft in der Industrie 4.0, auch die *Auszubildenden* sehen ihre beruflichen Zukunftschancen zwiespältig: Die einen fühlen sich bedroht, andere sehen Vorteile für sich:

> »Industrie 4.0 ist bei uns gerade ein Riesenthema. Das kommt jetzt bei uns Schlag auf Schlag. Es hat letztens geheißen, dass jetzt wahrscheinlich alle Auszubildenden im ersten Lehrjahr ein eigenes Tablet bekommen. Betrifft uns alle. Und gleichzeitig sehen alle bei uns ein bisschen schwarz in die Zukunft, weil es eben auch bei uns mit den Aufträgen schlecht ausschaut (...). Wenn die Zündkerze weg ist, haben wir auf jeden Fall erst mal keine Beschäftigung mehr, für die man dann neue Sachen suchen muss. Und du andererseits aber durch Industrie 4.0 auch wieder eigene Arbeitskraft einsparst.« (IG 5, B6, 675)
>
> »(...) ich lerne Mechatroniker und für unsere Berufsgruppe ist das Thema Industrie 4.0 und Digitalisierung eigentlich nur positiv, weil gerade wir halt unseren Beruf dadurch noch gesicherter haben. Weil das ist halt genau das Arbeitsgebiet von Mechatronikern. Aber wir haben andere Jobs, die durch Industrie 4.0, das heißt vom Roboter ersetzt werden können. Also dann hat eigentlich jeder gesagt, dass wir eigentlich keine Nachteile haben. Also speziell jetzt bei uns. Wie das bei anderen jetzt ist ...?« (IG5, B7, 695)

Besonders gefährdet sind Beschäftigtengruppen, die sowieso schon – wie die Leiharbeiter – einen unsicheren Status haben. *Automatisierungsprojekte* zielen manchmal darauf ab, bisherige flexible »menschliche Arbeitspuffer« abzubauen, die in Übergängen zwischen unterschiedlichen Mechanisierungs- bzw Automatisierungsphasen eingesetzt werden.

> »Wir haben derzeit, so als kleine Beruhigungspille, wobei das für die Betroffenen natürlich auch nicht schön ist, wir haben rund 15 Prozent Leiharbeiteranteil, aus dem präzisen Grund, dass die Geschäftleitung Automatisierungsprojekte gestartet hat, die einiges an Mitarbeitern einsparen soll. Das heißt, das Ziel ist, bis Ende nächsten Jahres keinen einzigen Leiharbeiter mehr zu haben. Wie gesagt, schöner wäre natürlich die Übernahme der Mitarbeiter, aber geplant ist es halt natürlich durch die Automatisierung, dass keine Leiharbeiter mehr benötigt werden. Also wenn bei uns momentan jemand rich-

> tige Existenzängste hat, dann sind es die Leiharbeiter, weil diese Leiharbeitsfirma, für die die arbeiten, die existiert nur wegen unserem Betrieb.« (VG8, B5, 655)

Auch in den *Dienstleistungsbereichen* werden mit der Digitalisierung immer mehr Arbeitsabläufe automatisiert und das hat Einfluss auf die verbleibenden menschlichen Tätigkeiten. Maschinelle Abläufe bestimmen das Arbeitstempo, erzeugen Leistungsdruck und verändern den Service für den Kunden.

> »Aber die Digitalisierung (...) alles wird dann auf das hingearbeitet, dass alles minimiert wird. Maschinen können bestimmt gewisse Sachen schneller machen, aber die Menschen nicht. Und wir als Mensch gehen überall verloren, egal in welchem Betrieb. Wir können den Service für den Kunden nicht mehr bieten, wo man eigentlich ja mit dem Kunden sonst ein gutes Verhältnis hat, aber man muss alles bloß schnell, schnell machen. Man wird aggressiv und ausgepowert. Und das ist ... ich weiß auch nicht (...), die Arbeitgeber, die denken einfach – also die meisten – nur materiell. Also an den Menschen wird nicht mehr gedacht.« (VG1, B5, 388)

Die sozialen Folgen der *digitalen Zukunft* werden stark von der Durchsetzung einer *Plattformökonomie* abhängen. Nicht nur die Auswirkungen auf die Arbeitsplätze und Tätigkeiten, sondern auch die Möglichkeiten einer gewerkschaftlichen Interessenpolitik sind in dieser Perspektive höchst ungewiss. Eine Betriebsrätin aus der Logistikbranche sieht dadurch auch die Zukunft der Gewerkschaften in Gefahr:

> »Ja natürlich, wenn ich daran denke, Digitalisierung 4.0 wird in unserer Branche [Logistik] irgendwann mal einschlagen wie eine Bombe. Wir sind schon auf dem besten Weg, aber das wird sich schneller weiterentwickeln, als uns lieb ist. Und ich sage mal, wenn wir demnächst die Aufträge aus der Cloud haben, ganz ehrlich, ich bin Gewerkschafterin durch und durch, aber da sehe ich die Gewerkschaft den Bach runtergehen, weil viele keine Gewerkschaft mehr brauchen werden. Sie bräuchten sie, weil alles natürlich niedrig ist. Aber die werden wir nicht mehr greifen können.« (VG6, B, 830)

4.3 Druck auf soziale Standards im globalen Wettbewerb

Verschärft hat sich offenbar der im Zuge von *Globalisierung* schon länger existierende Trend einer *Standortverlagerung* von Betrieben oder Betriebsteilen in andere Länder. Folge für die Beschäftigten sind die bekannten Formen der *Erpressung:* Druck auf die Löhne, Kürzung von Urlaub, Verlängerung von Arbeitszeit u.ä. und natürlich letztlich die Gefahr des Arbeitsplatzverlustes. Dem Konzern mag es gut gehen, aber er investiert halt nicht mehr in den Standort. Die Beschäftigten werden so zum Spielball von Unternehmensstrategien, die Markt- und Konkurrenzdruck unmittelbar weitergeben und so auf dem Rücken der Arbeitenden ihre Profitmargen durchsetzen. Im Kampf um Standortsicherung werden nach der Meinung eines Kollegen aus einem international aufgestellten mittelständischen Unternehmen auch fremden- und europafeindliche Orientierungen sichtbar:

> »Ja, bei uns ist es halt auch so, dass die letzten Jahre eigentlich immer nur abgebaut worden ist. Mit dem Lohn hat es angefangen, in den Prämien, wo sie wieder Prozente lassen mussten, wo wieder Geld eingespart wird, mit der Arbeitszeit mittlerweile ... da ist es dann eben mittlerweile schon Mode geworden. Und wir sehen parallel natürlich, dass wir schon Produktlinien gar nicht mehr hier in Deutschland produzieren, sondern direkt nach Polen, China oder Mexiko gehen. Wir sehen halt auch, dass es dem Betrieb gut geht, dass er halt eben investiert, halt eben aber nicht mehr am Standort Deutschland. Wir haben jetzt dieses 2020-Konzept: Bis dahin müssen die und die Ziele umgesetzt sein oder bis dahin müssen wir so und so produktiv sein, damit der Standort ... erhalten bleibt. Das bedeutet auch, dass 250 Leute eingespart werden, die gehen müssen. Fremdenfeindliche und europafeindliche Äußerungen, die sind schon vermehrt. Also ich glaube so generell, Europa hat bei uns im Betrieb einen sehr, sehr schweren Stand.« (IG 1, B5, 151)

Es sind also meist keine Krisenbetriebe, die ins Ausland verlagern, sondern meistens durchaus *florierende Betriebe*, die die globale Verlagerung zur Kostensenkung betreiben.

> »Es geht da nicht um Aufträge. Unser Betrieb hat so viele Aufträge, die könnten die Bude verdreifachen. Die haben die für 1.500 Beschäftigte in Mazedonien aufgebaut. Die haben lieber ein nächstes

> Werk in Rumänien aufgebaut. Das heißt, man hat im Prinzip unsere Arbeitsplätze einfach mal genommen und packt die rüber. Erschwerend kommt, dass selbst unsere alten Maschinen teilweise dort rüber wandern. Das heißt, bei uns werden die Pressen abgebaut, bei uns werden die Hydraulikdinger abgebaut und, und, und – und werden dort aufgebaut. Die kriegen neue Werkzeuge, die kennen wir, die haben wir noch eingefahren. Die werden einfach dort weiter gefahren.« (IG2, B5, 756)

Und wenn die dauernde Verlagerung mit *massiven Entlassungen* einhergeht, ist die Stimmung der verbliebenen Beschäftigten endgültig am Boden.

> »(...) jetzt, wo Produktion nach Indien und Slowenien geht und was weiß ich, und dann kommt noch die Gießerei mit noch mal 250 Leuten, weil es im Ausland einfach billiger ist, verschoben wird. Und dadurch kann ich mir natürlich vorstellen, dass viele Leute sagen: Ja okay, so in diese Richtung. Weil es geht halt alles ins Ausland. Und ich glaube klar, dass sich die Leute darüber aufregen. Und bei uns im Betrieb ist die Laune eigentlich dermaßen am Boden, weil wirklich keiner mehr Bock hat, weil man muss auch dazu sagen, ich weiß nicht, 500 oder 1.000 Leute waren es in Deutschland gewesen, die vor einem Jahr entlassen worden sind, und jetzt vor zwei, drei Wochen ist bekannt gegeben worden, dass noch mal 500 Leute gehen sollen.« (IG5, B8, 408)

Betroffen sind in den Metallbetrieben mit noch hohem Produktionsanteil fast ausschließlich *Produktionsarbeiter*innen*:

> »Ich komme aus einem Betrieb, der weltweit 8.000 Leute beschäftigt, an dem Standort, das sind drei kleine Standorte, aber eigentlich ist es ein großer mit 2.500 Mitarbeitern. Die Firma gibt sich nach außen eigentlich als sehr, sehr sozial, weil es noch in Familienhand ist. Aber das Problem ist, wir haben jetzt die zweite Verlagerung abgeschlossen, jetzt wurde vor kurzem die dritte Verlagerung angekündigt [immer nach Polen]. Diese Verlagerung bezieht sich komplett auf produzierende Bereiche. Pro Verlagerung waren es etwa immer 50 bis 100 Leute, die davon betroffen waren, deren Stellen weggefallen sind ... Also die Facharbeiter praktisch, die unten sind, also die Administration ist davon gar nicht betroffen, sondern die Produktion.« (IG5, B3, 492)

Es ist aber nicht immer die Produktion, die verlagert wird – wie in Metall- und/oder Zulieferbetrieben der Automobilindustrie – es sind auch Dienstleistungstätigkeiten, insbesondere sogenannte *transaktionale Tätigkeiten* (Administration, Consulting u.ä.). Eine Betriebsrätin aus der IT-Branche berichtet darüber:

> »Ja, das ist so ein generelles Thema, das taucht jetzt nicht gerade erst plötzlich auf, sondern das gibt es schon seit Langem, es verschärft sich halt eben. Was aber aktuell ein großes Thema ist, das nennt sich die Verlagerung von sogenannten transaktionalen Tätigkeiten. Das sind administrative Tätigkeiten, die zum Beispiel nach Osteuropa verlagert werden. Zum Großteil gab es dort schon Teams, mit denen man da zusammengearbeitet hat, und jetzt gibt es die Entscheidung, dass solche Tätigkeiten in Deutschland gar nicht mehr gemacht werden sollen, sondern dass die wirklich alle ausgelagert werden. Das trifft in verschiedenen Bereichen vor allen Dingen Frauen, die in Teilzeit arbeiten. Und denen wird dann entweder angeboten, einen Aufhebungsvertrag anzunehmen oder in eine Transfer-Gesellschaft überzugehen oder eine betriebsbedingte Kündigung als vierte Möglichkeit. Das ist im Moment gerade ein ganz schweres Thema, also das sind einmal diese transaktionalen Tätigkeiten. Und das andere ist die Auslagerung von Dienstleistungen, also im IT-Bereich, die nach Best Shore und Near Shore, so sind die Ausdrücke, verlagert werden, weil sie in Deutschland nicht mehr konkurrenzfähig sind. Und das betrifft auch eine sehr, sehr große Anzahl an Beratern, an Consulting-Kollegen, an Administratoren, die in Outsourcing-Bereichen tätig sind und so weiter. Das ist im Moment sehr, sehr gravierend gerade.« (IG2, B2, 640)

Globalisierung findet ihren Ausdruck nicht nur in der Verlagerung von Tätigkeitsbereichen. In international aufgestellten Unternehmen – wie in der Logistikbranche – können internationale Lohndifferenzen auch im Austausch von Arbeitskräften – durch mehr oder weniger legale Beschäftigung von »Billigkräften – genutzt werden.

> »(...) die Logistikbranche ist auch international unterwegs schon immer gewesen. Viele haben auch andere Geschäftsstellen in anderen Ländern oder sonstiges. Es kommen auch Fremde hierher und laden oder entladen. Deswegen schwappt das vielleicht nicht gar so hoch, weil es eigentlich Normalzustand ist. Aber durch diese vielen Leute

> und durch die Grenzöffnungen nutzen natürlich viele Arbeitgeber das so aus (...) die holen sich die Billigkräfte hierher.« (VG7, B2, 813)

4.4 Unsicherheit und Niedriglöhne bei zunehmend flexiblen und prekären Beschäftigungsformen

Auch der Trend zur *Flexibilisierung von Beschäftigungsverhältnissen* in Form von Leiharbeit, Befristung und Teilzeit ist nicht neu, hat aber nach unserer Einschätzung weiter zugenommen. In so gut wie keinem der einbezogenen Betriebe wird noch unbefristet eingestellt. Im Zentrum der interessenpolitischen Auseinandersetzungen steht inzwischen deswegen die Frage der Übernahme von befristet Eingestellten. Rechtspopulismus ist zwar nicht vor allem auf dem Boden von *Prekarisierung* erwachsen, diese spielt aber im Gesamt der sozialen Lage eine wesentliche Rolle. Vor allem dann, wenn sich die flexiblen Beschäftigungsverhältnisse mit niedrigen Löhnen und unterbrochenen Berufskarrieren verbinden.

Die aktuellen Arbeitsmarktzahlen vermelden Höchstwerte für sozialversicherungspflichtige Beschäftigungsverhältnisse und verdecken das niedrige Qualitätsniveau, den hohen Anteil von deregulierten Arbeitsverhältnissen.

> »(...) von den Regierenden heißt es, wir sind doch eigentlich in einer guten Situation, es gab noch nie so viele sozialversicherungspflichtige Beschäftigte wie heute. Und es wird nicht geguckt, in welcher Qualität (...) ich glaube, diese Absenkung des Niveaus in der Qualität ist ein ganz gefährlicher Nährboden. Weil damit Verteilungsängste, Zukunftsängste geschürt oder ausgelöst werden und die dann zusätzlich geschürt werden von diesen Rechtspopulisten.« (I2, 233)

Nach Aussagen unserer hauptamtlichen Interviewpartner gibt so etwas wie eine *kommunizierende Röhre zwischen Leiharbeit und Befristungen*.

> »Überall dort, wo wir mit einer starken Kampagne Leiharbeit zurückdrängen konnten, ist gleichzeitig die Zahl der befristet Beschäftigten angestiegen.« (I2, 211)

In unseren Gruppengesprächen zeigt sich, dass dennoch das Thema Leiharbeit weiterhin virulent ist. Das gilt insbesondere in der Metallindustrie, den großen Automobilfirmen und den kleineren Betrieben der Metallverarbeitung.

> »(...) Leiharbeiter, das ist stark vertreten. Wir tragen alle die gleichen Arbeitsklamotten, aber kriegen unterschiedliches Geld und haben unterschiedliche Verträge. Da gibt es andauernd Diskussionen.« (IG3, B2, 258)
>
> »Was sich eigentlich geändert hat bei uns, ist, dass der [Mutterkonzern] nicht mehr die Leiharbeiter übernimmt. Das heißt, wenn die Verträge auslaufen, dann laufen die halt aus. Gekündigt wird natürlich keiner. Aber das war halt früher so, wenn man sich nicht dumm angestellt hat, dann wusste man, nach spätestens fünf Jahren habe ich einen Festvertrag (...). Drei Jahre über diese Leiharbeitsfirma und dann zwei Jahre befristet über unseren Betrieb. Und das hat sich jetzt schon geändert. Da werden kürzere Verträge gemacht. Es wird genauer geguckt, wie hoch sind die Produktionszahlen, wie viel Leute haben wir über und sonst was.« (IG3, B2, 274)

Die Bedrohung der Leiharbeiter durch Arbeitsplatzverlust ist hoch, weil ihr Einsatz nicht wie ursprünglich zur Abfederung von Auftragsspitzen genutzt wird, sondern inzwischen strategisch zur Senkung von Kosten. Eine Kollegin aus der Fertigmontage in einem Automobilwerk beschreibt die veränderte Situation ihrer Leiharbeitskolleg*innen:

> »Die haben auch Angst um ihre Verträge zurzeit und die fragen immer. Die wollen immer sofort wissen: Hier, mein Vertrag läuft dann und dann aus – hast du schon was gehört? Oder wird da sich irgendwas ändern? Oder wollen die mich jetzt rausschmeißen, weil die mich nicht fest einstellen wollen oder nicht können, weil die halt einen prozentualen Anteil von Leiharbeitern da haben, um die Ausgaben zu senken.« (IG3, B3, 262)

Wenn nicht Leiharbeit, dann finden sich zunehmend Befristungen in Form von Zeitverträgen oder versteckt in Werkverträgen. Damit werden von den Unternehmen auch *leistungspolitische Ziele* verfolgt gegenüber den Befristeten, aber auch indirekt gegenüber der Stammbelegschaft. Eine Betriebsrätin aus einem großen Metallunternehmen mit einem durchaus starken Betriebsrat beklagt ihre mangelnden Einflussmöglichkeiten auf die Arbeitsbedingungen von Zeitarbeitskräften:

»(...) bei uns, wie gesagt, Leiharbeit kein Problem, Zeitverträge eher. Nach zwei Jahren sind die wieder raus. Den Leuten wird natürlich auch Angst gemacht oder falsche Versprechungen werden denen gemacht: Streng dich an, komm samstags arbeiten, mach Überzeit und so weiter und so fort. Wir vom Betriebsratsgremium aus versuchen, das immer einigermaßen im Rahmen zu halten, dass es eben nicht immer nur die Zeitverträge betrifft, sondern die Arbeit dann dementsprechend eben auf alle, auch auf die Stammbelegschaft verteilt wird. Weil was kann der arme Mensch dazu, dass er nur einen Zeitvertrag hat und der andere ist schon seit ein paar Jahren hier im Betrieb. Ja, es ist manchmal ein bisschen schwierig, weil so viele Handlungsmöglichkeiten man ja als Betriebsrat dann leider auch nicht hat. Letztendlich, wenn der Betrieb etwas durchsetzen möchte, er auch immer einen Weg findet, es irgendwie zu schaffen, so das ist so unsere Erfahrung.« (IG3, B7, 413)

Das Thema *Entfristung* ist zu einem Schwerpunkt der Gewerkschafts- und Betriebsratsarbeit geworden und in gewerkschaftlich gut organisierten Betrieben können auch Erfolge gemeldet werden.

»Also wir haben im Moment das Thema Befristungen, das ist uns immer sehr wichtig, dass wir da auch immer zu den Entfristungen kommen. Gerade, weil man da auch in 2015, als der Streik war, auch eine Vereinbarung getroffen hat, dass man immer wieder guckt, wer die zwei Jahre dabei sind, dass man die auch dann entfristet. Es gibt jetzt auch ein Entfristungskonzept, was zusammen mit ver.di und mit dem Gesamtbetriebsrat ausgearbeitet worden ist. (...) also das ist bei uns jetzt so das Thema, was wir immer wieder anstoßen, und ich denke, dass wir auch wieder einen Erfolg haben werden.« (VG6, B, 385)

Befristungen haben offensichtlich auch die Funktion von »Probezeiten« und dienen der *Selektion von Beschäftigten.*

»Wir haben also bei uns im Paketzentrum hauptsächlich Leiharbeitnehmer, wo wir aber auch eine Vereinbarung getroffen haben mit dem Arbeitgeber, dass die auch nach einer gewissen Zeit, nach ich glaube zwei Starkverkehren, also Weihnachtsverkehren, wenn sie sich bewährt haben und auch gut gearbeitet haben, dass sie bei uns dann auch eine Entfristung kriegen. Dass sie einen Arbeitsvertrag bei uns kriegen.« (VG6, B, 417).

Im *öffentlichen Dienst* wird seit der Änderung des Teilzeit- und Befristungsgesetzes, mit dem auch sachgrundlose Befristungen ermöglicht wurden, die *Befristung oft als Standard* genutzt: Die Menschen werden erst einmal auf zwei Jahre befristet eingestellt – mit all den Folgen unsicherer Beschäftigung.

> »Und das ist natürlich – auch wenn das die Arbeitgeber nicht gern hören – ein prekäres Beschäftigungsverhältnis. Das heißt, meine Zukunftsaussichten sind unklar. Ich bin eingeschränkt in der Frage, kann ich Familie gründen oder nicht? Kann ich Wohneigentum erwerben oder nicht? Bleibe ich da, wo ich bin? Wie sicher ist mein Arbeitsplatz? Das hängt davon ab. Und das wird von Arbeitgebern unterschätzt, was das mit den Arbeitnehmern macht ... wir haben Dienststellen, da sind 100 Prozent aller Neueinstellungen, die ersten zwei Jahre befristet. Also die stellen gar nicht mehr unbefristet ein.« (V1, 340)

In manchen öffentlichen Bereichen (z.B. in etlichen Kommunen) geht die Befristung auch mit einer niedrigeren Entlohnung einher, obwohl das tarifwidrig ist.

> »Aber viele machen es und sagen: Das erste halbe Jahr kriegst du mal eine Entgeltgruppe weniger, oder das erste Jahr eine Entgeltgruppe weniger, was tarifwidrig tatsächlich ist, aber von vielen gemacht wird. Weil man eben dann in dem prekären Arbeitsverhältnis steckt, warum sollte man dann sagen, das lasse ich mir nicht gefallen – weil ich möchte ja erst einmal ein unbefristetes Arbeitsverhältnis haben. Also das ist auch im öffentlichen Dienst tatsächlich so.« (V1, 369)

Hintergrund sind bei den Kommunen seit Jahrzehnten andauernde Sparzwänge. Die schlechte Finanzausstattung mancher Kommunen führt dazu, dass Stellen nicht besetzt sind oder zu spät besetzt werden. Das extreme Ausdünnen der Personaldecke und entsprechende Arbeitsverdichtung führen zu hohen Arbeitsbelastungen durchgängig durch alle Bereiche. Ein besonders extremes Beispiel sind gegenwärtig die kommunalen Jobcenter:

> »Ich sage jetzt mal Jobcenter als das schlimmste Konstrukt aktuell. Die Jobcenter sind ja immer kommunal und von der BA ausgestattet, da haben wir noch mal extreme Gehaltsunterschiede zum Beispiel zwischen den kommunal Beschäftigten und den bei der BA Beschäftigten von mehreren hundert Euro monatlich, was in Verbindung mit

> befristeten Arbeitsverhältnissen, hohen Arbeitsanforderungen, dauernd wechselnden Rechtsvorschriften, also zu belasteten Arbeitsverhältnissen führt. Ähnlich ist es bei den Bürgerämtern, Zulassungsstellen etc., die darunter leiden, dass sie nicht ausreichend qualifiziertes Personal haben ... was da natürlich dann einfach zu unglaublich langen Wartezeiten führt zum einen, und dann halt zu Konfliktherden, Auseinandersetzungen auch mit Bürgern.« (V1, 380)

Nicht nur im öffentlichen Dienst sind Befristungen – trotz Mindestlohn – in der Regel mit *niedrigeren Löhnen* verbunden. Auch wenn Unternehmen tatsächlich Geflüchtete einstellen wollen, versuchen sie vielfach niedrige Löhne durchzusetzen und bedrohen auf diese Weise auch die Beschäftigten mit normalen Tariflöhnen.

> »In der letzten Verhandlung mit dem Arbeitgeberverband kam tatsächlich die Frage (...) können wir nicht eine zusätzliche Lohngruppe machen für die Asylanten, dass die unter dem Mindestlohn sind? Also mit so einer Frechheit. Absolutes No go. Das haben wir auch gleich abgeschmettert. Bin ich auch froh, dass da alle dafür waren. (...) Aber da sieht man doch schon, wie weit das gekommen ist. (...) Es wird ausgenutzt. Es wird ohne Ende ausgenutzt. So, und das hat dann tatsächlich die Folge, dass andere Leute natürlich Angst haben, wie zum Beispiel unsere Lkw-Fahrer, ist mein Job hier nach Tarif denn noch sicher?« (VG7, B1, 766)

In der *Logistikbranche* insgesamt spielen gegenwärtig vor allem harte Konkurrenzstrategien mithilfe *osteuropäischer Subunternehmen* eine wichtige Rolle. Sie bedrohen die Arbeitsplatzsicherheit und das Einkommen von Stammbelegschaften.

> »Aber das Problem ist, es fängt ein Unternehmen damit an, holt die billigen Arbeitskräfte, die sehr billigen Arbeitskräfte, die sich auch nicht unbedingt an Arbeitszeitgesetze und so halten. Das kommt ja auch noch dazu. Weil da die Mitarbeiter, die neuen, dann Angst haben zum Beispiel jetzt zu sagen, nein, ich darf ja nicht länger wie zehn Stunden, ich muss jetzt Feierabend machen. So, dann fängt das eine Unternehmen damit an und dann macht es das nächste natürlich nach. Das ist dann ein richtiger schöner Rattenschwanz. Und das hörst du bei den Mitarbeitern zum Beispiel hier bei unseren Lkw-Fahrern, die sich auch mittlerweile Gedanken machen – ja, wie lange ist denn unser Arbeitsplatz hier eigentlich noch sicher ... wird das denn

> demnächst wieder weggegeben an Subunternehmer, weil da draußen, die sind ja billiger, die Osteuropäer.« (VG7, B1, 559)

Die Logistikbranche ist schon immer international aufgestellt, ausländische Fahrer und der Kontakt zu »Fremden« sind für die Beschäftigten nichts Neues. Neu ist aber, dass Arbeitgeber verstärkt und systematisch Billigkräfte aus dem Ausland nutzen. Eine ver.di-Kollegin schildert diese geschürte Konkurrenz:

> »Es gibt schwarze Schafe ohne Frage bei uns, die das ausnutzen ohne Ende, und es gibt Kolleg*innen, die suchen natürlich den Schuldigen nicht beim Arbeitgeber, sondern bei den ausländischen Kollegen. Der Unternehmer holt die zwar ran, aber die sagen, die Leute nehmen uns unseren Arbeitsplatz weg, weil sie unter dem Lohnniveau arbeiten wie ich. So ist es! Es ist der Unternehmer, der das eigentlich fördert. Der holt sich die Leute und schürt die Angst bei den eigenen. So einfach ist das.« (VG7, B2, 828)

Die Diskussion über das Lohnniveau in den Gruppengesprächen hat aber auch gezeigt, dass nicht nur die prekären »Niedriglöhner« Probleme haben, ihren Lebensunterhalt zu sichern, sondern dass auch gut qualifizierte *»Normalverdiener«* damit zu kämpfen haben, einen einigermaßen gesicherten Lebensstandard zu erreichen. Ein Vertrauensmann aus einem mittelständischen Metallbtrieb erzählt von seinen Erfahrungen:

> »(...) das trifft vor allen Dingen junge Menschen, die hervorragend ausgebildet sind ... also ich habe zum Beispiel die Tochter von einem Bekannten, die ist Betriebswirtin, Bruttogehalt 1.700 – brutto, Fulltime. Die Frau von einem Arbeitskollegen, Industriekauffrau, Bruttogehalt 1.650. Das sind Bruttogehälter. Und das sind jetzt aber auch ausgebildete Leute, relativ vernünftig ausgebildet, die aber im Prinzip, wenn man mal alle Abzüge wegnimmt (...) sich quasi oberhalb der Pfändungsgrenze sich gerade befinden. Und wenn ich auch Akademiker nehme, die Sozialarbeiter und so weiter, die bei 2.8/2.7, teilweise bei 2.3 brutto landen, hier im Ruhrgebiet (...) ja, das ist dann auch für einen Akademiker alles andere als ein stolzes Einkommen. Also es ist ja so, dass es mittlerweile nicht unbedingt heißt, ich habe eine vernünftige Schulung oder Ausbildung und dann habe ich mein Geld. Die Zeiten, wie vor 30 Jahren, die sind rum. Und das merken die Leute. Nach dem Motto, ich kann mich abstrampeln, aber ich komme nie ans Ziel.« (IG2, B5, 79)

4.5 Steigender Zeit- und Leistungsdruck in marktorientierten Steuerungssystemen

Zentral und meist an vorderster Stelle in der Beschreibung der betrieblichen Arbeitssituation steht der *steigende Zeit- und Leistungsdruck.* Als Ursachen finden wir immer wieder die Verweise auf die sich ständig verändernden Markt- und Konkurrenzbedingungen, mit denen es die jeweiligen Betriebe und Organisationen zu tun haben. Von den Geschäftsleitungen und Vorgesetzten werden immer wieder die Akteure der Finanzmärkte (Investoren, Aktionäre) mit ihren Renditeansprüchen und die Konkurrenten auf den Märkten ins Feld geführt. Diese Marktbedingungen erscheinen als Sachzwänge, denen sich niemand widersetzen kann. Sie werden umgesetzt in Formen der Leistungssteuerung, die in einer systematischen Überlastung der betrieblichen Organisation und ihrer Beschäftigten ihren Ausdruck findet. Die Organisation muss jedes Jahr besser, schneller, billiger werden. Sichtbar wird dies im »Prinzip unerreichbarer Ziele«, das in den Systemen der Leistungssteuerung zum zentralen Generator von Leistungssteigerung wird. Diese Systeme finden sich teambezogen oder individualisiert vor allem in den Dienstleistungsbereichen (Banken, Telekommunikation, Logistik) und sind verknüpft mit aufwendigen Systemen der Leistungskontrolle (Monitoring, Dokumentation, Controlling u.ä.). In den Produktionsbetrieben wird steigender Leistungsdruck vor allem mit Bedrohungsszenarien (Standortverlagerung) und mit technisch-organisatorischen Veränderungen erzeugt.

Die Mechanismen der Leistungssteigerung mögen verschieden sein, aber über steigenden *Leistungsdruck* und seine gesundheitlichen Folgen wird durchgängig berichtet und zwar – das ist ein wichtiger Befund – *quer durch alle Branchen und Betriebe.* Neben der Ausdehnung der Arbeitszeit und ihrer Flexibilisierung haben wir es hier mit einer Veränderung »im Innern der Arbeit« zu tun: Es geht um das »Schließen der Poren des Arbeitstages«, um ein höheres Arbeitstempo, um die gleichzeitige Bearbeitung vielfältiger parallel verlaufender Aufgaben u.ä. Die Steigerung der Arbeitsintensität kann unmittelbarer Gegenstand betrieblicher Rationalisierungsmaßnahmen sein (veränderte Arbeitsteilung, Aufgabenerweiterung, Taktzeiten etc.) oder auch ein Nebeneffekt technisch-organisatorischer Veränderungen (kontinuierlicher Verbesserungsprozess, höherer Mechanisierungsgrad u.ä.). Hier ein Beispiel aus einem großen internationalen IT-Konzern:

»(...) die Belegschaft steht grundsätzlich unter ganz starkem Leistungsdruck, der immer mehr zunimmt. Die Arbeitsverdichtung nimmt zu, die Arbeitszeit, die ufert aus. Auch die Tatsache, dass Arbeitszeiten nicht mehr festgelegt sind, sondern entgrenzt sind, also mobile Arbeit zum Beispiel. Oder in unserem Bereich konkret auch, dass es über verschiedene Zeitzonen eben notwendig ist, zu anderen Tageszeiten zu arbeiten, um dann mit Kollegen, was weiß ich, in Asia Pacific oder in Amerika zu kommunizieren.« (IG2, B2, 106)

Ein oft genannter Hintergrund des steigenden Leistungsdrucks ist die *immer knappere Personalbesetzung* bei gleichbleibendem Arbeitsvolumen bzw. *Nichtaufstockung von Personal* bei gleichzeitig steigendem Arbeitsvolumen. Die gesundheitlichen Auswirkungen sind dann programmiert. Darüber berichten zum Beispiel Beschäftigte aus den Bereichen Finanzdienstleistungen und Telekommunikation:

»Also wir haben einen sehr hohen Personalfehlbestand, den auch der Arbeitgeber zugibt. Aber dann sind es halt die Kosten und wir können uns nicht mehr leisten, dass (...). Aber trotzdem, die Ziele sind so gerechnet, dass der volle Personalbestand die Ziele machen soll. Und den haben wir ja schon seit langem nicht mehr.« (VG1, B6, 437)

»(...) ich meine, die Arbeitsbelastung geht halt dahin, dass man Fehlbestände hat. Also dass man statt sieben Kollegen am Schalter bloß noch zu dritt steht teilweise. Dass natürlich die Kundenschlange dann nie abreißt, dass die Überbelastung einfach da ist. Und wir schließen mittlerweile auch Filialen, weil wir kein Personal mehr haben, tageweise oder halbtagesweise. Das hat dann zur Folge, dass dann am nächsten Tag die Kunden noch mehr werden und natürlich noch schlechter gelaunt sind. Und das zeigen auch die Krankenstände. Teilweise über zehn Prozent Krankenstand und dass viele in Dienstunfähigkeit flüchten müssen, weil sie gesundheitlich das nicht mehr schaffen.« (VG1, B6, 420)

»Also die Teams werden immer kleiner, es muss aber das Arbeitspensum gehalten oder noch gesteigert werden. Und jetzt müssen halt die Arbeit, die vielleicht vorher 25 Leute erledigt haben, 15 oder 17 Leute erledigen mit gleich bleibendem Niveau. Also es wird Effizienz genannt – immer mehr, immer schneller, immer besser. Das übt wahnsinnig viel Druck auf die Leute natürlich aus.« (VG1, B2, 312)

Die Gewerkschaft und Betriebsräte haben große Schwierigkeiten, auf das *Problem der steigenden Personalfehlbestände* zu reagieren und etwas dagegen zu unternehmen. Und der Arbeitgeber profitiert noch von der Tatsache, dass unter diesen Bedingungen die Beschäftigten ihre Ziele nicht erreichen.

> »Als ver.di versuchen wir dagegen zu halten, was geht. Aber man stößt halt da auch an die Grenzen. (...) Wir machen alles, was gesetzlich machbar ist. Aber man ändert halt leider an dem Grundproblem nichts, dass man zu wenig Personal hat. (...) Aber trotzdem, die Ziele sind so gerechnet, dass der volle Personalbestand die Ziele machen soll. Und den haben wir ja schon seit langem nicht mehr (...). Und der Effekt ist dann noch für den Arbeitgeber, dass er sich bei der variablen Bezahlung, also wo es für Verkauf Geld gibt nach Zielerreichung, dass sich da der Arbeitgeber auch noch Geld spart, weil wenn die Ziele nicht mehr erreicht werden, dann muss er weniger bezahlen. Also er profitiert da zweimal und das geht nur auf dem Rücken der Kollegen.« (VG1, B6, 420)

Vor allem bei Dienstleistungstätigkeiten mit *Kundenkontakt* kommt es zu Zielkonflikten und höherem Leistungsdruck, zumal wenn die Ziele immer wieder höher gesteckt werden.

> »(...) immer mehr verkaufen, verkaufen, verkaufen. Schneller telefonieren, schneller telefonieren, schneller telefonieren. Also das ist schon extremer Leistungsdruck. Vor allem, man hat so viele Ziele dann auch..., man kann die nie alle gleich halten. Entweder passt da das wieder nicht oder passt dann das wieder nicht. Also ja, man kann es denen dann nie recht machen. Und dann kann man sich auch in dem Fall nie ausruhen auch auf dem Niveau, auf dem man aktuell ist, weil es gibt immer welche, die dann das Ziel wieder höher stecken, und da kommt man einfach nicht hin. Also das ist bei uns eigentlich auch das Hauptthema, einfach vom Leistungsdruck her.« (VG1, B4, 364).

Ziele, die im Wesentlichen aus zu erreichenden *Produktivitätszahlen* (sei es in Absatz- oder Kostengrößen gemessen) bestehen, werden in einer *Zielkaskade* von »oben nach unten« durchgereicht. Ein Beschäftigter im Kundenservice eines Telekommunikationsunternehmens beschreibt seine Erfahrungen mit diesen Steuerungssystemen:

> »Aber im Endeffekt werden wir nur nach Zahlen gesteuert. Und wenn da irgendwas nicht passt, kriegt der Teamleiter Druck von oben. Und dann kriegen wir den Druck. Und ich bin ja Teamleitervertretung, ich weiß also hautnah, wie das dann abgeht, wie der Druck dann aussieht, wie wir das dann steuern müssen. Im Endeffekt sind wir dann das Arschloch, das das weitergibt, weil wir geben nur das von oben weiter, was wir aufgedrückt bekommen.« (VG2, B5, 560)

Leistungssteuerung über Ziele wird in der Regel permanent überprüft. Dazu dienen *Monitoringsysteme,* die die Arbeit zu einer permanenten Bewährungsprobe machen und so den entsprechenden Druck ausüben.

> »Ja, und im Endeffekt dieser extreme Druck. Also bei uns jedenfalls ist es so, das ist eigentlich Wahnsinn (...), wie auf Produktivitätszahlen Wert gelegt wird. Wir kriegen an jedem Tag ein Monitoring, wie schlecht wir sind, auf welchem Platz wir sind. Weil das ist richtig schlimm, weil dann auch der Teamleiter kommt und sagt: Ihr müsst mehr machen und noch mehr und... alles wird gemonitored. Manche haben auch einfach die Schnauze voll von der ganzen Sache.« (VG3, B5, 243)

Bei einigen Tätigkeiten ist die *ständige Überprüfbarkeit* bereits in die technischen Prozesse integriert. Auf dieser Basis werden dann sog. Leistungsfeedbacks durchgeführt, in denen den einzelnen Beschäftigten eine Auswertung ihrer Leistung vorgelegt wird, mit entsprechenden Hinweisen, vorhandene Leistungsdefizite zu beseitigen. Darüber berichten ver.di-Kollegen und Vertrauensleute aus einem großen Versandhandel:

> »Bei uns wird ja jeder Scan-Vorgang, den wir durchführen, und das ist ja das, woran wir gemessen werden können (...) registriert (...) ist ja alles im System hinterlegt. Also das kann man noch Jahre später nachvollziehen. Offiziell natürlich nicht, aber inoffiziell gibt es Leistungsfeedbacks, sobald du inaktiv wirst, steht nach kurzer Zeit eine Führungsperson hinter dir und guckt dir über die Schulter und fragt dich dann auch noch: Kann ich dir helfen? Die haben ein Diagramm und dann kannst du genau ablesen, wie deine Arbeitsleistung war und ob du das schaffst, was alle schaffen, und dann kommen die mit der entsprechenden Auswertung. Vor allen Dingen bei den Neuen. Bei den Alten machen sie es nicht mehr so, weil sie halt wissen, die Alten gehen auch zum Betriebsrat, wenn so was kommt. Und sie dürfen es ja eigentlich, die Leistungsfeedbacks, nicht machen. Aber bei den

> Neuen wird es tatsächlich immer wieder praktiziert. Und die lassen sich halt auch noch unter Druck setzen dann.« (VG9, B3, B4, B5, 485)

Extremer Zeit- und Leistungsdruck gerät natürlich in Konflikt mit der *Kundenbeziehung,* die ja eigentlich den Kern von Dienstleistungsarbeit ausmacht. Diese Konflikte beschäftigen vor allem Mitarbeiter*innen aus dem Kundenservice:

> »Ja, aber dann heißt es wieder, wir müssen den Fokus auf den Kunden richten. Aber wie kann der Fokus auf dem Kunden sein, wenn wir eigentlich nur noch getrieben sind von Absatz und von Produktivitätszahlen, nur dass es passt. Weil der Kunde ist eigentlich das letzte Rad bei uns, obwohl der Kunde eigentlich der ist, der uns im Endeffekt auch was gibt, damit wir was verdienen können. Aber wir vergessen den Kunden eigentlich. Oder naja, gut, er ist eben da.« (VG3, B5, 284)

Wenn statt Kundenberatung oder -betreuung nur noch *Verkaufen* im Zentrum steht, gerät die Kundenbeziehung schon mal zur »Einwandbehandlung«.

> »Wir müssen Gespräche und Nachbearbeitungen innerhalb von 500 Sekunden schaffen. Wir müssen aber in dieser Zeit den Kunden zufrieden stellen, dem Kunden was anbieten, bestenfalls. Wenn er erst Nein sagt, natürlich das erste Nein nicht hören, sondern weiter (...) Einwandbehandlung heißt es so schön, machen, dass er trotzdem sich dafür interessiert und das Angebot im besten Fall annimmt. (...) ihn halt wirklich überzeugen, dass er das braucht, das Produkt, dass er ja sagt.« (VG2, B4, 529)

Und die Ziele geraten miteinander in Konflikt:

> »Das Witzige ist, dass sich eigentlich unsere Ziele, die wir haben, dass die sich untereinander total beißen. Die sind miteinander überhaupt nicht vereinbar. Also du kannst nicht in allem grün sein, das funktioniert nicht. Weil bist du in dem einen grün, ist automatisch das andere rot. Es ist wirklich konfus.« (VG3, B3, 302)

Ins Zentrum der interessenpolitischen Auseinandersetzung über Leistungsdruck gerät die *Arbeits- oder Personalbemessung,* wenn es sie denn überhaupt noch gibt. In einem Unternehmen der Logistikbranche findet noch Leistungsbemessung statt, die allerdings vor allem zur Leistungssteigerung genutzt wird.

> »(…) der Arbeitgeber ist mittlerweile so drauf, dass der also wirklich alles bis zum Letzten ausreizt und immer noch mehr und hier noch ein bisschen kappt. Und dann werden neue Bemessungswerte aufgestellt, damit die Bezirke noch größer werden, und, und, und. Und die Leute wirklich gehen mittlerweile auf dem Zahnfleisch und wissen nicht mehr ein noch aus und wenn da nur eine unverhoffte Störung kommt, ist der Tag gelaufen, dann ist an Arbeitsplanung – wann Feierabend ist – gar nicht mehr zu denken. Überstunden sind angesagt. Und das ist einfach jeden Tag immer neu diese Belastung, das ist, glaube, ich der Hauptgrund.« (VG6, B, 426)

Der *Betriebsrat und die Gewerkschaft haben keinen Einfluss auf die Leistungsbemessung,* sondern nur auf die Arbeitszeit. Und die Beschäftigten wollen selber ihr Pensum schaffen und achten nicht auf die Arbeitszeit.

Dass diese Situation zu Unzufriedenheit und Frust führt, der sich auch gegen die Betriebsräte wendet, die den Betroffenen nicht helfen können, wird eindrücklich geschidert, auch mit dem Hinweis, dass dies möglicherweise zu politischen Protesthaltungen führt:

> »Also ich kann mir auch vorstellen, dass schon auch bei uns Beschäftigte diese Ohnmacht spüren, der Betriebsrat kann ja eh nichts für uns tun, weil an die Bemessung können sie nicht dran. Ja, wir machen die Arbeitszeiten, die kommt immer mit demselben Spruch, dann brecht doch ab. Das will ich aber nicht, ich will ja meine Arbeit machen. Also wenn diese Ohnmacht da ist, dass der da nichts tut. … Ja, dann gebe ich denen jetzt mal einen Denkzettel und wähle halt man die anderen, damit die mal merken, so geht es nicht weiter. Das kann ich mir durchaus vorstellen. Das wird vielleicht nicht offen gesagt bei uns, aber ich kann mir durchaus vorstellen, dass der eine oder andere möglicherweise so denkt und dann auch Protestwähler ist. [Zustimmung] Also will ich nicht ausschließen. Kann ich jetzt nicht bestätigen, aber ich will es nicht ausschließen.« (VG6, B, 666)

Steigender Leistungsdruck erweist sich als ein charakteristisches Signum einer Zuspitzung der betrieblichen Arbeits- und Belastungssituation. Alle aktuellen Befragungen und Daten zur Entwicklung von psychischen Belastungen und Erkrankungen belegen diese Zuspitzung im großen Maßstab.

* * *

Für manchen Leser mag die Darstellung der betrieblichen Zustände als zu negativ, zu düster erscheinen. Auch wir waren an manchen Punkten überrascht: Wir hatten zwar aus früheren Studien Vorkenntnisse, waren aber – auch angesichts der medialen Meinungsbildung – nicht davon ausgegangen, dass wir es mit einer derartigen Verschlechterung der sozialen Verhältnisse zu tun bekommen. Sicher, wir haben nach betrieblichen Problemlagen gefragt und in Antworten der Beschäftigten wurden auch vereinzelt positive Aspekte erwähnt, aber der Grundtenor war eine durchgängige Verschlechterung der betrieblichen Situation. Das lag auch daran, dass wir immer versucht haben, Entwicklungen in den Blick zu bekommen: Vergleiche zu früheren Verhältnissen und auch Erwartungen an die Zukunft.

Wir haben fünf Dimensionen der Arbeits- und Beschäftigungssituation unterschieden und diese schwerpunktmäßig auch Branchen, Betriebstypen und Beschäftigtengruppen zugeordnet. Dennoch spielen für den einzelnen Beschäftigten immer mehrere Dimensionen eine Rolle und bestimmen insgesamt die Wahrnehmung seiner Lage und auch die Einschätzung zukünftiger Entwicklungen. Das Potenzial an Befürchtungen und Ängsten ist natürlich auch schon zum Teil in die Schilderungen der betrieblichen Problemlagen eingegangen.

Im nächsten Kapitel steht die Wahrnehmung der betrieblichen Arbeitssituation und ihre subjektive Verarbeitung im Zentrum: Welche Gefühle und Reaktionsweisen bilden sich heraus und welche typischen Muster der subjektiven Verarbeitung lassen sich bestimmen?

5. Ängste, Abwertungserfahrungen, Entsolidarisierung, Resignation und Wut – die subjektive Verarbeitung betrieblicher Zustände

In unseren Gesprächen wurde deutlich: Die betrieblichen Zustände haben sich in den vergangenen Jahren zugespitzt. Arbeitsplatzabbau, Rückgang der Tarifbindung und Zunahme prekärer Beschäftigung, Personalausdünnung und steigender Leistungsdruck, damit einhergehende Verschärfung der Konkurrenz der Beschäftigten untereinander, teilweise Lohnsenkungen sowie drohende Entwertung von Qualifikationen im Zusammenhang mit der Digitalisierung. Dies alles sind Folgen der Restrukturierungsprozesse, von denen uns die Beschäftigten aus der Industrie und den Dienstleistungsbranchen berichteten und die sie bewältigen müssen. Die meisten Befragten sprachen von einer schleichenden Verschlechterung ihrer Arbeits- und Lebensbedingungen.

Wir wollten mit unserer Untersuchung herausfinden, ob sich die gestiegenen Arbeitsbelastungen und die allgemeine Verschlechterung der Arbeitssituation auf die Einstellungen und Werthaltungen der Beschäftigten auswirken. Konkret interessieren wir uns für die Frage, ob die betrieblichen Erfahrungen und deren individuelle Verarbeitung rechtspopulistische Einstellungen befördern, ob die betrieblichen Zustände also ein Nährboden für rechtes Denken sind.[1]

---

[1] Damit nehmen wir einen traditionsreichen Forschungszweig der Industriesoziologie wieder auf, der die Auswirkung der Arbeitserfahrung von Industriebeschäftigten auf deren Bewusstsein, deren Vorstellungen von der Welt und deren Werthaltung untersuchte. Die industriesoziologische Bewusstseinsforschung beschäftigte sich insbesondere in den ersten Jahrzehnten nach dem Zweiten Weltkrieg mit den Einstellungen von Industriearbeitern zum technischen Fortschritt, zu ihrer Arbeit oder zur Gesellschaft insgesamt. Von Interesse war häufig die Frage, ob die Industriebeschäftigten über ein revolutionäres Bewusstsein verfügen oder bereits so weit in die Gesellschaft integriert sind, dass von ihnen keine gesellschaftstransformierenden Handlungen mehr zu erwarten sind. Bekannt geworden sind u.a. die Studie von Popitz et al. von 1957 zum »Gesellschaftsbild des Arbeiters« oder die Studie von Kern und Schumann (1970) über die Auswirkungen des technischen Fortschritts auf das Bewusstsein der Arbeiter. Eine ältere Studie, die weit

Unsere These besagt allerdings nicht, dass sich ein rechtes Bewusstsein – anderweitige Entstehungskontexte einmal außen vor gelassen – aufgrund von Problemen mit und in der Arbeit zwingend, sozusagen naturwüchsig einstellt. Die Annahme eines derartigen Determinismus wäre irreführend. Umso mehr interessieren uns deshalb gerade jene Weichenstellungen, in denen Menschen nicht den Weg einer demokratischen und solidarischen Grundhaltung einschlagen bzw. weiterverfolgen, sondern in rechtsgerichteten politischen Vorstellungen den Ausweg aus einer problematischen Lebens- und Arbeitssituation suchen. Wir vermuten, dass der individuelle Umgang der Menschen mit ihrer konkreten Arbeitssituation, mit ihren alltäglichen Sorgen in der Arbeit und ihren alltäglichen Belastungen eine derartige Weichenstellung sein könnte. Deshalb wollten wir – um zu Aussagen über einen möglichen Zusammenhang von arbeitsweltlichen Problemen und rechten Werthaltungen zu gelangen – wissen, wie die Beschäftigten ihre Arbeitssituation individuell verarbeiten, wie sie die betrieblichen Probleme wahrnehmen und welche Gefühle bestehende Arbeitsbelastungen bei ihnen auslösen. Und nicht zuletzt ist für die Beantwortung unserer Forschungsfrage wichtig, wie sie mit ihren Gefühlen umgehen.

Wir haben in unseren Gruppeninterviews und in den Gesprächen mit den Expert*innen nach dieser subjektiven Verarbeitung der betrieblichen Probleme gefragt. Unsere Ergebnisse zeichnen ein zum Teil recht düsteres Bild der betrieblichen Zustände. Wir fanden Hinweise auf Belastungen aufgrund schlechter Arbeitsbedingungen und auf verweigerte Anerkennung sowohl der Arbeitsleistung als auch der Person, unter denen die Betroffenen leiden.

In den Gesprächen wurde deutlich, dass Menschen unterschiedlich auf die betriebliche Situation reagieren. Belastungen setzen sich bei manchen Beschäftigten in Angst um, andere wiederum reagieren darauf mit Wut oder Resignation. Dennoch konnten wir bei der Durchsicht unseres empirischen Materials Muster der subjektiven Verarbeitung von Arbeitsbelastungen erkennen: Erstens nehmen die Beschäftigten die betrieblichen Veränderungsprozesse und deren Auswirkungen auf ihre Arbeits- und Lebenssituation unmittelbar, vielfach als Belastung

über das Fach hinaus an Einfluss gewonnen hat, jedoch nicht der Industriesoziologie zuzuordnen ist, ist die Untersuchung über die »Arbeitslosen von Marienthal« (Jahoda et al. 1933). Sie befasst sich mit den Auswirkungen von Arbeitslosigkeit auf das Leben und das Lebensgefühl der Menschen.

wahr. Und zweitens rufen diese Probleme Gefühle hervor, die nach unseren Vermutungen wiederum spezifische Reaktions- und Verhaltensweisen begünstigen.

Wir werden nun zunächst, bevor wir uns der Frage zuwenden, ob und unter welchen Bedingungen die subjektive Verarbeitung von Arbeitsbelastungen rechte bzw. rassistische Einstellungen befördert, in diesem Abschnitt die vorgefundenen subjektiven, emotionalen Verarbeitungsmuster und Verhaltensweisen beschreiben.

In unseren Gesprächen wurde uns von emotionalen Belastungen berichtet, die sich in Abstiegs- und Zukunftsängsten sowie in Kontrollverlusten äußern. Darüber hinaus leiden viele Beschäftigte unter fehlender Anerkennung. Derartige Erfahrungen fördern Gefühle von Machtlosigkeit, Resignation und Wut. Bei den Kolleg*innen aus den ostdeutschen Bundesländern spitzen sich die Belastungen aufgrund vielfach schwierigerer Umfeldbedingungen zu. Sie fühlen sich mit ihren enttäuschten Hoffnungen alleine gelassen. Ressourcen für eine erfolgreiche Bewältigung der negativen Emotionen schwinden zusehends. So verschlechtern sich die Rahmenbedingungen für eine Solidarisierung der Beschäftigten untereinander. Akteur*innen, die hier Abhilfe schaffen könnten, und politische Alternativen, die einen Ausweg bieten, fehlen oder werden nicht gesehen.

5.1 Abstiegsängste

Eine Form der emotionalen Verarbeitung der betrieblichen Probleme äußert sich bei den Beschäftigten in Abstiegs- und Existenzängsten. Derartige Ängste können eine unterschiedliche Intensität annehmen; sie sind nicht zuletzt abhängig von der sozialen Lage der Betroffenen. Wir erfuhren in den Gesprächen allerdings auch, dass einer konkreten Angst nicht notwendigerweise ein realer Hintergrund zugrunde liegen muss. So können bereits das Wissen über die Entwicklung am Arbeitsmarkt oder in der Vergangenheit gemachte Erfahrungen mit materiellen und sozialen Verschlechterungen ausreichen, um latente oder manifeste Gefühle existenzieller Bedrohung zu befördern.

Die Kosten von Wirtschaftskrisen müssen die Arbeitnehmer*innen bezahlen. Diese Erfahrung mussten die Beschäftigten in vielen Betrieben in den vergangenen Jahren machen. Nicht die Banken oder die Unternehmen waren am stärksten von den Krisenfolgen betroffen, sondern sie selbst und ihre Kolleg*innen. Derartige konkrete Erfahrungen können selbst in wirtschaftlichen Prosperitätsphasen Sorgen bereiten. Eine Verschlechterung der Arbeitsbedingungen kann bereits als erster Schritt in Richtung einer neuen Krise interpretiert werden. Ein Vertrauensmann schildert die Sorgen seiner Kolleg*innen:

> »Wir haben das Gefühl, dass wir als arbeitende Bevölkerung diese Krise bezahlt haben. Und viele sind auch da weggebrochen. Zu gut Deutsch gesagt: Einkommen senken, Arbeitszeiten verändert, und, und, und. Und jetzt kommt eine neue Krise, und die müssen wir dann wieder bezahlen. Und davor ist viel Angst.« (IG2, B5, 294)

Das Damoklesschwert der Arbeitslosigkeit hängt trotz der aktuell guten konjunkturellen Lage über den Beschäftigten. Schließlich gehen Umstrukturierungsmaßnahmen in den Betrieben nach den gemachten Erfahrungen meist mit negativen Auswirkungen auf die Arbeitnehmer*innen einher. Viele Beschäftigte verbinden betriebliche Veränderungen mit Arbeitsplatzverlagerungen, Versetzungen, zumindest aber mit einer Verschlechterung ihrer Arbeitsbedingungen. Und nicht selten gehen Restrukturierungsmaßnahmen auch mit einem direkten Arbeitsplatzabbau einher. Es ist leicht nachvollziehbar, dass solche Erfahrungen Ängste schüren, denen sich auch hochqualifizierte Beschäftigte mit guten Arbeitsmarktchancen nicht immer entziehen können. Sie reichen von akuten Existenzängsten aufgrund einer drohenden Arbeitslosigkeit bis hin zu Ängsten vor einem sozialen Abstieg, der zwar nicht zwangsläufig in Arbeitslosigkeit münden muss aber dennoch als existenzielle Bedrohung erfahren werden kann. Abstiegs- und Existenzängste können latent sein, sie können aber auch sehr schnell manifest werden, wenn sie aus der konkreten Erfahrung eines Arbeitsplatzabbaus im Unternehmen resultieren. Oft genügt es bereits, wenn jemand im Bekanntenkreis seine Stelle verloren hat, um sich selbst Sorgen zu machen.

Die Angst vor Arbeitslosigkeit ist auch deshalb groß, weil sie häufig als Schicksal gesehen wird, aus dem es kaum mehr ein Entrinnen gibt; der existenzielle, unaufhaltsame Absturz ist programmiert. Diese Befürchtungen kommen in den beiden folgenden Zitaten eines Beschäftigten aus der Papierverarbeitung und einer erwerbslosen Kollegin zum Ausdruck.

> »(...) die Kollegen haben schon miterlebt, wie das ist, wenn man Arbeitsplätze verliert. Und jetzt momentan wird ja dort restrukturiert,

> Arbeitsplätze fallen weg. Die sehen, wie das sein kann, und die haben schon im Kopf irgendwie schon diese Angst. Was passiert, wenn ich jetzt dieses alles nicht mitmache? Wo lande ich dann? Kriege ich Hartz IV, gehe ich als Leiharbeiter? Die sehen das auch direkt, wo man landen kann. Die Angst ist da.« (VG8, B4, 126)
>
> »Bei uns ist das größte Problem die Arbeitslosigkeit, weil sie da wissen, wenn du einmal da drinnen bist, hast du kaum noch eine Chance, da wieder rauszukommen. Und du kannst eigentlich bloß noch tiefer fallen.« (IG1, B3, 411)

Die Angst, aus der Lage der Arbeitslosigkeit heraus keinen Arbeitsplatz mehr zu finden, kann gerade aufgrund einer spezifischen sozialen Lage hervorgerufen oder vergrößert werden. So können ein fortgeschrittenes Alter oder das Leben in einer strukturschwachen Region die Sorge vor Arbeitslosigkeit beflügeln. Der Erhalt des Arbeitsplatzes nimmt infolgedessen den zentralen Stellenwert im Leben ein. Von diesen Sorgen kann ein ehemaliger hauptamtlicher Funktionär der IG Metall berichten:

> »Und es geht auch bei denen sehr stark um Besitzstandwahrung und sie fühlen sich natürlich durch Prekarisierungsprozesse bedroht, aber sie wissen – insbesondere die Facharbeiter, bei denen der Altersdurchschnitt oft sehr hoch ist, wo wenig Junge dabei sind – die sind chancenlos auf den Erhalt ihres Arbeitsplatzes. Wenn die rausfliegen als 55-Jährige, als 50-Jährige, ist es in ihrer Region schwer, was zu kriegen. Also die Verteidigung des Arbeitsplatzes steht ganz vorne. Und daher fühlt man sich auch bedrohter. Überhaupt ist für mich erstaunlich dieses Gefühl von Bedrohtheit.« (B1, B, 407)

Allerdings muss den Ängsten nicht immer eine reale Bedrohung zu Grunde liegen. Und sie können selbst diejenigen treffen, die aufgrund ihrer Qualifikation kaum Konkurrenz und zumindest aktuell keinen Verlust ihres Arbeitsplatzes befürchten müssten, führt der ehemalige IG Metall-Funktionär weiter aus:

> »Die Konkurrenz, die tritt im Betrieb in unserem Bereich praktisch nicht auf. Das muss man im Metallbereich einfach mal sagen. Wenn du Facharbeiter hast. Denn bis die Flüchtlinge Facharbeiter sind – die wenigen Ingenieure gehen in die Forschungs- und Entwicklungsabteilung –, das ist so weit hin. Diese direkte Konkurrenz um den Arbeitsplatz, die hast du in unseren Bereichen nicht. Die habt ihr viel stärker

> ja im Logistikbereich oder so. Die haben wir ja in unseren Bereichen wenig. Das ist eine projektierte Angst.« (B1, B, 523)

Abstiegsängste entstehen nicht nur in existenziellen Bedrohungssituationen. Sie können bereits auftreten, wenn identitätsstiftende Normen ins Wanken geraten. Das folgende Zitat eines Beschäftigten in einer gehobenen Funktion verdeutlicht, dass gerade Leistungsträger eine Abkehr von der herrschenden Leistungsideologie befürchten, wenn Geflüchtete in die Betriebe integriert werden. Dies wiegt umso mehr, als gerade die Leistungsträger sich mit dem Leistungssystem gut arrangieren konnten, hiervon profitiert und sich im Leben damit eingerichtet haben:

> »Ich erlebe es bei extremen Leistungsträgern, die sich persönlich sehr stark über Leistung identifizieren. Sie haben auch unglaubliche Fähigkeiten und Kapazitäten, aber ihr ganzes Lebensbild ist auf Leistung fixiert und sie haben einfach Angst, dass dieses Leistungssystem, das sie in einer kleinen häuslichen Welt etabliert haben, auch kulturellen Welt, dass das durch Flüchtlinge in irgendeiner Form bedroht ist.« (IG2, B6, 44)

Existenzielle Ängste können gesundheitsgefährdendes Verhalten befördern. Hiervon sind prekär Beschäftigte, wie Leiharbeiter*innen oder befristet Beschäftigte, besonders bedroht. Sie fürchten am meisten um ihre Existenzgrundlage, zählen sie doch zu den ersten, die bei Stellenstreichungen ihren Arbeitsplatz verlieren. Uns wurde von Fällen berichtet, in denen Beschäftigte auch bei Krankheit zur Arbeit erscheinen. Auch wenn dies derzeit (noch) auf eine Minderheit zutreffen mag, so verweisen Beispiele wie das folgende eines Beschäftigten aus der Logistikbranche doch deutlich auf das Ausmaß an Bedrohungsgefühlen:[2]

> »Es gab Äußerungen vom Betriebsrat, vom ver.di-Betriebsrat halt, dass die Krankenstandsquote drastisch gesunken ist, gerade montags waren halt 300 Leute krank. Jetzt war mal ein Montag, da waren bloß sieben Leute krank. Da sieht man, was für eine Angst dahintersteckt.« (VG9, B3, 365)

---

[2] Statistische Untersuchungen zeigen inzwischen allerdings, dass ein gesundheitsgefährdendes Verhalten am Arbeitsplatz kein Einzelfall mehr ist. In einer Untersuchung des DGB wurde festgestellt, dass viele Beschäftigte trotz Krankheit zur Arbeit gehen (Institut DGB-Index Gute Arbeit 2016).

Sorgen vor einem Arbeitsplatzverlust können sich auf andere Lebensbereiche ausweiten und das ganze Leben in Besitz nehmen. Selbst wenn eigene Erfahrungen mit Arbeitslosigkeit fehlen, können das Wissen um die generelle Lage am Arbeitsmarkt oder Berichte über Stellenabbau in anderen Unternehmen Ängste schüren, die zur Lebensbegleiterin werden. Diese Sorgen kennt ein stellvertretender Betriebsratsvorsitzender bei seinen Kolleg*innen:

> »Es fängt mit der Ausbildung an. Bekomme ich die Ausbildung? Den Ausbildungsplatz? Ich habe Angst, dass ich keinen Ausbildungsplatz bekomme. Angst vor der Probezeit, dann Angst mit dem befristeten Vertrag. Angst, den Job zu verlieren. Angst, das Häuschen abzubezahlen. Diese Angst verfolgt einen das ganze Leben. Und Angst, dass die Flüchtlinge kommen, Angst, dass irgendwas passiert, dass die Krise wiederkommt, dass ich meinen Arbeitsplatz verliere.« (VG8, B4, 629)

5.2 Zukunftsängste

Die Sorgen und Ängste der Beschäftigten beziehen sich nicht nur auf ihre aktuelle Arbeits- und Lebenssituation, sondern auch auf ihr Leben in der Zukunft. Die im vorhergehenden Kapitel beschriebenen strukturellen Veränderungen in der Industrie und in den Dienstleistungsbranchen bringen eine Steigerung der abgeforderten Arbeitsleistung mit sich und verändern die Arbeitsbedingungen nachhaltig. Der Einsatz digitaler Technologien bietet nicht nur bislang nicht gekannte Möglichkeiten der Leistungskontrolle, sondern führt auch zu einer immer rascheren Entwertung von langjährig erworbenen Qualifikationen und von Erfahrungswissen. Dies schürt gerade bei älteren Beschäftigten Ängste, mit der Geschwindigkeit des Wandels nicht mehr Schritt halten zu können und das im Leben Erreichte aufgeben zu müssen. So manche Beschäftigte plagen existenzielle Sorgen, wenn sie in ihre Zukunft blicken. Sie rechnen mit einer Verschlechterung ihrer finanziellen Situation im Rentenalter. Hinzu kommt die Angst um das Wohl der eigenen Kinder, denen es einmal schlechter gehen könnte als der eigenen Generation.

> »Also Arbeitsplatzunsicherheit ist wirklich auf Platz eins. Das Nächste ist aber auch durch die veränderten Arbeitszeiten, weniger Einkommen eine Veränderung der persönlichen Situation. Zum Beispiel, wenn man ein Haus gebaut hat, oder was weiß ich, Eigentum hat,

> dass man die Raten nicht mehr bezahlen kann. Also diese Existenzängste. Und als Weiteres noch (...): Haben meine Kinder noch eine Chance?« (IG1, B2, 403)

Insbesondere die Angst um die Rente macht den Menschen zu schaffen. Lohneinbußen und fehlende Tarifbindung lassen in den Augen vieler nichts Gutes erwarten. So prägt das Wissen um die Unsicherheit der Renten und die damit drohende prekäre Lebenssituation im Alter das Bewusstsein von abhängig Beschäftigten. Hiervon weiß ein Betriebsrat zu berichten:

> »Es gibt hin und wieder Äußerungen, die mehr oder weniger belegen, dass man irgendwo vor Wandel Angst hat. Wir sind auch nicht tarifgebunden. Wir haben auch seit etlichen Jahren keinerlei Lohnanpassungen bekommen. Das heißt, man wird letztendlich in Anführungszeichen abgehängt, weil damit reduziert sich natürlich die Rente und was nicht alles. Wenn man sich damit beschäftigt, bedeutet das für ganz viele Menschen, dass die nicht wissen, wie sie mit ihrer Rente leben können.« (IG2, B1, 160)

Ehemalige Gewissheiten, wie in folgendem Beispiel eine soziale Firmenleitung, auf deren Unterstützung man zählen konnte, gehen ebenso verloren wie die Hoffnung auf eine Zukunft in der Firma. Dies fördert nicht nur Unsicherheit und Unzufriedenheit bei den Beschäftigten, sondern führt auch zum Verlust von Identifikationsmöglichkeiten, wie ein Jugendvertreter aus einem Elektrounternehmen berichtet:

> »Aber diese 50 Prozent werden halt immer unzufriedener und haben eben Angst, dass ihre Abteilungen aufgelöst werden, weil viele Abteilungen immer mehr verkleinert werden. Und da kommt einfach Unzufriedenheit auf, Unsicherheit, und der Glaube an die Firma geht einfach verloren, weil sie zwar sagen, ja, die Firma ist doch angeblich so sozial, aber ich habe nicht das Gefühl, dass mir die Firma noch eine Zukunft bietet. Die Umfragewerte bei der betriebsinternen Umfrage werden immer unzufriedener und die Identifikationsfähigkeit oder die Möglichkeit, sich mit seiner Firma zu identifizieren, lässt auch nach.« (IG5, B3, 514)

Auch kollektive Formen der sozialen Absicherung werden brüchiger. Tarifverträge gibt es zwar immer noch vielfach. Deren Absicherungswirkung ist inzwischen allerdings zu einer vermeintlichen Sicherheit geworden. Dies betrifft bereits junge Beschäftigte. Ein Betriebsrat aus einem Elektrounternehmen schildert dies am Beispiel der Situation der Auszubildenden. Die tarifvertraglich ausgehandelte, befristete Übernahme nach der Ausbildung bietet bei der heutigen Arbeitsmarktlage nur wenig Schutz vor einer ungewissen Zukunft.

> »Thema Verunsicherung: Da wird den Leuten erklärt, es gibt einen Tarifvertrag zur Übernahme und da steht eben nicht drin, dass jemand übernommen werden muss oder übernommen werden kann. Das heißt also, jeder sagt, die geben uns eine Versicherung und da ist keine Sicherheit drin. Und das gilt auch für die Gewerkschaften, die ja ganz toll propagiert hat mit der Aktion Übernahme, wir haben durchgesetzt, dass ihr im Anschluss an die Ausbildung übernommen werdet. Nichts da, zwölf Monate haben sie durchgesetzt und dann freier Arbeitsmarkt.« (IG1, B4, 702)

5.3 Kontrollverlust

Eine weitere Folge der betrieblichen Umstrukturierungsprozesse, von der uns die Interviewpartner*innen berichteten, ist der Kontrollverlust. Darunter verstehen wir ein Gefühl der Ungewissheit sowohl über aktuelle Geschehnisse als auch über zukünftige Entwicklungen. Gewonnene Sicherheiten verkommen zu vermeintlichen Sicherheiten und die gewohnte Stabilität im Leben existiert nicht länger. Kontrollverlust kann sich im Zuge permanenter Restrukturierungsmaßnahmen und der sich hieraus ergebenden unklaren Folgen entwickeln. Dabei wird nicht die Umstrukturierung an sich als Bedrohung empfunden, sondern das fehlende Wissen über deren Folgen. Das Gefühl des Kontrollverlusts hat sich verstärkt, da Restrukturierung nicht als einmaliges Erlebnis im Arbeitsleben auftritt, sondern heute ein ständiger Begleiter von Erwerbsarbeit ist. Die Beschäftigten finden es immer schwieriger, sich auf eine neue Situation einzustellen, da die nächste Umstrukturierung bereits angekündigt worden ist. Die Folgen sind ungewiss, sie zeigen sich erst nach Beendigung der jeweiligen Maßnahme. Kontrollverlust kann sich auf unterschiedliche Aspekte in der Arbeit beziehen. Er zeigt sich in einem Verlust der Kontrolle über die Arbeitsinhalte, über die abgeforderte Arbeitsleistung und nicht zuletzt über die jeweiligen Bedingungen, unter denen die Arbeit ausgeführt werden muss. Bleiben Auswirkungen im

Unklaren, kann sich die Sorge entwickeln, den Anforderungen bald nicht mehr gewachsen zu sein. Gravierende Veränderungen im Arbeitsalltag könnten neue Schwierigkeiten mit sich bringen. So könnte der Arbeitsplatz, sofern er nicht sowieso abgebaut wird, schon morgen an einem anderen Ort liegen. Standortverlagerungen sind für viele Beschäftigte zum festen Erfahrungsbestandteil geworden. Die daraus folgende Unsicherheit wird zur Bedrohung, die sich schließlich auf das gesamte Leben auswirken kann. Hierzu zwei Zitate von Beschäftigten aus der Telekommunikations- bzw. Logistikbranche:

> »Und auch diese Umstrukturierung, was kommt dann? Also was passiert nach der Umstrukturierung? Bleibt es so, wie es ist? Wird es schlimmer? Wird es besser? Wird es komplett anders? Da haben die Leute natürlich Angst davor. Thematisiert wird es sowohl privat als auch in Meetings, auf Betriebsversammlungen und, und, und.« (VG1, B2, 313)
>
> »Die Leute mussten sich wieder umstellen, mussten wieder anders arbeiten, als sie das vorher gelernt haben. Und jedes Mal, wenn sie sich dann gerade dran gewöhnt haben, an dieses neue Arbeiten, wurde was Neues eingeführt. Und deshalb wussten sie nie genau, was los ist.« (VG6, B, 477)

Die Beschäftigten bekommen wenig Unterstützung bei der Bewältigung der beschriebenen Unsicherheiten. Sie fühlen sich allein gelassen, da Informationen über geplante Maßnahmen bzw. deren Folgen häufig ausbleiben. Weder das Management noch die direkten Vorgesetzten stehen ihnen hierbei zur Seite, berichtet eine Bankangestellte:

> »Vor allen Dingen, weil man ja permanent das Gefühl hat, man weiß ja nie, wo hört das jetzt auf? Wo ist jetzt eigentlich das Ziel von dem, was die jetzt da vorhaben? Man wird ja eigentlich komplett ständig in der Luft hängen gelassen. (...) also dieses ständige in der Luft hängen, das ist eine Grundstimmung bei uns, die ist eigentlich permanent da.« (VG1, B1, 564)

Der Kontrollverlust kann sich ganz konkret auf die erwartete Arbeitsleistung beziehen. Beschäftigte berichten von der Befürchtung, trotz Weiterbildungsanstrengungen den veränderten Qualifikationsanforderungen nicht mehr gewachsen zu sein, zumal Umstellungen in immer kürzeren Abständen erfolgen und damit Umgewöhnungszeiten auch immer kürzer werden. Insbesondere im Zuge der Internationalisierung von Produktion und Handelsbeziehungen sowie der steigenden Technisierung der Arbeitsabläufe verändern sich die Anforderungen. Dies schürt Ängste und bereitet gerade den älteren Beschäftigten Sorgen.

Einst waren Umstrukturierungen der Arbeits- und Betriebsorganisation oder des Geschäftsmodells, wenn überhaupt, ein singuläres Erlebnis im Erwerbsleben. Inzwischen ist diese Erfahrung für viele Beschäftigte zu einem ständigen Begleiter in der Erwerbsarbeit geworden. Und die Geschwindigkeit, mit der Umstrukturierungen angekündigt und umgesetzt werden, nimmt zu. Daraus entstehen Unsicherheiten, die sich nicht nur auf das Lebensgefühl der Beschäftigten, sondern auch auf das gesamte Leben auswirken können. Wenn der Verlauf und die Geschicke des Lebens nicht mehr in den eigenen Händen liegen und man immer weniger »Herr seines Schicksals« ist, wird dies zur Bedrohung des gesamten Lebens.

5.4 Abwertungserfahrungen und verweigerte Anerkennung

Im Zuge des betrieblichen Wandels ist das Arbeitsklima kälter und der Ton rauer geworden. Arbeitnehmer*innen bekommen dies in Form von Abwertungen ihrer Person und ihrer Arbeitsleistung zu spüren. Hiervon sind insbesondere die Beschäftigten in den unteren Gehaltsgruppen und häufig gerade diejenigen, die unter schlechteren Vertragsbedingungen angestellt werden, betroffen. Ein Vertrauensmann schildert nicht nur die existenziellen Sorgen, die die Beschäftigten plagen, sondern auch die Verletzung ihrer Würde.

> »Arbeitsplatzunsicherheit, tarifliche Unterbezahlung, dann ganz klar durch eventuell drohende Arbeitslosigkeit, sozialer Abstieg in Leiharbeit oder noch weiter in Hartz IV, ja? Pfft, richtige existenzielle Ängste sind das letztendlich. Und ja, man sieht ja, dass es wirklich, dass es eine Zweiklassengesellschaft von Arbeitern gibt, die geschaffen worden ist. Man kriegt es mit, die Leute haben mit Leiharbeitern zusammengearbeitet. Der eine hat für fünf Euro gearbeitet, dieselbe Tätigkeit, und der andere hat 15 gekriegt. Das hat nicht dazu geführt, dass man sich sicher fühlen kann und dass Menschenrechte ja, dass die Menschen mit Würde beschäftigt worden sind.« (IG1, B1, 392)

Ein schlechtes Arbeitsklima in den Betrieben ist keine Einzelerscheinung mehr. Untertarifliche Bezahlung in tariflosen Betrieben und schlechte Behandlung der dort beschäftigten Kolleg*innen gehen oft zusammen. Gute Umgangsformen sind keine Selbstverständlichkeit mehr. Gegenüber den geringer qualifizierten Beschäftigten können sich Vorgesetzte eine schlechte Behandlung leisten. Sanktionen oder Gegenwehr bleiben meist aus, so die Erfahrungen eines Gewerkschaftssekretärs aus dem Osten Deutschlands:

> »Und das zweite ist die Erfahrung, die ich hier mache mit vielen, vielen Betrieben, die nicht tarifgebunden sind, wo schlecht bezahlt wird. Je schlechter die Leute bezahlt werden, umso beschissener wird mit denen umgegangen. Also das ist eine Scheißstimmung in vielen Betrieben, wo schlechtes Entgelt bezahlt wird, wo Vorgesetzte sich alles rausnehmen gegenüber den einfachen Beschäftigten. Und wo ich glaube, dass das auch schon eine Rolle spielen könnte, ja, wo sich Leute einfach herabgesetzt fühlen und herabgesetzt sehen in ihrem Menschsein, wenn der Vorgesetzte mit unmöglichsten Druckmechanismen und unmöglichster Sprache mit denen umgeht.« (I3, B, 712)

Verweigerte Anerkennung ist nicht nur ein Problem in den unteren Gehalts- und Hierarchiestufen. Selbst wenn die Arbeitsleistung trotz steigendem Leistungsdruck anhaltend hoch ist, bleibt Anerkennung häufig aus. Auch die gut qualifizierten Beschäftigten mit guten Einkommen leiden darunter. Der generelle Tenor in den Betrieben ist: »(...) Wertschätzung hört dann auf, wenn es um Zahlen geht.« (VG4, B5: 422) Oder wie es ein Vertrauensmann aus einem großen Dienstleistungskonzern schildert:

> »(...) es gibt auch einen anderen Leitspruch: Wertschätzend miteinander umgehen. Anerkennung, Erfahrung. Wenn es gut läuft, höre ich meistens nichts. Plötzlich bei Besprechungen: Das und das ist schlecht. Was gut gelaufen ist, kein Wort darüber. (...) Also gibt es diese Wertschätzung nicht mehr. Nach dem Motto: Nichts gesagt ist gelobt genug.« (VG2, B4, 722)

Erwerbslose sind besonders häufig von Diskriminierung betroffen. Unsere Interviewpartner*innen berichteten von Abwertungs- und Ausgrenzungserfahrungen ihrer erwerbslosen Kolleg*innen. Erschwerend kommt hinzu, dass gerade sie über weitaus geringere Möglichkeiten verfügen, sich Gehör bei der Durchsetzung ihrer Interessen zu verschaffen. Niemand scheint sich für ihr Schicksal zu interessieren. Sie fühlen sich im Stich gelassen, weil sich kaum jemand um ihre Sorgen und Nöte kümmert. Auch dies kann dazu beitragen, sich als Mensch abgewertet zu fühlen. Eine erwerbslose Kollegin kennt diese Erfahrungen aus ihrer ehrenamtlichen Tätigkeit bei der IG Metall:

> »Also bei den Erwerbslosen hören wir immer am meisten, dass sie nicht abgeholt werden, nicht mitgenommen werden und dass keiner auf deren Probleme eingeht. Also sie fühlen sich mit allen Dingen eigentlich komplett allein gelassen.« (IG1, B3, 97)

Die Verweigerung von Anerkennung ist längst kein Einzelphänomen mehr. Vielmehr betrifft es inzwischen die unterschiedlichsten Beschäftigtengruppen. Dabei machen unsere Gespräche deutlich: Gute Arbeit definiert sich in den Augen der Beschäftigten nicht alleine über den erreichten Status, das Einkommen und die Arbeitsbedingungen. Ein ganz wesentlicher Baustein für Sinnfindung über Arbeit ist die Anerkennung für die erbrachte Arbeitsleistung. Und diese wird nicht nur als äußerst fragil, sondern darüber hinaus auch immer weniger als Bestandteil der Leistungssteuerung erfahren. Der Verlust von Anerkennung ist Ergebnis von zwei betrieblichen Entwicklungen, die hier zusammentreffen: Zum einen steht die Wirtschaftlichkeit bzw. die Effizienz der Beschäftigten im Vordergrund, während die Qualität der geleisteten Arbeit sekundär wird, und zum anderen tritt mit den indirekten Steuerungsformen der Markt an die Stelle der hierarchischen Steuerung und damit auch an die Stelle der sozialen Kommunikation im Betrieb. Face-to-face-Beziehungen sind auf das vermeintlich Notwendige reduziert. Die damit einhergehende Herabsetzung ihrer Persönlichkeit wird für die Beschäftigten zu einer Belastungsquelle.

5.5 Enttäuschte Hoffnungen und Einsamkeit im Osten

In den neuen Bundesländern bekommen die Beschäftigten die Folgen der Restrukturierungsprozesse deutlicher als ihre Kolleg*innen im Westen zu spüren. Die Deindustrialisierung ganzer Landstriche hat vielen von ihnen eine gesicherte Lebensperspektive geraubt. Aus strukturschwachen Regionen wandern die Menschen ab, sofern sich ihnen die Möglichkeit bietet. Viele der gut- und hochqualifizierten Beschäftigten haben die Chance ergriffen und ihre Heimatregion verlassen. Während die Zurückgebliebenen in den ersten Jahren nach der Wiedervereinigung noch auf staatliche Unterstützung bauen konnten, wurden nach einigen Jahren viele negative Entwicklungen spürbar. Niedrige Löhne, schlechte Arbeitsbedingungen sowie ein Rückbau infrastruktureller Einrichtungen in ländlichen Regionen und teilweise auch eine fehlende Erfahrung mit der kapitalistischen Lebensweise, insbesondere der verschärften Konkurrenzsituation, machen den Beschäftigten zu schaffen. Insofern verwundert es nicht, dass sich die Folgen des Strukturumbruchs bei ihnen zu einer besonderen emotionalen Belastung verdichten. Der Verlust an existenzieller Sicherheit und Lebensperspektive nimmt bedrohliche Ausmaße an und forciert die Angst vor einer Zukunft, die als ungewiss empfunden wird. Sie fühlen sich mit ihren Sorgen und Ängsten von der Politik und den staatlichen Institutionen im Stich gelassen, da sich niemand wirklich für ihre Probleme zu interessieren scheint. Sie müssen mit ihren enttäuschten Hoffnungen alleine klarkommen. Ein hauptamtlicher Gewerkschaftsfunktionär schildert die Situation im Osten:

> »Ich finde, was hier schon ein Einschnitt war, war diese knallharte Deindustrialisierung nach der Wende. Das ist eine Erfahrung für die Leute, da wird ihnen was weggenommen, und zwar in allererster Linie Sicherheit und Perspektive, Lebensperspektive. Und das verknüpft man natürlich mit den politischen Akteuren, die man dafür für verantwortlich macht. Das, denke ich, ist ein starker Hintergrund, weil man die Konkurrenzerfahrung eben nicht 40 Jahre lang gelernt hat, sondern man hat sie über Nacht übergebraten bekommen. (...) Und dann kommt natürlich hinzu, dass man auch gelernt hat, oder zumindest hatte man so eine Erfahrung, früher hat man sich um uns gekümmert. Da war klar, da habe ich meinen Job gehabt und so. Das setzt man dann ganz oft ins Beispiel und sagt, jetzt müsste ich doch zuerst dran sein. Das ist schon so. Und dann hat man natürlich im Osten auch nicht zwingend die Demokratie gelernt. Dass Demokratie eben nicht heißt, was ich will, wird durchgesetzt, sondern dass das eben bedeutet Kompromiss, Diskussion, Aushandlung, auch mal was verlieren zu können. Dass auch mal andere sich durchsetzen. Und das war nun nicht Programm. Und das denke ich schon, dass diese Wendeerfahrung und natürlich mit den Dingen, die da dran hängen. Also schwierigere Lohnsituation, Abwanderung, also Abwanderung in ländlichen Regionen, dann werden die abgehängt, die ländlichen

> Regionen. Da fährt kein Bus mehr in der Woche. Da fährt früh noch einer für die Schulkinder und nachmittags, wenn es glücklich läuft, wenn es nicht schon das Taxi-Unternehmen macht. Und dann sehen die halt, oh, im Osten geht alles den Bach runter. Was natürlich nicht stimmt faktisch.« (D3, B, 814)

Viele Menschen im Osten mussten sich nach der Wende eine neue berufliche Existenz aufbauen, da ihre ursprüngliche Ausbildung nicht mehr nachgefragt wurde. Betroffene befürchten, dass sich diese Erfahrungen nun wiederholen könnten. Die Angst, ein weiteres Mal von vorne anfangen zu müssen, sitzt vielen Menschen im Nacken. Vor dem Hintergrund dieser Lebenserfahrungen verschärfen sich die Bedrohungsgefühle. Ein ehemaliger Gewerkschaftsfunktionär der IG Metall kennt diese Erfahrungen aus Erzählungen:

> »(...) wir haben so ein paar Mitarbeiter aus Sachsen, die haben gesagt, ihre Eltern, die haben praktisch 1990 von vorne anfangen müssen. Die waren 40 oder was. Die haben von vorne angefangen. Der Beruf war entwertet, diese ganzen Dinge. Dann haben sie sich langsam rausgearbeitet, die Autobahn, die Infrastruktur und so weiter, und auch jetzt ist der Arbeitsmarkt stabil geworden. Und jetzt kommt auf einmal täglich dann diese Zahl, jeden Tag 10.000 über die Grenze, die Bilder und so weiter. Und das Gefühl, so, jetzt können wir noch mal von vorne anfangen. (...) Ihre Eltern, die haben über ihre Eltern geredet und haben gesagt, da ist das Gefühl, hier geht was schief, jetzt geht die Scheiße wieder von vorne los, nachdem wir jetzt 20 Jahre die Demütigung eingesteckt haben und uns wieder hochgerappelt haben, und jetzt geht die Scheiße wieder von vorne los. Und das wurde ja auch von Politikern teilweise gesagt, dass hier die Herausforderung genauso groß ist wie zur Zeit der Wiedervereinigung.« (B1, B2, 826)

Die Kumulation an Belastungen, die auch die Menschen im Westen betreffen, und die Diskriminierungserfahrungen machen viele Menschen in den neuen Bundesländern wütend, zumal alle anderen politischen Fragen wichtiger scheinen als deren existenzielle Sorgen. Auch dies kann die Sympathie mit rechtem Gedankengut sowie rechten Bewegungen steigern und die Wahlentscheidung beeinflussen. Dies befürchtet der oben bereits zitierte Gewerkschaftsfunktionär aus dem Osten:

> »Und diese Angst, diese Perspektive zu verlieren, das darf man nicht vergessen. Und wenn die Leute dann denken, der Politik ist der Veggieday wichtiger als mein guter Arbeitsplatz hier in der Braunkohle – kann schon auch sein, dass die sagen, diesmal wähle ich nicht SPD, auch nicht CDU, sondern mache das Kreuz dort.« (D3, B, 874)

5.6 Machtlosigkeit, Resignation und Wut

Die Beschäftigten leiden nicht nur unter Ängsten, Kontrollverlust und fehlender Anerkennung. Viele entwickeln auch Gefühle von Machtlosigkeit oder Resignation, die ihrerseits wiederum die Motivation zum Handeln senken. Es verstärken sich Tendenzen, die Verantwortung für das eigene Handeln an andere Akteur*innen, wie den Betriebsrat oder die Gewerkschaft, abzugeben. In ihnen scheinen so manche Beschäftigte diejenigen Akteur*innen zu sehen, die stellvertretend für sie die notwendigen Schritte zu einer Verbesserung der Lebenssituation in die Wege leiten können, während man sich selbst mit Klagen über die eigene missliche Lage begnügt. Zuweilen wird die Rettung allerdings an falschen Stellen gesucht, findet ein Seminarleiter bei der IG Metall:

> »Es gibt viele, die versuchen etwas zu verändern, also da auch selber aktiv zu werden. Aber die Mehrheit bleibt meiner Ansicht nach – und so, wie ich das wahrnehme – auf dem Niveau des Meckerns stehen. Meckern im Pausenraum oder auch im Seminarraum. Und wenn ich mich da nicht traue, dann in der Raucherpause. Und das endet dann immer mit den Sätzen: Der Betriebsrat müsste eigentlich. Die IG Metall müsste mal. Die Regierung müsste doch eigentlich das und das. Also irgendwer müsste immer ihr Problem lösen, stellvertretend für sie. Und die sind auch oft anfällig. Manchmal sagen sie es auch: Wir brauchen einen Führer.« (IG3, B6, 403)

Arbeitsbelastungen und Arbeitsdruck befördern Resignation. Viele Beschäftigte suchen nach geeigneten Möglichkeiten, die Belastungen in der Freizeit auszugleichen. Da sie jedoch kaum Zeit finden, sich mit den betrieblichen Problemen zu befassen, fällt es schwer, Lösungen für Probleme zu suchen und diese aktiv anzugehen. Ein ehemaliger Betriebsrat kennt diese Probleme:

> »(...) die Beschäftigten sind so in einem Druck drin, dass sie, die kommen nach Hause, wollen ihre Füße hochlegen und wollen sich, sage ich einmal jetzt ganz lapidar, einfach von dem Schund im Fernsehen berieseln lassen. Sie wollen nichts mehr aufnehmen, sondern einfach berieseln lassen. Muss nicht unbedingt bei allen sein. Kann jetzt auch Musik oder sonst was sein. Die haben nicht mehr den Nerv. Das hat mit der psychischen Belastung, das ist Fakt einfach. Und irgendwann, du machst deine Klappen zu, aus, fertig. Und das muss man irgendwie durchbrechen. Und da sind wir gefordert.« (VG2, B2, 766)

Die Beschäftigten wissen häufig um die Verursacher ihrer Probleme. Und sie wissen auch, wer von ihrer Arbeit profitiert. Dies fördert jedoch nicht zwangsläufig die Suche nach den geeigneten Formen der Gegenwehr. Es kann gleichermaßen Gefühle von Machtlosigkeit hervorrufen und zielgerichtetes Handeln verhindern. Ein Betriebsrat beschreibt diese Gefühle folgendermaßen:

> »Ich würde sagen, ja, Wut, aber Machtlosigkeit. (...) Ein XY [Name eines Vorstands], der sich dahinstellt und sagt, acht Prozent Gewinnsteigerung. Wo dann der zweite Satz von jedem normalen, einigermaßen mitdenkenden Menschen sagt: Wenn ich zur Bank gehe und sage, ich will hier für meine 100 Euro acht Prozent, dann schmeißt der mich raus. Wie kann der denn seinen Aktionären acht Prozent Steigerung versprechen? Und die glauben das auch noch. Und ich muss deswegen so viel arbeiten. Also man weiß schon die Ursache, aber man nimmt es als normal hin, weil das ja der Chef ist, also der Wirtschaftsführer.« (VG8, B1, 856)

Steigende Arbeitsbelastungen führen nicht immer zu Resignation, dem Gefühl der Machtlosigkeit und einer Lähmung politischen Handelns. Sie können auch zur Aktivierung beitragen, indem sie eine Wut befördern, die gegen die herrschenden Zustände rebelliert. Diese findet allerdings nicht immer einen und erst recht nicht immer den richtigen Adressaten. Wie bereits in unseren Vorgängerstudien fanden wir auch in unserer jüngsten Befragung Formen einer »adressatenlosen Wut« (Detje et al. 2011 und 2013), die keinen Gegner kennt. Es zeigte sich aber auch, dass die Wut inzwischen bei vielen Beschäftigten einen Adressaten gefunden hat. Dieser kann ganz allgemein die Politik sein, die die ungerechten Zustände zu verantworten hat, beispielsweise im Falle des als ungerecht empfundenen Rentensystems. Seine Wut beschreibt ein Betriebsrat eines Elektrokonzerns:

> »Diese Wut – ich bin auch wütend. Ja, ich bin auch wütend darauf, wie unsere Politik Rente zum Beispiel organisiert hat. Das ist ja kein Zufall, dass wir jetzt dahin kommen. (...) Also ich bin nicht einer, der an der Armutsgrenze nagen wird, aber diese Politik hat auch dafür gesorgt, dass meine ganzen Rentenbeiträge entwertet sind. Die werden ja auch immer weniger. (...) Und wenn das am Ende nicht mehr wert sein soll als jemand, der überhaupt nichts eingezahlt hat und sagt, ich kriege meine Grundsicherung sowieso, wozu soll ich mir ... also weil er nichts einzahlen konnte oder weil er nichts einzahlen wollte, dann bin ich wütend, ja, weil mir wurde das Geld abgenommen. Ich habe es nicht ausgeben dürfen. Und wenn ich dann sehe, dass die Reichen immer weniger Abgaben zahlen müssen, am besten gar nichts, weil Steuer vermeiden können ja nur diejenigen, die reich sind, dann bin ich wütend. Also ich mache jetzt keinen Asylbewerber zum Adressaten meiner Wut, aber wütend bin ich auch über genau diesen Sachverhalt, dass da eine Politik gemacht wird, die gegen den Bürger geht. Und zwar gegen jeden Einzelnen.« (IG1, B4, 873)

In dieser Situation müssen dann häufig die Geflüchteten als Sündenböcke herhalten. Sie werden für die eigene missliche Lebenssituation verantwortlich gemacht. Mindestens wird durch ihre Aufnahme eine Verschlimmerung der eigenen Lage erwartet. Geflüchtete sind inzwischen zu einem idealen Adressaten von Wut geworden. Begründungen hierfür lassen sich leicht konstruieren. So würden sie unverdientermaßen viele Sozialleistungen erhalten, die einem selbst trotz jahrelang erbrachter Leistungen vorenthalten werden. Dies wird als Ungerechtigkeit empfunden, die es anzuprangern gilt. Sogar Auszubildende kennen diese Argumentation, wie es im Folgenden ein Jugend- und Auszubildendenvertreter beschreibt:

> »Und man weiß ja, dass die Leute, die irgendwann, ich sage mal, in 10, vielleicht eher sogar in 20 Jahren Rente bekommen wollen, die haben ja das Bild, dass sie keine mehr bekommen. Und dann sagen sie, also das ist natürlich auch schon so eine These, die ich mehrfach gehört habe – ja, die Flüchtlinge bekommen das ganze Geld in den Hintern geschoben. Und ja, das könnte natürlich so ein Zusammenhang sein, dass man eben sich rententechnisch oder ich sage mal absicherungs-

> technisch in Sachen Altersabsicherung vom Staat im Stich gelassen sieht und sich fragt, warum andere profitieren, während man selbst gerade augenscheinlich nichts mehr zu bekommen scheint, obwohl man doch so viele Steuern zahlt.« (IG5, B4, 767)

Die Wut kann selbst diejenigen treffen, die sich explizit auf die Seite der Beschäftigten stellen. Wir fanden Beispiele, in denen der Betriebsrat für die Probleme der Beschäftigten verantwortlich gemacht wurde. Und nicht zuletzt findet die Wut ein Ventil bei denjenigen, die in der gesellschaftlichen Hierarchie weit unten stehen. Dies können neben den Geflüchteten beispielsweise auch Hartz-IV-Empfänger*innen sein. Schließlich erhalten auch letztere in den Augen so mancher Beschäftigter Leistungen ohne Gegenleistung. Für all diese Varianten fanden wir Beispiele in unseren Interviews:

> »Du kannst ihnen das erklären. Der Betriebsrat hat in dem Sinn keine Mitbestimmung. Aber die nehmen das schon wahr, aber die wollen es nicht wahrhaben. Die sagen halt, ihr habt nichts für uns gemacht. Ihr habt jetzt X [Standort, gemeint ist ein anderer Standort] gerettet, sage ich mal, obwohl ja der Arbeitgeber dann bestimmt hat (...). Aber bei den Kollegen bleibt hängen: Nein, ihr seid schuld, weil ihr habt ja für X gekämpft.« (VG4, B1, 328)
>
> »Und zum anderen suchen sie Schuldige, und die suchen sie meistens unter sich, also in der sozialen Hierarchie. Das können Flüchtlinge sein, das können Hartz-IV-Bezieher sein, da hatten wir ja auch die Diskussion im Seminar. Das kann sozusagen jeden treffen, der in der sozialen Hierarchie unterhalb steht. Da ist es einfach zu sagen, der ist schuld. Da bin ich immer im Recht.« (IG3, B6, 487)

Der Leistungsdruck am Arbeitsplatz bleibt nicht ohne Folgen für das Wohlbefinden. Er wirkt sich auch auf die Gesundheit der Beschäftigten aus. Erkennbar zeigt sich dies am Anstieg körperlicher und auch psychischer Erkrankungen. Dieser Befund deckt sich mit den Ergebnissen anderer Studien, die in jüngster Zeit bereits Gegenstand der Berichterstattung in den Medien waren. Arbeitsbelastungen beeinträchtigen jedoch nicht nur die Gesundheit, sie können auch das Verhalten verändern. Die Wut sucht sich ein Ventil, das irgendwann explodiert. Dabei werden nicht immer die Richtigen getroffen, wie ein Betriebsrat aus einem Dienstleistungsunternehmen berichtet:

> »Und ich sage jetzt mal, (...) dass der Leistungsdruck, irgendwann hat er eine Grenze erreicht, da hältst du es nicht mehr aus. Die psychischen Erkrankungen, die Burnouts und so weiter, die werden immer mehr. Das hat aber dann nicht bloß in Anführungszeichen Auswirkungen auf die Psyche, das hat dann auch irgendwann gravierende Auswirkungen auf organisches, auf körperliches Wohlbefinden und hat auch dann ganz spezielle Auswirkungen auf mein Verhalten. (...) Irgendwo sucht man sich dann ein Ventil, wenn man unzufrieden ist, und das Ventil, das dann explodiert, explodiert leider nicht da, wo die Verursachung ist, sondern das explodiert irgendwann, weil der Druck zu groß ist. Ganz egal, wo man da gerade ist. Ob man in der Arbeit ist oder ob man abends im Bett liegt.« (VG2, B1, 920)

5.7 Entsolidarisierung und die Erosion von Gegenmacht

Im Zuge permanenter Restrukturierungsmaßnahmen und der damit einhergehenden Leistungsverdichtung verschlechtern sich nicht nur die Arbeitsbedingungen, sondern es schwinden auch wichtige Ressourcen, die bei der Bewältigung der Arbeitsbelastungen helfen könnten. Eine dieser Ressourcen dürfte die Solidarität der Beschäftigten untereinander sein. Uns wurde berichtet, dass diese inzwischen schwer zu organisieren sei, da sich die Rahmenbedingungen für solidarisches Verhalten verschlechtert haben. Eine gegenseitige Unterstützung im Arbeitsalltag ist rar geworden und auch die Organisierung von solidarischer Gegenmacht wird zusehends schwieriger. Eine wesentliche Ursache hierfür ist die – teilweise bewusst von den Unternehmen herbeigeführte – Spaltung der Belegschaften. Eine Voraussetzung, um alltägliche Solidarität und einen solidarischen Zusammenschluss zu organisieren, sind Orte und Zeiten für Begegnungen und kollegialen Austausch. Gerade diese sind jedoch vielerorts zu einem knappen Gut geworden.

Die Verlagerung von Arbeitsplätzen, der ständig drohende Stellenabbau, neue Formen der betrieblichen Leistungssteuerung, die einen kontinuierlichen und steigenden Leistungs- und Konkurrenzdruck zur Folge haben, und die Zunahme prekärer Beschäftigungsverhältnisse, die selbst bei denjenigen, die in einem vermeintlich gesicherten Arbeitsverhältnis stehen, als latente Bedrohung wirkt, haben ihren Anteil an einer Verschlechterung des Arbeitsklimas. Dies trägt zu einem Rückgang an Solidarität bei und fördert Ausgrenzung. Diese traf bislang vor allem die Beschäftigten der Randbelegschaften, so etwa ausländische Kolleg*innen oder auch Kolleg*innen aus unteren Hierarchieebenen, die in der Regel weniger gut ausgebildet sind. In jüngster Zeit scheint sich dies allerdings zu ändern. Entsolidarisierung nimmt zu und betrifft zunehmend auch die Stammbelegschaften. Dabei geht der Rückgang des Zusammenhalts nicht in großen Sprüngen, sondern langsam vonstatten. Druck von oben wird immer häufiger nach unten weitergegeben. Gegenseitige Unterstützung, die früher üblich war, wird immer weniger geleistet oder Lob für gute Leistungen bleibt zunehmend aus. Ein Betriebsrat aus einem Dienstleistungskonzern beschreibt die Situation:

> »Also ich habe da Angst davor, dass die Tendenz weitergeht, weil die X [Firmenname] hat es geschafft, diese Halbwertzeiten für irgendwelche Umorganisationsmaßnahmen, die werden immer kürzer, immer schneller, die alte Kameradschaft, Kollegialität – man ist ja mal nicht gut drauf, weil man vielleicht private oder gesundheitliche Probleme hat – dann hilft da auch noch jemand – das ist doch vorbei. Das ist nicht mehr vorhanden, dass dir einer mal auf die Schulter klopft und so weiter und sagt, ja, gut ist das gewesen und das haben wir sauber gelöst oder sonst irgendwas. Es ist nicht gewollt. Du bist Kostenfaktor.« (VG2, B1, 795)

Die Bedingungen für einen solidarischen Zusammenhalt verschlechtern sich mit dem Anstieg der prekären Beschäftigung, der wachsenden Leistungsverdichtung und insbesondere den fehlenden Begegnungs- und Kommunikationsmöglichkeiten in den Betrieben. Leistungsverdichtung erschöpft sich nicht nur in höheren Arbeitsmengen, sondern sie zeigt sich auch in einer Abnahme der sozialen Kontakte im Betrieb. Das betriebliche Sozialleben kommt zum Erlahmen, wenn die Zeiten für Gespräche bei einer Tasse Kaffee fehlen und man sich kaum mehr trifft, um sich auszutauschen. Teamarbeit nimmt ab und jede/r kämpft für sich alleine. Vorherrschend scheint eine Ellenbogenmentalität zu sein, die keine Gelegenheit mehr bietet, Schwächere aufzufangen:

> »Und sonst gab es ja dann auch mal, dann hast du mal hier noch ein bisschen was gemacht oder hast mit deinen Kollegen noch zusammen gesessen, das gibt es alles nicht mehr. Da ist so ein Bruch gewesen, alles jetzt nur noch Einzelkämpfer zum größten Teil, keine Teamarbeit mehr.« (VG6, B, 469)

Das Stichwort »Teamarbeit« verweist noch auf einen anderen Restrukturierungszusammenhang: Im Kontext indirekter Steuerung werden unternehmerische Funktionen auf Teams übertragen, die selber sicherstellen müssen, dass die Arbeit qualitativ hochwertig, hochproduktiv und termingebunden erfolgt, meist unter restriktiven personellen, technischen und zeitlichen Rahmenbedingungen. Dies führt nicht selten zu Spannungen und Konflikten zwischen den Teammitarbeitern, auch dazu, dass Einzelne unter Druck gesetzt werden, die Arbeitsleistung zu erhöhen. So kommt es nicht nur, um das obige Zitat aufzugreifen, zu Einzelkämpfern in Teamzusammenhängen, sondern es bilden sich zudem autoritäre Strukturen innerhalb der Teams heraus. »Teamarbeit«, die in früheren Humanisierungsdebatten durchaus ein Potenzial solidarischer und demokratischer Arbeitsorganisation hatte, kann sich so in das Gegenteil verkehren – und in der Konsequenz Korridore für autoritäre Umgangsformen öffnen.

Wenn Leiharbeiter*innen, die je nach Auftragslage eingestellt und entlassen werden können, im Betrieb die Rolle der Reservearmee aufgeherrscht bekommen, mögen Stammbelegschaften dies als Sicherheitsgewinn für sich erfahren. Dies kann beruhigend wirken, selbst wenn man um die schwierige Lage der prekär Beschäftigten und um die eigene vermeintliche Sicherheit weiß. Das Ausspielen der Beschäftigten gegeneinander erschwert kollektives Handeln.

> »Die Ellenbogen werden mehr ausgefahren. (...) Und das Ganze schraubt sich dann immer weiter. So lange, bis der Körper streikt. Also die Leute merken es schon, aber sie trauen sich nicht, weil die Akzeptanz eben nicht da ist, dass die Schwächeren aufgefangen werden. Dafür ist keine Zeit mehr. Und der Druck ist zu groß.« (IG1, B2, 528)

Auch wenn sich viele Beschäftigte der Notwendigkeit eines gemeinsamen Handelns bewusst sind, gelingt es den Unternehmensleitungen immer wieder, dieses durch Konkurrenzdruck und Ängste zu vereiteln. Oft sind hierfür nicht einmal gezielte Strategien erforderlich, da die Beschäftigten Strategien kollektiver Gegenmacht von alleine unterlaufen. Eine Bankangestellte berichtet von einer geplanten Aktion:

> »(...) die schimpfen erst mal. Bei allem, was man so vorschlägt, was man handeln könnte, zum Beispiel wir Serviceberater und Serviceberaterinnen beschließen jetzt mal, wir bewerben uns halt nicht, und dann sollen sie mal gucken, was sie mit ihren Ausschreibungen

> [Hinweis: auf die begrenzten Stellen können sich nur bestimmte Personengruppen bewerben, nachdem Filialen geschlossen und Stellen abgebaut werden sollen] machen. Sind alle so, ja, die Idee ist ja cool und das wäre ja schön, aber wenn einer nicht mitzieht, ja, dann bewerbe ich mich mal lieber doch, so. Also so theoretisch wollen schon einige gerne, aber sie trauen sich nicht. Da ist dann die Angst zu groß.« (VG9, B1, 269)

Durch prekäre Beschäftigung gespaltene Belegschaften, die damit einhergehende unterschiedliche Betroffenheit und die Angst vor dem sozialen Abstieg der vermeintlich in sicherer Stellung Beschäftigten erschweren den solidarischen Zusammenschluss, den kollektives Handeln erfordert. Die steigende Konkurrenz fördert zudem die Suche nach Schuldigen, die für Verschlechterungen verantwortlich gemacht werden können. Diese Rolle nehmen seit den letzten Jahren die Geflüchteten ein. Selbst betriebliche Interessenvertreter*innen sind nicht gefeit vor derartigen Ansichten und übersetzen sie in ihr konkretes Handeln. So wurde uns von einem Gewerkschaftssekretär berichtet, dass Betriebsräte Einstellungen von Geflüchteten verhindern, da sie diese als eine Bedrohung für die Arbeitsplätze der Stammbelegschaft erachten:

> »(...) ein Kollege von uns in X [Region], der hat versucht, als zu Beginn des Jahres 2015 sich abgezeichnet hat, dass da mehr Flüchtlinge kommen, mal so ein bisschen einen Einblick in die Arbeitswelt zu geben. Man hat dann versucht, Flüchtlinge in Betriebe zu bringen, und da kamen dann schon Aussagen von Betriebsräten, also wörtlich: In meinen Betrieb kommen keine Flüchtlinge, weil meine Kollegen sagen dann, das ist die nächste Konkurrenz, die arbeiten billiger als ich. Das ist alles punktuell und ich will das auch nicht verallgemeinern, aber allein dass ein Betriebsrat sagt, in meinen Betrieb kommen keine Flüchtlinge, weil das könnte potenziell eine Konkurrenz sein, drückt ja schon was aus, dass die in der Tat befürchten, da gäbe es dann eine Billigkonkurrenz um die Arbeitsplätze.« (D2, B, 525)

Die Gewerkschaften spüren den Rückgang der Solidarität in Form von Mitgliederverlusten und einem Verlust von Gegenmacht, der sich nicht zuletzt in der nachlassenden Kampfkraft bei Tarifauseinandersetzungen zeigt. Gleich einem Teufelskreis wirkt sich der Rückgang gewerkschaftlicher Macht seinerseits wiederum auf die Beschäftigten aus. Bei ihnen greift ein Gefühl der Perspektivlosigkeit um sich.

5.8 Gewerkschaften in der Defensive

Im Umgang mit ihren negativen Gefühlen mangelt es vielen Beschäftigten an einer Strategie und auch an Wissen um Akteure, die ihnen Wege zur Lösung ihrer Probleme aufzeigen könnten. Der Glaube daran, die eigene Lage positiv beeinflussen zu können, schwindet angesichts der Übermacht eines Gegners, der sich oftmals nicht einmal dingfest machen lässt. Die Rolle des aktiven Akteurs, der Unterstützung bietet und Perspektiven aufzeigt, wird immer noch den Gewerkschaften zugewiesen. Inzwischen sehen viele Beschäftigte diese allerdings zunehmend in der Defensive. Sie werden von den Unternehmen und der Politik in die Rolle von Akteuren gedrängt, die gerade die schlimmsten Folgen der Umstrukturierungen abmildern, Verbesserungen aber nicht mehr durchsetzen können.

Gewerkschaftliche Betätigung wird angesichts dieser resignierten Lageeinschätzung von vielen Arbeitnehmer*innen als sinnlos erachtet. Gerade jüngere Beschäftigte scheinen von derartigen Gedanken nicht frei zu sein. Sie fühlen sich aufgrund der Zustände ohnmächtig, an ihrer Lage etwas verändern zu können. Hiervon kann ein Mitarbeiter eines Rettungsdienstes berichten:

> »Ich denke, das ist auch ein Problem, was so die jüngeren Generationen haben, dass sie sich sehr ohnmächtig fühlen. (…) Also das ist, die fühlen sich teilweise ohnmächtig und gerade so in dem Bereich der Politik ist die Ohnmacht oder dieses Ohnmachtsgefühl sehr groß, so nach dem Motto: Ist eigentlich ganz egal, ob ich mich jetzt politisch irgendwo betätige, ob ich mich interessiere oder nicht, es ändert sich eh nichts. Ich bin da absolut ohnmächtig. Es wird sich nichts ändern. Ich werde immer auf der Strecke bleiben.« (VG8, B2, 877)

Die Gewerkschaften haben nach Ansicht von Beschäftigten ihre Gestaltungskraft eingebüßt. Sie werden zwar nach wie vor als integre Akteure gesehen, die aufseiten der Beschäftigten stehen, müssen sich jedoch mit den schlechten politischen Bedingungen arrangieren und werden zu Zugeständnissen gezwungen, wenn ihre Forderungen nicht sogar gänzlich ohne Gehör bei den Politiker*innen verhallen. So kommt es, dass Bestandssicherung inzwischen als die wichtigste Aufgabe der Gewerkschaften gilt. Zumindest sollte in Zukunft nicht alles den Bach runtergehen und die Beschäftigten nur noch die Verlierer*innen sein. Diese pessimistische Sichtweise kommt in den beiden folgenden Zitaten eines Betriebsrates und einer ehrenamtlichen Teamerin der IG Metall zum Ausdruck:

> »Ich habe ja damals die Diskussion um Hartz IV mitgekriegt, da war ich ja schon in Amt und Würden. Und ich habe auch damals mitgekriegt, wie die Gewerkschaften dagegen angekämpft haben und wie sie dann quasi erpresst worden sind: Entweder ihr übernehmt das, oder wir überlassen die ganze Arbeitnehmerüberlassung allein den Christlichen. Weil das Gesetz kommt so.« (IG1, B4, 741)
>
> »Die Gewerkschaftsarbeit ist ja mehr die Arbeit der Bestandssicherung, damit es nicht noch schlechter wird. Und das kann man den Leuten eben auch nicht gut vermitteln, dass das eigentlich mit die Hauptaufgabe ist mittlerweile, damit das alles nicht noch schlechter wird.« (IG1, B2, 751)

Aber selbst dieses in den beiden Zitaten zum Ausdruck kommende Grundvertrauen in die Gewerkschaften bringen längst nicht mehr alle Beschäftigten den Gewerkschaften entgegen. So gab es auch Stimmen, die diese nicht mehr als die konsequente Interessenvertretung sehen, die sie einst waren. In deren Augen haben die Gewerkschaften an Glaubwürdigkeit verloren, da sie sich zu weit an die Spielregeln der Unternehmen angepasst haben, findet ein Vertrauensmann der IG Metall:

> »Und da brauche ich jetzt nicht über den Klassenkampf zu diskutieren. Sondern wenn ich auf der einen Seite in den Aufsichtsräten bin und mittrage (...), dass diese Leute arbeitslos werden, ja, Leute so, dann verliere ich meine Glaubwürdigkeit komplett.« (IG2, B5, 876)

Gewerkschaften werden nicht mehr als gestaltende Kraft wahrgenommen, die Alternativen entwickelt und aufzeigt, wo die besseren Lösungen für die Probleme der Arbeitnehmer*innen liegen. Dabei fassen sich Gewerkschafter*innen – im folgenden Zitat handelt es sich um einen hauptamtlichen Gewerkschaftsfunktionär – durchaus an die eigene Nase:

> »Da war ein zentraler Punkt, den habe ich nicht vergessen, das war der, dass die Kolleginnen und Kollegen gesagt haben in Bezug auf 2007/2008 Finanzkrise: Wir haben von den Gewerkschaften keine Deutungsangebote bekommen, sie haben uns nicht geholfen dabei. (...) Ich glaube, ein wichtiger Aspekt bei dem Ganzen ist auch: Was kommt von uns selber eigentlich? Mit uns meine ich jetzt Gewerk-

schaften insgesamt, aber natürlich auch Gewerkschaften in ihrem Einwirken auf Betriebe. Kommt da Deutung für das, was an Problemen da ist? Reicht es aus?« (B6, B, 662)

Die politischen Zustände und der Rückgang der Mitgliederzahlen in den letzten Jahren zwangen die Gewerkschaften nicht nur zu einer Veränderung ihrer Politik, sondern auch zu einer strategischen Schwerpunktverlagerung. Die Gewinnung neuer Mitglieder ist heute das wichtigste Ziel der Alltagsarbeit. Im Gegenzug, so wird beklagt, wurde die Bildungsarbeit zurückgefahren. Diese Entwicklung ist auch an so manchen ehrenamtlichen Gewerkschaftsfunktionär*innen nicht spurlos vorbeigegangen. Sie fühlen sich mit ihren Anliegen in der Organisation nicht mehr aufgehoben. Auch manche hauptamtlichen Gewerkschaftsfunktionär*innen erachten diese innergewerkschaftliche Prioritätenverschiebung heute als Fehler:

»Man hat, also auch im Zeitrahmen Agenda 2010 – da haben ja viele Gewerkschaften danach auch so ein bisschen so einen Rückzieher von der politischen Bildung veranstaltet. Also vor allen Dingen der im Betrieb. Weil man halt gesagt hat, wir machen jetzt Mitglieder. Klar, demografischer Wandel, Mitgliederschwund etc., da haben die Gewerkschaften gesagt, das Wichtigste sind jetzt erst mal die Zahlen. Alles andere machen wir später. Das hat sich bis heute teilweise fortgesetzt, und jetzt merken die langsam, also das höre ich zumindest von Hauptamtlichen und auch von den Leuten aus Gremien: Mist, wir haben da auch was verpasst, weil dieses, wir fühlen uns nicht mehr ernst genommen, nicht mehr vertreten durch Politik, ist ja auch so ein bisschen ziellos. Man weiß nicht so richtig, wo soll ich denn hin mit meinen politischen Ambitionen, mit wem kann ich denn darüber reden.« (D3, B, 90)

6. »Enttäuschung über die Politik« – Einfallstor für den Rechtspopulismus

Einer der zentralen Befunde unserer Studie ist: Im Vergleich zu unseren früheren Untersuchungen haben wir es heute mit einer deutlichen Verschlechterung der arbeitsweltlichen Zustände zu tun. Dies wird von den Befragten in der Kontinuität eines historischen Krisenprozesses gesehen: Der fortwährende Druck und die permanente Unsicherheit von Beschäftigung, Einkommen und Arbeitsbedingungen durch die beständige Restrukturierung der Abläufe im Betrieb führen zur Einschätzung von »Krise als Dauerzustand«, die subjektiv als Abstiegsängste, Kontrollverluste, aber auch als Abwertung und verweigerte Anerkennung verarbeitet wird, was vielfach in Wut oder Resignation mündet. Das Gefühl, dass die eigene Leistung nicht mehr anerkannt wird, nicht gerecht entlohnt zu werden, und die verweigerte Wertschätzung des persönlichen Engagements erreichen im Vergleich zu den Ergebnissen unserer früheren Studien eine neue Qualität. Ein wesentlicher Faktor ist die Leistungsgerechtigkeit, also die Frage, ob bezogen auf die Qualifikation, auch im Vergleich mit den Leistungen von anderen, angemessen bezahlt wird und der persönliche Arbeitseinsatz überhaupt wahrgenommen und wertgeschätzt wird:

> »Wenn die Menschen sich ungerecht behandelt fühlen, entsteht Wut. Und das wird verstärkt, wenn sie von den Vorgesetzten auch noch nur mit Druck, Druck, Druck bearbeitet werden. Wenn es keine Wertschätzung gibt für das, was man eigentlich tut jeden Tag.« (IG3, B6, 329)

Diese aus der Verletzung der meritokratischen Grundstruktur resultierende subjektive Wahrnehmung einer ungerechten Behandlung, also die verweigerte Anerkennung dessen, was man geleistet hat, und die Abwertung der sozialen Position, die man innehat, diese Gefühle der Kränkung und Verletzung sind die Basis für die Ausbildung von Ressentiments, von rechtspopulistischen Mentalitäten, wie wir sie auch bei Teilen der Beschäftigten finden (siehe Kapitel 7.1).

Hierauf verweisen auch andere Studien. Die subjektive Einschätzung der eigenen Lage muss nicht notwendigerweise mit der objektiven sozialen Lage übereinstimmen. So heißt es etwa in einer neuen Studie der Hans-Böckler-Stiftung, »Einstellung und soziale Lebenslage«, zusammenfassend: »Unzufriedenheit mit der eigenen Lebenslage ist der wesentliche Treiber, die derzeit stärkste rechtspopulistische Partei – die AfD – zu wählen. Nachweisbar ist dabei aber nicht die objektive soziale Lage die alleinige Ursache für die Wahl der AfD. (...) Vor allem die subjektive Wahrnehmung der eigenen Lebenslage hat einen Effekt auf die Entscheidung, AfD zu wählen. (...) Die subjektive Wahrnehmung von Bürgern, die anfällig für Rechtspopulismus sind, ist geprägt durch persönliche Zurücksetzung. (...) Es sind also weniger materielle Entbehrungen, sondern vor allem eine Kombination aus wahrgenommenem Abstieg in der Vergangenheit und Abstiegsängsten – auch in der Arbeitswelt – in Bezug auf die Zukunft, die dazu führen, dass Menschen AfD wählen oder es grundsätzlich in Erwägung ziehen. Menschen, die AfD wählen oder es in Erwägung ziehen, befinden sich somit überwiegend nicht in einer finanziell prekären Situation, aber sie fühlen sich vor möglichen Krisen in der Zukunft nicht ausreichend geschützt.« (Hilmer u.a. 2017: 6)

Abstiegs- und Zukunftsängste allein erklären jedoch nicht hinreichend, warum Menschen rechts wählen. Es kommen noch weitere Voraussetzungen dazu und eine davon ist die Möglichkeit, auf seine Arbeits- und Lebensbedingungen politisch Einfluss nehmen zu können. Auch hier ist die subjektive Einschätzung wichtig: Welcher Akteur auf der politischen Ebene setzt sich für meine Interessen ein? Welchen Einfluss haben die politischen Parteien auf die Gestaltung der sozialen Verhältnisse? Wie beurteile ich das System der repräsentativen Demokratie?

6.1 Wer vertritt auf der politischen Ebene Arbeitnehmerinteressen?

Wir haben gesehen: Krise hat bei den von uns Befragten eine chronische Seite erhalten: Niemand weiß, wie der Arbeitsplatz in fünf Jahren aussehen wird, ob es ihn noch gibt, welche Anforderungen er stellt, wie man sich darauf vorbereiten kann.

In unseren früheren Untersuchungen wurden nicht einzelne Akteure, auch nicht das Management, als Verursacher der Krise gesehen, da letztlich auch sie Systemvorgaben folgen. Auch der Staat und seine aus der Lohnarbeiterperspektive relevanten Apparate wurden in die Systemerfahrungen eingeordnet. Der Staat wurde nach einer drei Jahrzehnte umfassenden neokonservativ-neoliberalen Epoche als nicht mehr nur enteignete oder entfremdete, sondern vielfach feindliche Institution wahrgenommen: als der Staat »der anderen«. Vonseiten der Politik wurden deshalb keine regulierenden Eingriffe oder gar Lösungen von den Beteiligten mehr erwartet. Die arbeitsweltlichen Verhältnisse wurden von den Befragten insgesamt als »verriegelt« wahrgenommen: auf betrieblicher Ebene, weil dort die Krisenursachen nicht in Richtung von Lösungen bewegt werden konnten; auf gesellschaftlicher und politischer Ebene, weil unklar ist, wie und wo man sich dort Gehör verschaffen kann (vgl. Detje u.a. 2013).

Dieser teils kritisch-oppositionelle, teils resignative Blick auf die politische Führungsebene prägt auch die Sichtweise der Beschäftigten in unserer aktuellen Befragung.

> »(...) wenn man die Parteien in den letzten Jahre beobachtet, so versuchen sie zwar immer bei der Wahl irgendein soziales Thema mit rauszustellen, was aber im Endeffekt dann eher schlechter für uns ist, also auch für die Arbeitnehmer, weil einfach das Kapital bei uns viel Macht hat. Also wenn ich jetzt die Parteien angucke, kann ich auch nicht hundertprozentig sagen, also ich persönlich nicht, welche wähle ich denn jetzt, die auch noch viel für die Arbeitnehmer macht?« (VG3, B3, 575)

Das »Kapital hat bei uns viel Macht«, während die Interessen der Lohnabhängigen im politischen Raum kaum noch Berücksichtigung finden. In diesen Zusammenhang ordnet sich auch die Agenda 2010 ein. Den Preis der erhöhten Wettbewerbsfähigkeit mit Wirtschaftswachstum und sinkender Arbeitslosigkeit zahlen die Beschäftigten mit wachsender Unsicherheit und enormem Leistungsdruck. Denen, »die das Ganze erwirtschaften«, wird die materielle und ideelle Anerkennung versagt. »Wer vertritt noch die Interessen der Arbeitnehmer?«, so die Frage eines Betriebsrats aus dem Bereich Finanzdienstleistungen:

> »Ja, bei der Agenda 2010 hat man begründet, dass man Deutschland wettbewerbsfähig bekommen möchte, halten muss, wie auch immer. Das war so vordergründig. Wenn man die Arbeitslosigkeit anschaut, ja, und das, was wir erwirtschaften, exportieren, scheint es auch Erfolg gehabt zu haben. Wenn man auch andere Länder anschaut. Aber der zweite Blick ist halt, um welchen Preis. Und das geht halt um die Leute, die das Ganze erwirtschaften, die daran arbeiten. Und da sind

> wir genau wieder im Thema drin, dass der wahnsinnige Leistungsdruck da ist. Ja, wer vertritt jetzt noch so richtig die Interessen der Arbeitnehmer? Das ist schwierig.« (VG1, B6, 720)

Die Politik der letzten beiden Jahrzehnte wird von den von uns Befragten überwiegend als Schlechterstellung der Position der Lohnabhängigen und ihrer Familien eingeordnet. Vorgeworfen wird dem politischen Establishment, die betrieblichen und sozialen Nöte eines »Großteils des Volkes« zu ignorieren. Ein Betriebsrat aus einem Metallbetrieb verweist auf diese Ignoranz der Politik, die im deutlichen Gegensatz zur medialen Berichterstattung steht.

> »Ja, aber traurig ist man natürlich schon. Man kriegt ja immer mehr mit, es gibt immer mehr Tafeln und so weiter seit Hartz IV, seit es angefangen hat, da stetig eigentlich bergab zu laufen. Und das in der breiten Masse. Und dann hört man – wie soll ich sagen – von der Politik nur Positives eigentlich in den Medien. Ja, uns geht es so gut wie nie und blablabla und so weiter. Und da wird offensichtlich ein Großteil vom Volk überhaupt nicht gesehen. Also so kommt es mir vor, ja? Also ... ja, Wut ...« (IG1, B4, 966)

Es dominiert die Wahrnehmung, dass sich unterm Strich bei den verschiedenen Regierungen der letzten Jahrzehnte für die Lohnabhängigen nichts verbessert hat und Deals »hinter verschlossenen Türen« abgeschlossen werden.

> »Ja, ich denke auch, dass die Politikverdrossenheit bei uns im Moment sehr hoch ist. Wenn ich das so zurückblickend sagen kann. Wir hatten ja jetzt auch ein bisschen über Gesetzesänderungen gesprochen, das ist ja nicht besser geworden. Wenn ich irgendwas Richtung Grün wähle, da muss nichts hinterher bei der Regierung rauskommen, oder Rot-Grün, oder wie sie auch immer heißen. Oder wenn ich Rot wähle, ob dann hinterher was Rotes rauskommt? Die klaren Ziele von den einzelnen Politikern, die zu erkennen oder was für Deals hinter der Tür abgeschlossen werden, ist sehr schwer.« (IG3, B4, 590)

So werden etwa die von Schwarz-Rot in den letzten Jahren auf den Weg gebrachten Arbeitsmarktreformen in ihrer Wirkung auf die Arbeitswelt als halbherzig, wirkungslos oder auch kontraproduktiv wahrgenommen.

> »Also das Arbeitsthema wird ja behandelt, aber halt genau in die andere Richtung. Auch wenn die Menschen sich nicht mit den Geset-

> zen als solches beschäftigen, nehmen sie die Auswirkungen wahr. Wir hatten das Thema Leiharbeit. Wir hatten das Thema Befristung. Werkverträge. Die Frau Nahles will jetzt an den Acht-Stunden-Tag ran, an die elf Stunden Ruhezeit. Ja, also dass sie das Thema nicht bearbeiten, kann man nicht sagen. Aber sie bearbeiten es doch in eine Richtung. Es gibt sozusagen kaum Verbesserungen und wenn, dann werden sie auch kaum wahrgenommen oder sind massiv eingeschränkt, wie das Mindestlohngesetz mit so vielen Ausnahmen behaftet, dass ausgerechnet die, die es am meisten brauchen, rausfallen.« (IG3, B6, 518)

6.2 Verunsicherung auch über die Lebensverhältnisse außerhalb der Arbeit

Die gegen die Lohnabhängigen gerichtete Regulierung in den Betrieben wird als eine wesentliche Grundlage des Arbeitsleids gesehen, aber die Befragten sprechen von sich aus auch Beispiele für »ungerechte Verhältnisse« in anderen gesellschaftlichen Feldern an.

> »(…) Aber das Gleiche passiert insbesondere in ländlichen Regionen, aber zunehmend auch in städtischen Regionen. Überall da, wo sich der Staat aus der sozialen Verantwortung rauszieht, wo es keine Kultureinrichtungen mehr für Jugendliche gibt, und, und, und. Wo diese Infrastruktur fehlt, wo die gar nicht wissen mehr, wo sie hingehen, da gehen die Rechten gezielt rein. Gezielt mit Strategie. Aber das ist auch kein neues Phänomen, das kennen wir seit den Neunzigerjahren. (…).« (IG3, B6, 638)

Unsere Gesprächspartner verweisen darauf, dass die Unsicherheit nicht nur die betrieblichen Verhältnisse betrifft, sondern auch die außerbetrieblichen Aspekte des Status der Lohnarbeit, die für die Lebensverhältnisse der Menschen zentrale Bedeutung haben, also Wohnen, Gesundheit, Bildung und Rente, aber auch die öffentliche Infrastruktur. Die staatliche Sparpolitik habe dazu geführt, dass vieles heruntergewirtschaftet wurde. Dabei berichten unsere Gesprächspartner auch darüber, dass der staatliche Kontrollverlust bei Teilen der Belegschaften in einen Zusammenhang mit der Flüchtlingsbewegung gestellt wird – und das mit der völkischen Konnotation »Wir sind auch noch ein Volk hier im Land selbst« und dem Motto: »Die kriegen es, und wir müssen darben.« Aber auch bei denen, die diese Perspektivverschiebung in Richtung »Wir und die Anderen« nicht teilen, bleibt Ratlosigkeit: »Ich verstehe das System nicht.« Ein Kollege aus dem öffentlichen Dienst schildert diese Stimmung, in der Befürchtungen geäußert werden, bei denen der Wahrheitsgehalt keine Rolle spielt.

> »Teilen ist immer schwierig. (...) Und vor zehn Jahren hat man unsere Kinder auf der Straße stehen lassen. Wir haben keine Ausbildungsplätze. Wir haben keine Kindergartenplätze. Wir haben keinen sozialen Wohnungsbau gemacht. Und jetzt plötzlich wird das massiv angekurbelt. Und dadurch sagt man auch (...) würde ich auch sagen, Moment einmal! Wir sind auch noch ein Volk hier im Land selbst und werden eigentlich runtergestuft. Und das macht auch vielen Angst. Jeder sagt (...), was passiert mit unserer Krankenkasse? Was passiert mit unserem Sozialsystem? Ihr wisst, im Krankenhaus zum Beispiel, ein Asylsuchender kommt zu uns und der kriegt volle medizinische Unterstützung. Geht einer von uns ins Krankenhaus, sagt die Krankenkasse: Nein, du bist zu schwach versichert zum Beispiel (...) du kriegst es nicht. Da kriegst du diese Behandlung nicht. Da gibt es Zahnersatz, da gibt es Brillen, da gibt es alles, was wir in unserem Sozialstaat hatten, das gibt es eigentlich nicht mehr. Aber die kommen und kriegen es. Und da sehen wahrscheinlich viele auch die Ängste in der Zukunft. Es wird gepusht ohne Ende.« (VG5, B1, 682)

Ein anderer Befragter, der in einer Klinik beschäftigt ist, ordnet die Defizite im Gesundheitssektor mit seinem Zweiklassensystem und die daraus resultierende Unsicherheit und Wut zwar in die Struktur sozialer Spaltung ein, für die die Flüchtlinge als Sündenböcke herhalten müssen, aber auch hier dominieren diffuse Ängste, »weil so viel im Umbruch ist«.

> »Und dieses Zweiklassensystem hat sich ja entwickelt. Ich arbeite im Krankenhaus und es ist schon faszinierend, was ein Patient, der privat versichert ist, für Leistungen bekommt, und ein gesetzlicher, in welchem Bett der schlafen muss im Krankenhaus, das ist schon erschreckend. (...) Also der Sündenbock, also diese diffusen Ängste, beziehungsweise dieses, was schon lange einem aufstößt, da hat man halt jetzt irgendwie jemand gefunden, der dafür herhält. Und ich kann sagen, der ist schuld (...). Ich zähle mich jetzt auch zu den Jüngeren und ich habe schon auch diffuse Ängste ... Weil momentan so viel im Umbruch ist, ist es natürlich am einfachsten, wenn ich eine

> Personengruppe dafür schuldig machen kann. Dass die vielleicht dafür gar nichts kann oder nicht für alle Probleme schuldig ist, das ist eine andere Sache.« (VG5, B10, 717)

Neben der Gesundheitsversorgung hängt die persönliche »Sicherheit« vor allem an einem auskömmlichen Alterseinkommen. Auch hier berichten unsere Befragten, dass verunsicherte und von Zukunftsängsten geplagte Kolleg*innen einen Zusammenhang zwischen zu schmalen Renten und »den ganzen Asylanten« herstellen, ohne dass ganz klar ist, ob sie diese ressentimentgeladene Sichtweise teilen. Ein Jugendvertreter aus einem Metallbetrieb thematisiert diese Zukunftsängste:

> »(...) gerade bei vielen jetzt mal 30-, 40-Jährigen, die doch noch ein paar Jahre bis zur Rente haben, hört man immer wieder von Sorgen (...), dass da halt später kein Geld mehr für die Rente da ist. Und jetzt kommen halt die ganzen Asylanten ins Land, für die Steuergelder ohne Ende bezahlt werden. Und ich denke mal, viele haben einfach Angst vor dem, was selbst dann mit einem passieren könnte.« (IG5, B3, 758)

Von der Wut, in Sachen Altersabsicherung trotz regelmäßiger Einzahlungen in die Sozialkasse »vom Staat im Stich gelassen« zu werden, während für die Flüchtlinge reichlich Geld freigeschaufelt wird, berichtet auch ein anderer Teilnehmer unserer Befragung.

> »B4: Und man weiß ja, dass die Leute, die irgendwann, ich sage mal, zehn ... ja, vielleicht eher sogar in 20 Jahren Rente bekommen wollen, die haben ja das Bild, dass sie keine mehr bekommen. Und dann sagen sie, also das ist natürlich auch schon so eine These, die ich mehrfach gehört habe – ja, die Flüchtlinge bekommen das ganze Geld in den Hintern geschoben. Und ja, das könnte natürlich so ein Zusammenhang sein, dass man eben sich rententechnisch oder ich sage mal absicherungstechnisch in Sachen Altersabsicherung vom Staat im Stich gelassen sieht und sich fragt, warum andere profitieren, während man selbst gerade augenscheinlich ... naja, nichts mehr zu bekommen scheint, obwohl man doch so viele Steuern zahlt.« (IG 5, B3, 758)

6.3 Ostdeutschland: eine besondere Dimension der Selbstwertverletzung

Bei den Teilnehmern aus den neuen Bundesländern wird eine besondere Dimension einer Selbstwertverletzung sichtbar. Eine Kollegin aus Brandenburg beschreibt den historischen Hintergrund der angesammelten Enttäuschungen, die den Boden für den Aufstieg des Rechtspopulismus bereitet hat:

> »Also diese Wut an sich, dass nichts gemacht wird und dass wir nur vergackeiert werden, die ist da. Aber die ist bei uns wahrscheinlich noch intensiver, weil ja gleich nach der Wende sind wir ja mit Bananen gelockt und blühende Landschaften obendrein noch versprochen worden. Und so, wie die Landesregierungen dann gewählt worden sind, haben wir immer in so einem Fünfjahresrhythmus gesagt bekommen: Nee, geht nicht. So. ... es ist logisch, da ist das ganze Pegida-Gedöns entstanden und die AfD kam dann hinterher. Die hatten leichtes Spiel.« (IG1, B6, 1091)

Zukunftsangst und Perspektivlosigkeit haben in Ostdeutschland eine spezifische Ausprägung: Die Nach-Wendezeit war geprägt durch Deindustrialisierung, Massenarbeitslosigkeit, massive Abwanderung und die Ausdünnung ganzer Landesteile. Dies ging einher mit der massiven Abwertung von Biografien und Lebensleistungen. Die weitere Deregulierung des Arbeitsmarkts (Hartz IV etc.) und die massive Ausbreitung prekärer Beschäftigung haben diese Situation noch einmal deutlich verschärft. Diese Verletzungserfahrungen und Abstiegssorgen sind offensichtlich der Nährboden für Pegida und AfD. Die Kollegin beschreibt weiter den historischen Verlauf:

> »Ja, also die Zukunftsangst, die hat uns von Anfang an begleitet. Also gleich nach der Wende. Und in den ersten Jahren ist auch das Land Brandenburg dadurch ausgedünnt worden, weil alle, die gekündigt worden sind in den Betrieben und noch ein recht junges Alter hatten, haben ihre Koffer gepackt und sind gen Westen. Dem sind dann noch die gut Ausgebildeten hinterher gefolgt. Die in die Arbeitslosigkeit gegangen sind, sind noch recht locker mit der Zukunftsangst umgegangen, weil dieser 2. Arbeitsmarkt immer noch gegriffen hat, also ABM, Umschulung. Dann gab es ja noch die Arbeitslosenhilfe, die das so ein bisschen abgefedert hat. Und das Ganze hat sich ge-

> wandelt mit Einführung von Hartz IV. Also fünf Jahre nach Hartz IV haben selbst diejenigen, die mit Montagsdemos auf sich aufmerksam gemacht haben, gemerkt, dass wenn das Hartz IV beibehalten wird, dass es auch denjenigen betrifft, der noch in Lohn und Brot steht, also auch für ihn recht viele Nachteile bringen wird. Man hat dem keinen Glauben geschenkt. Wir sind immer mehr ins Abseits gedrängt. Und diese Perspektivlosigkeit ist dann soweit gegangen, dass auch in diese rechte Szene dann abgedriftet wurde.« (IG1, B6, 183)

Die arbeitsweltliche Verletzungen setzen sich aus der Perspektive der Befragten in der kommunalen, sozialen Infrastruktur und den sozialen Sicherungssystemen fort. Die sozialen Abstiegsängste und die daraus resultierende Wut treffen dann auf die Flüchtlingsproblematik. Charakteristisch ist auch, dass die Wut sich gegen Migrant*innen/Flüchtlinge richtet, denen man im eigenen Lebensumfeld kaum oder gar nicht begegnet – so ein ver.di-Kollege aus Sachsen:

> »Naja, ich brauche ja einen Schuldigen. Ich komme aus einer Region, aus einer Stadt, die durch die Wende sehr stark gelitten hat, also die Arbeitslosigkeit war zeitweise über 20 Prozent. Da braucht man einen Schuldigen. Wir haben überhaupt nichts mit Ausländern zu tun in unserer Region, aber trotzdem waren es die Ausländer. Vorher da waren es halt nicht die Ausländer an sich, sondern die anderen Länder, die da uns aufgekauft haben. Das war am Anfang der Westen, da konnten wir nicht lange drauf rumhacken, weil ja da auch das Geld dann her kam, um dann doch noch was zu retten. Und wenn die Flüchtlinge jetzt herkommen, wird es ja noch einfacher, dann habe ich ja den Schuldigen sogar noch vor der Haustür. Also die Flüchtlingsheime ...« (VG9, B3, 581)

6.4 Von der Distanz zur Politik zu einer Anti-Establishment-Haltung

Die Erosion geht weiter: Aus der Distanz zur Politik entwickelt sich eine Anti-Establishment-Haltung. Misstrauen in die überkommenen Strukturen demokratischer Willensbildung und ihrer Institutionen ist der Resonanzboden für diese Haltung. Sie findet ihren Ausdruck in »einem wir hier unten« – der einfache, hart arbeitende Mann – gegen »die da oben« – die Eliten, die Politiker, die Medien (»Lügenpresse«) oder schlicht »das System«. In dieser Perspektive hat die Politik jeden Gestaltungsanspruch für die gesellschaftlichen Verhältnisse aufgegeben.

Die von uns Befragten berichten darüber, dass viele Kolleg*innen die Politik für die »Verlotterung der Arbeitsbeziehungen« verantwortlich machen. Sie fühlen sich von der politischen Elite »verraten und verkauft«. Auch der Verdacht, die Politik stehe unter dem Einfluss von Partikularinteressen, sei nur mehr Spielball von Unternehmensinteressen, wird thematisiert. Das Beispiel der Bankenrettung in der letzten Krise ist noch in guter Erinnerung.

> »Für die Bankenrettung hatten sie also, was weiß ich, wie viel zig Milliarden, hatten sie auf einmal, wo immer auch her. Aber wenn es darum geht, die Kindergärtnerinnen oder Erzieherinnen vernünftig zu bezahlen, ist kein Geld da. (...) Da fehlen in Nordrhein-Westfalen 12.000 Stellen an Kindergärtnerinnen (...) und die, die da sind, werden nicht vernünftig bezahlt. Da ist dann kein Geld für da. Aber für die scheiß Banken, sage ich jetzt mal ganz platt, die ihr Elend, sage ich mal, ihren Mist selber verzockt haben an der Börse, wo sie da Leerkäufe oder was auch immer gemacht haben, und das ist alles geduldet und gemacht und getan. Und dann müssen sie gerettet werden mit zig Milliarden von unseren Steuergeldern. Das kann es doch nicht sein! « (VG6, B, 738)

Die Verselbständigung der politischen Klasse ist bei vielen Gesprächsteilnehmer*innen ein Thema: »Die machen sowieso, was sie wollen.« Das politische Feld führt ein Eigenleben, auf das die »da unten« keinen Einfluss mehr haben. Das führt nach der Meinung einer ver.di-Kollegin zur Politikverdrossenheit und zu Protestwahlen:

> »Aber ich glaube, das Problem ist irgendwie diese Politikverdrossenheit, sage ich jetzt einfach mal. Weil die machen da oben ja, was sie wollen. Und ich da unten kann es ja eigentlich gar nicht beeinflussen. Also ist es mir egal. Dann gehe ich vielleicht nicht mal zum Wählen. Und wenn ich dann vielleicht mal wählen gehe, dann mache ich es irgendwie, weil ich frustriert bin oder Protestwähler bin. Und sage, ja, die da oben machen das ja so – Stammtischparole. Dafür wähle ich jetzt die AfD oder die Piraten oder so was.« (VG4, B2, 705)

Die Entfremdung der politischen Klasse gegenüber »dem Bürger« reicht lange zurück. Für deren Selbstbedienungsmentalität wird auf Politiker verwiesen, über die gerade in den Medien berichtet wird, wie Gerhard Schröder (Gazprom) und Co. Deswegen sei es für die AfD »ein Leichtes«, sich zum Sprachrohr dieser enttäuschten und wütenden Bürger zu machen.

> »(...) wenn man jetzt (...) zurückblickt die letzten 10, 15, 20 Jahre, da sind ja die Probleme oder Intrigen bei den Parteien, egal welche Partei, die sind ja immer größer geworden. (...) der Bürger ist doch nur noch angelogen worden, egal jetzt, von welcher Partei. Die haben sich da gegenseitig raufgeschaukelt und alle anderen sind auf der Strecke geblieben. Da ist doch das ein Leichtes für eine rechtsgerichtete Partei, dass die diese Sachen auffängt. Ich schreibe dir auf drei Seiten zusammen, was der Wähler hören will. Das ist das Leichteste, dass die Zulauf kriegen. Ob das dann überzeugte Wähler sind oder Protestwähler, ist ja jetzt mal dahingestellt.« (VG5, B4, 867)

Merkel und Co. hätten zwar die Banken gerettet, aber für die einfachen Leute nichts gemacht. Diese hätten das Gefühl, nicht ernst genommen zu werden, so unsere Gesprächsteilnehmer*innen. Was fehle, sei »ein Leitbild, wonach ich mich richten kann«, und »so etwas wie Führung«.

> »(...) Ja, aber in erster Linie fehlt uns diese Führung, die dieses Land wieder mal so nach vorne bringt, ohne dass man immer denkt: Oh, Frau Merkel ist ja eine Marionette. Die muss hierhin und dahin und dahin und dahin. Die hat sicherlich die letzten Jahre mit all diesen Sachen, von Banken angefangen, die ganzen Schirme, die sie aufgespannt haben, und immer wieder nach Brüssel und so, das war sicherlich alles nicht einfach, aber für mich ist sie auch nicht so überzeugend, dass man so sagen kann: Boah, das ist so eine, die setzt sich wirklich so für uns ein. Sondern eben mehr wie so eine Marionette. Und ich glaube, es gibt ganz viele Menschen, die das Gefühl haben, (...) nicht ernst genommen zu werden.« (VG6, B, 706)

Tiefe Enttäuschung über die Sozialdemokratie

Besonders tief sitzt die Enttäuschung über die Sozialdemokratie, die sich von ihrem Anspruch, Interessenvertreterin der Lohnabhängigen zu sein, vollständig verabschiedet habe – und das nicht erst seit heute.

> »Es ist politisch vieles überhaupt nicht gut gelaufen. Und wenn ich wirklich auch mal an die SPD denke, was da alles schiefgegangen ist, als wir unseren Schröder noch hatten, Hartz IV und all diese Geschichten. (...) Und da haben sich immer wieder Leute auch von Par-

> teien abgewandt. Die Menschen sind mit dieser Führung dieses Landes unzufrieden. Und die versuchen irgendwo ein Sprachrohr zu finden. Und das ist vielleicht dann mal jetzt gerade so diese rechte Szene.« (VG6, B, 691)

Die Befragten machen die SPD (mit) dafür verantwortlich, dass die meritokratische Ordnung nicht mehr gilt.

> »(...) aber weil die [Sozialdemokraten] ja auch nichts verbessert haben. Die haben ja eigentlich eher für den Einzelnen es schlechter gemacht und schwerer. Also allein schon diese Agenda 2010 hat ja viele Arbeitnehmer schlechter gestellt. Es gibt ja auch viele, die wirklich einen Job haben und trotzdem noch Sozialhilfe beantragen, um überhaupt leben zu können. Es gibt ja dieses ›Arbeit muss sich wieder lohnen‹ oder so was. Aber es ist wirklich so, dass eine Postbotin von ihrem Gehalt nicht leben kann. Aber da denkt man, wie kann so was passieren?« (VG3, B5, 595)

Diese Enttäuschung und Wut über die Sozialdemokratie wurzelt z.T. auch in den eigenen Erfahrungen in der Sozialdemokratischen Partei. Eine Teilnehmerin unserer Gespräche berichtet über ihre frustrierenden Erfahrungen mit der gewendeten »neuen Sozialdemokratie«.

> »Also wenn ich von mir persönlich ausgehen kann, dann würde ich sagen, ich bin auch wütend, weil ich auch politisch immer aktiv war. Ich sage mal, mein Vater hat schon im Stahl gearbeitet, da war das klar, da warst du in der Gewerkschaft und hast die SPD gewählt, weil das war die Arbeiterpartei. So, und dann war ich in der Gewerkschaft und ich war Betriebsrätin und ich war in der SPD und irgendwann habe ich gemerkt, also das ist jetzt nicht mehr die Arbeiterpartei. Und habe mich auch an allen möglichen Diskussionen beteiligt. Dann war es soweit, dass man mir gesagt hat, ich gehöre eigentlich nicht mehr dahin. Da habe ich gesagt okay, das sehe ich auch so. Und habe mich dann davon abgewandt.« (IG1, B2, 1010)

Von seiner Wut über die Sozialdemokratie berichtet auch ein anderer Befragter (Betriebsrat in einem Metallbetrieb), der die gegen die Interessen der Lohnabhängigen gerichtete SPD-Politik und die »herrschenden Eliten« verantwortlich macht für das Entstehen von Pegida und AfD. Und er zeigt dabei auch Verständnis für die, die AfD wählen.

> »(…) es gibt Leute, die kommen nie auf einen grünen Zweig, obwohl sie jeden Tag gearbeitet haben, und das macht mich wütend. Und das ist sicher auch der Nährboden, auf dem Pegida grast. Ich habe bei der letzten Wahl (…) die SPD gewählt (…) und ich habe die gewählt, wirklich mit der festen Absicht, hoffentlich gibt es eine Mehrheit links von der Mitte, die ja möglich gewesen wäre, wo sie sich aber nicht getraut haben. Und wenn sie doch in die Große Koalition gehen, dann schaffen sie es doch hoffentlich, da ein paar Akzente zu setzen, die Arbeitnehmerpunkte berühren. Und ich habe das Gefühl, die waren die letzten drei Jahre abgetaucht ins Nichts! Also insbesondere die ganzen Armutsthemen sind nie angesprochen worden. Die Rententhemen sind nie angesprochen worden. Bei der Vermögenssteuer warten sie auf das Bundesverfassungsgericht. Beim Thema der Erbschaftssteuer haben sie sich zum Verfassungsgericht hinjagen lassen und dann trotzdem so einen scheiß Kompromiss gemacht. Entschuldige, denen muss man in die Fresse hauen! Und ich habe mir auch vorgenommen, bei der nächsten Wahl kriegen die meine Stimme nicht! … also ich werde die AfD nicht wählen, das kann ich hier jetzt ganz sicher sagen. Aber ich habe für jeden Verständnis, der sein Kreuz bei der AfD macht. Dann sage ich: Hat er seinem Willen wenigstens Ausdruck gegeben, den anderen in die Fresse zu hauen, auch wenn das genau die Falschen trifft, weil das natürlich auch die ganze Hasskultur beflügelt. (…) Und das ist die Stimmung, die – glaube ich – bei ganz, ganz vielen Kollegen sichtbar ist. Über die man nicht offen spricht (…).« (IG1, B4, 892)

DIE LINKE – eher keine Alternative?

Überwiegend wird von den von uns Befragten die Partei DIE LINKE eher nicht als Alternative wahrgenommen, weil die Befragten Zweifel daran haben, dass sie ernsthaft für ein Bündnis mit einem entsprechenden Programm im Alltag spürbarer Veränderungen stehe, und meinen, dass sie dafür auch keine Machtperspektive aufweise.

> »(…) warum die Linken sich da nicht etablieren können, warum die Linken nicht mal irgendwo versuchen, sich anzupassen in einigen Punkten, wählbarer zu werden, weiß ich nicht (…) oder warum sie das Potenzial nicht haben. Weil es gibt ja ganz viele Nicht-Wähler, gerade aus den sehr unteren Schichten, wo die Mindestlohnforderungen von Linken – ich glaube 11 Euro, oder was auch immer – wo ich

> sagen würde, wenn mir einer sagt, wenn du mich wählst, bekommst du 20 Prozent Lohnzuwachs, dann würde ich die doch wählen! Wenn das andere jetzt nicht total kranke Vorstellungen wären, was die hätten. Aber das ist bei den Linken ja nicht. Aber warum können die es nicht vermitteln?« (VG2, B1, 824)

Die LINKE hat zwar ein klar ausgewiesenes sozialpolitisches Profil, das sie attraktiv für die Lohnabhängigen macht, sie wird aber in anderen Bereichen als nicht konsensfähig angesehen, so etwa mit ihren außenpolitischen Positionen, wie folgendes Zitat zeigt:

> »Also jetzt rein für Arbeitnehmerrechte, da würde man sagen, müsste ich die Linke wählen. Da gibt es aber andere Sachen ... wie jetzt NATO und solche gesellschaftspolitischen Geschichten, wo ich dann sage, also nein, da komme ich nicht ran (...) geht nicht wirklich.« (VG1, B1, 699)

In einem Kreis von Befragten in Ostdeutschland haben wir die Einschätzung gehört, dass LINKE und AfD als Protestparteien gesehen werden, zwischen denen man hin und her pendelt, wenn man mit den Verhältnissen unzufrieden ist.

> »Es ist ja auch kein Wunder, dass die Wähler zwischen AfD und links hin und her tendieren und eben nicht zwischen CDU und AfD. Ich meine, dieses extreme Hin und Her, das sind die Leute, die einfach nur wollen, dass sich was ändert und der Überzeugung sind, dass die, die an der Macht sind, es nicht machen. Ich sage mal, die Lebensrealität widerspricht dem nicht grundsätzlich. Also auch ich habe das Gefühl, dass vieles von dem, was hier gemacht wird, von unseren Politikern nicht zum Wohl unseres Volkes ist. Und damit könnte man mir schon wegen dem Vokabular wieder rechts vorwerfen, aber das ist halt einfach so. Und das kommt auch bei den Leuten teilweise an. Sie verstehen es nicht, aber sie fühlen es.« (VG9, B2, 641)

Und es gab auch die Beobachtung, dass die LINKE ihren Status als Protestpartei inzwischen an die AfD verloren hat. Die LINKE sei nicht mehr attraktiv, weil sie an der Macht sei und Vertrauen verspielt habe. Welche Fehler sie dabei gemacht habe, blieb allerdings meist unklar. Protestwähler wählen heute eher AfD.

> »Ja, also ich merke schon oft, es schwingt aber trotzdem noch was anderes mit, so nach dem Motto: Eigentlich stimmt es schon, dass

> die AfD viel zu radikal ist. Aber wen soll man denn als Protestpartei noch wählen? Und ich denke, da hat auch die LINKE – ich bin selber Mitglied bei den Linken – wirklich einen Fehler gemacht, weil die sind ja eine Zeit lang als Protestpartei wahrgenommen worden. Aber den Status haben sie mittlerweile relativ gut verspielt. Und da merke ich dann schon bei den Leuten: Ja, aber wenn ich meinem Protest Ausdruck geben will, dann muss ich halt doch die wählen, obwohl sie bei manchen Sachen ja wirklich ein bisschen arg übertreiben.« (IG2, B2, 426)

Auf der anderen Seite wurde auch klares Unverständnis für solche Wechselwähler geäußert und darüber, dass man als Gewerkschafter überhaupt die Rechten wählen könne.

> »Und ich verstehe es aber auch nicht, warum jetzt einer ... also kann ich gar nicht nachvollziehen, warum einer, der vormals links gewählt hat und sich einigermaßen mit dem Programm auseinandergesetzt hat, jetzt die Rechten wählen kann. Also das ist für mich auch ... tut mir leid, auch Gewerkschafter, wenn die rechts wählen, ist für mich ein Rätsel. Ist mir unbegreiflich, kriege ich gar nicht auf die Kette. Ich wüsste sowieso nicht, warum ich rechts wählen sollte, davon jetzt noch mal ab, aber warum ich jetzt auf einmal wechsele, das ist für mich ganz unverständlich. Das verstehe ich nicht. Vielleicht bin ich nicht schlau genug.« (VG6, B, 786)

Es gibt in unserem Sample aber auch Mitglieder der LINKEN, die sich klar zu ihrer Partei bekennen und auch deren positive Rolle im Parteienspektrum sehen, insbesondere was die Positionierung gegenüber der SPD angeht.

> »Also meine Heimat ist ganz klar die Linke. Nicht nur, weil ich Parteimitglied bin, sondern weil ich auch Rat der Stadt bin. Also ich bin da zu Hause. Und ich glaube, die tut halt am meisten für Arbeitnehmer. Ja, auch die SPD fängt jetzt langsam an, wieder normal zu werden. Aber wäre die Linke nicht da gewesen, hätte die SPD nicht weiter nach links getrieben. Denn die ist erst wieder auf den Linkskurs geschossen, nachdem die Linken ein bisschen Erfolg hatten – ist so.« (VG6, B, 767)

6.5 Öffnung des politischen Feldes: die AfD als Adressat und Sprachrohr

Eine Mischung aus Ohnmacht und Wut bricht sich mit der AfD Bahn im politischen Raum. Die große Zahl der Zufluchtsuchenden aktivierte und verstärkte Ängste und Ressentiments. Mit den Geflüchteten wurde ein Sündenbock für die eigenen sozialen Nöte und Ängste gefunden. Während die »hart arbeitende Bevölkerung« im betrieblichen Alltag gegen den sozialen Abstieg und die Nichtanerkennung der eigenen Leistung ankämpft und auch in den anderen gesellschaftlichen Bereichen aufgrund der neoliberalen Austeritätspolitik mit Schlechterstellungen zurechtzukommen hat, würden die Flüchtlinge »gepusht ohne Ende«:

> »(...) die kriegen mit, oh, das sind aber sehr viele. Die kriegen mit, dass unsere Regierung gepennt hat und sich nicht darauf vorbereitet hat und die haben einfach ganz widerliche Angst, dass sie ihren eigentlich relativ guten Lebensstandard verlieren. (...) das sind ja nicht Leute, denen es wirklich schlecht geht. Also die haben ihr Häuschen und die sind dann halt in Sorge, dass da ein Asylantenheim daneben kommt oder so. Das sind für die die echten Probleme.« (VG8, B3, 599)

In Abgrenzung zu Geflüchteten, Asylanten usw. sieht man sich im Kreis der Zukurzgekommenen. Dabei nehmen einige eine Neuverortung vor: nicht mehr in der sozialen Auseinandersetzung zwischen Oben und Unten, sondern auf der horizontalen Ebene zwischen »uns« und »den anderen«. Dies verbindet sich mit Establishmentkritik. Was hier ein ums andere Mal zum Ausdruck kommt: Hinter der durch die Fluchtbewegung aktualisierten Ausländerfeindlichkeit steht der soziale Druck, dass sich die Verhältnisse ändern müssen. Ein Metall-Kollege bringt das folgendermaßen zum Ausdruck:

> »Und dann denken sich die deutschen Leute – zum Beispiel: ich bin ja auch Deutscher – ich habe die Schnauze voll! Ich wähle jetzt die AfD, dann wird sich was ändern. Wähle ich die SPD oder CDU, bleibt das Gleiche (...) die machen eh das Gleiche. Die anderen sind zu schwach und die AfD wird irgendwas verändern. So denken die. So kenne ich auch Leute bei mir in der Arbeit, die so denken.« (IG4, B, 314)

Mit dem Aufkommen von AfD und Pegida gerät das politische Feld in Bewegung, wird seine Blockade aufgelöst. Ein Mitglied eines Konzernbetriebsrats unterstreicht diesen Vorgang des Aufsprengens der politischen Blockierung:

> »Also mir gegenüber haben einzelne Kollegen schon bekannt, dass sie beim nächsten Mal die AfD wählen werden. Haben aber als Begründung immer die etablierten Parteien genannt. Ja, also da hat keiner gesagt, ich finde diesen rechten Rand gut oder in dem Zusammenhang, dass jemand sich zur AfD bekannt hat, wurde nie gesagt wegen der Flüchtlinge oder so. Dieser Zusammenhang wurde vermieden. Und das kann ich ja durchaus verstehen. Ich habe selbst die letzten zwei Mal ja auch in der Wahlkabine gestanden und habe mir die Frage gestellt: Wo machst du jetzt dein Kreuz? Also mich hat keine dieser Parteien angezogen. Ja, und das ist klar, aber das wurde wirklich damit begründet, dass die Altparteien ja nichts machen und die mal einen Denkzettel kriegen müssen.« (IG1, B4, 344)

Ein Befragter aus einer ostdeutschen Region beschreibt anschaulich den Prozess der Herausbildung von »Politikverdrossenheit«. Er selbst geht noch nicht den Weg des Protestwählers, sondern des Rückzugs in die privaten Nahverhältnisse. Aber zum elektoralen Protest wäre es kein großer Schritt mehr:

> »Auch dass diese Frustwelle, die einfach sagen, bin ich jetzt nicht für das Programm, aber ich sage mal, da horchen die vielleicht mal auf: Oh, oh, jetzt wählen die alle rechts – Scheiße. Wir müssen vielleicht doch mal was ändern, weil sonst haben wir hier nur noch die AfD, von der wir wissen, dass sie es nicht hinkriegt, aber das Volk sagt eben: Ihr kriegt es nicht hin, die kriegen es vielleicht auch nicht hin, aber denen geben wir jetzt eine Chance, weil ihr habt es ja schon jahrelang gemacht und ihr habt es auch nicht hingekriegt. Und ihr gebt uns auch nie das Vertrauen, dass ihr das auch jemals schaffen werdet, weil ihr euch eher noch mehr mit euren Lobbyverbänden zusammentut und noch mehr gegen uns was macht. (...) und ich gehöre langsam auch zu dieser Fraktion, naja, ich bin ja erst 27, aber gehöre auch zu den jungen Politikverdrossenen, einfach weil ich mir sage, was von dort noch kommt, das ist immer das Gleiche. Dann heißt es mal wieder, Merkel weg, und dann bleibt sie doch wieder an der Macht (...) und dann sagt man sich irgendwann, macht euren Scheiß alleine! Macht nicht alles kaputt, aber macht euren Scheiß alleine, weil man einfach ... Ja, man

> sagt sich dann auch, kümmere ich mich hier um die Arbeit oder die Familie.« (VG9, B6, 651)

Die erzwungene Öffnung und Veränderung des politischen Feldes erfolgt als Protest gegen bzw. Denkzettel für das politische Establishment. Es gibt aber auch Unterstützung für die rechtspopulistische Partei aus Überzeugung (s. Kapitel 2). Schon immer existierende rechtspopulistische Einstellungen und Mentalitäten begründen den Erfolg der AfD seit ihrer Gründung. Allerdings geriet die AfD wegen ihrer inneren Richtungsauseinandersetzungen schon in erhebliche Turbulenzen, als die starke Fluchtbewegung im Herbst 2015 ihr neues Leben einhauchte. Die fremdenfeindliche, islamophobische Ausrichtung der AfD erhielt dadurch weiteren Auftrieb. Daneben bleiben die Kritik am Establishment, die Europa-Kritik und die Ablehnung des Multikulturalismus zentral.

***

Unsere Gesprächspartner*innen berichten davon, dass auf der betrieblichen Ebene ein Resonanzboden für rechtspopulistische Anschauungen und Mentalitäten existiert. Die Erfahrung einer »Krise als Dauerzustand« und der Nichtanerkennung der eigenen Leistung, die den Selbstwert und die Würde verletzt, und die Unsicherheit auch in den anderen Lebensbereichen führen bei Teilen der Beschäftigten zu einer kritischen Beurteilung der gesamtgesellschaftlichen Zustände, vor allem zu einer Protesthaltung gegenüber »denen da oben«, den wirtschaftlichen und politischen Eliten, dem Establishment, die dafür verantwortlich gemacht werden. Die Flüchtlingsbewegung von 2015 wirkt dabei als Katalysator für die deutlich veränderte Stimmung in den Betrieben, mit offener zutage tretenden fremdenfeindlichen und Anti-Establishment-Haltungen und Mentalitäten. Mit der Gründung der AfD und dem Aufkommen von Pegida im Herbst 2014 – und verstärkt durch die Flüchtlingsbewegung – haben auch die den Verhältnissen in den Betrieben entspringende Wut und Unzufriedenheit in Zivilgesellschaft und politischem Raum einen externen Resonanzboden und Adressaten.

7. Mangelnde Reichweite gewerkschaftlicher Politik

In unserer Befragung werden Situationen und Handlungsfelder geschildert, in denen die Fluchtbewegung 2015/16 und Ausländerfeindlichkeit im Zentrum der Aktivierung rechtspopulistischer Ressentiments stehen. Dafür gibt es eine voranlaufende Entwicklung – deshalb haben wir die Fluchtbewegung als I-Punkt bezeichnet (Kapitel 2). Wir wissen aus den Interviews und Gruppengesprächen zudem, dass sich in den Vorurteilsstrukturen Verteilungsprobleme mit Blick auf die sozialstaatliche Versorgung, die öffentliche Infrastruktur, den Zustand des Gemeinwesens artikulieren. Arlie Russell Hochschild hat dafür das Bild der sozialen Warteschlange eingeführt, in der die seit langem für ihr Fortkommen Anstehenden nicht vorankommen, weil andere Gruppen – so die Vorurteilsstruktur – vor ihnen einrangiert werden. Schließlich kommt in unserer neuen Befragung eine weiter angewachsene Establishmentkritik (Kapitel 6) zum Ausdruck, die bei Teilen der Bevölkerung seit 2015 mit der AfD einen Adressaten gefunden hat, dem zugetraut wird, die versteinerten politischen Verhältnisse zum Tanzen zu bringen.

Das zentrale Ergebnis unserer Untersuchung sind jedoch die Befunde zur Entwicklung der betrieblichen Arbeitsverhältnisse, die wir in der Zuspitzungs-These zusammengefasst haben. Damit scheint sich unsere Ausgangsvermutung eines – neben anderen Entstehungsfaktoren – arbeitsweltlichen Nährbodens des Rechtspopulismus bestätigt zu haben. Unsere Befunde werden gestützt durch andere explorative Untersuchungen neueren Datums, die auf wachsende arbeitsweltliche Problemlagen verweisen. »In der Wahrnehmung der Befragten hat sich seit den [19]90er Jahren die reale Arbeitswelt immer weiter vom Ideal einer wünschenswerten Arbeitswelt und auch dessen, was man in Deutschland unter Lebensqualität versteht, entfernt. (...) Die Wahrnehmung der Entwicklung geht demnach von einer prinzipiell positiv erlebten Situation ohne Druck und Sorgen in der Vergangenheit hin zu einer heute ambivalenten Situation, die durch Druck, Risiko und Spaltung der Gesellschaft auf negativer Seite sowie durch Konzentration auf wirtschaftlichen Erfolg auf der positiven Seite beschrieben wird. Dabei überwiegen allerdings die negativen Aspekte« (Bundesministerium für Arbeit und Soziales 2016: 15).

Man kann die zeitliche Entgegensetzung, die in dieser Bewertung vorgenommen wird, als überzeichnet ansehen, als verklärte Erinnerung an Arbeit unter fordistischen Bedingungen: »ohne Druck und ohne Sorgen« war da wenig. Aber die »negativen Aspekte«, die wachsende Kluft zwischen Erwartungen und Negativerfahrungen, unterstreichen unsere These der arbeitsweltlichen Zuspitzung.

Natürlich stellt sich als erstes die Frage, warum diese betrieblichen Erfahrungen und daraus resultierende Unzufriedenheit nicht in einer Stärkung der Gewerkschaften münden. Die arbeitsweltlichen Problemlagen einschließlich der auffallenden systemischen Verletzung von Anerkennung und Würde der Arbeit sind Felder gewerkschaftlicher Politik par excellence. Warum führt die Suche nach Widerständigkeit, Protest und alternativen Lösungswegen dann nicht sehr viel stärker in Richtung einer progressiven gewerkschaftlichen Interessenvertretung? Anders gefragt: Wie hängen arbeitsweltliche Zuspitzung und Verschiebung des politischen Koordinatenkreuzes in Richtung Rechtspopulismus zusammen? Eine Schlüsselfrage, die wir im Rahmen unserer Studie nicht eindeutig beantworten können. Aber wir können Thesen formulieren, die möglicherweise Anstöße zur Klärung dieses Zusammenhangs liefern.

7.1 Arbeitswelt und die Vermittlung des Ressentiments

Umschlag des meritokratischen Versprechens

Mit der Zuspitzungsthese ist eine Vielfalt von Verhältnissen angesprochen: arbeitsweltliche Diskontinuität in einem globalen Wettbewerbsregime, rapider Strukturwandel unter der Maßgabe von Digitalisierung und Dekarbonisierung, Prekarisierung ehemals institutionell geschützter Arbeitsverhältnisse, die Entwertung der Qualifikationen, die Entgrenzung der Arbeit in flexibilisierten Zeitsystemen, steigender Leistungsdruck u.v.a.m. (Kapitel 4). Geschildert werden Erfahrungen, die u.a. als Kontrollverlust, Abstiegs- und Zukunftsängste beschrieben werden (Kapitel 5) – quer durch die verschiedenen Beschäftigtengruppen. »Intensivierung der Arbeit, Anreicherung mit außerfachlichen Tätigkeiten und Verlust von kontrollierbaren Leistungsmaßstäben ist ein Grundmuster, das sich in anderer Form nicht nur bei ArbeiterInnen, sondern auch bei kaufmännischen und technischen Angestellten und Führungskräften sowie in abgewandelter Form auch im Dienstleistungsbereich findet« (Dörre 2017: 185).

Die arbeitspolitischen Befunde, die auch als System permanenter Bewährungsproben (vgl. u.a. Boes/Bultemeier 2008) beschrieben werden, scheinen trotz mancher »Zufriedenheitsuntersuchung« (dazu kritisch Kapitel 4) eindeutig zu sein. Doch was folgt daraus? Mündet erfahrene Status- und Leistungsungerechtigkeit in eine Legitimationskrise des kapitalistischen Arbeitsregimes, die Einfallstore für rechtspopulistische Kritik öffnet?

Es gibt Deutungen, die dagegen sprechen. Ein als ungerecht empfundenes Leistungsregime verweigere sich einer übergreifenden Politisierung, weil es auf die je konkrete Arbeitssituation heruntergebrochen werde und in fragmentierten Arbeitsbezügen entsprechenden Vergleichsmöglichkeiten verlustig gehen (vgl. u.a. Menz 2017). Die daraus abgeleitete Zeitdiagnose lautet: »Erfolgsgesellschaft und betriebliche Marktökonomie werden derzeit von Gerechtigkeitsansprüchen weitgehend abgeschirmt – durch eine Einhegung der Ansprüche ins Lokale, durch ihre Befriedigung im Kleinen, durch ein Absinken der Vergleichsmaßstäbe, durch ihre Kompensation mit Rationalitätsprinzipien und durch Prozesse der Entlegitimierung« (ebd.: 206).

Unterschätzt wird hier, dass es nicht nur im engeren Sinn um die Abpressung höherer Arbeitsverausgabung geht, sondern dass mit Leistung immer auch eine soziale Kategorie angesprochen ist, die über das Austauschverhältnis und das darin möglicherweise verletzte Äquivalenzprinzip hinausgeht und eine Struktur der gesellschaftlichen Ordnung einschließt. Nicht Abstammung oder politische Privilegien, sondern auf Leistung gründendes Eigentum sollen den sozialen Status begründen – so das Freiheits- und Wohlstandsversprechen des Kapitalismus.[1] Die Erfahrungen, die wir in unseren Interviews und Gruppengesprächen eingesammelt haben, reflektieren die Widersprüche und Illusionen dieses Bilds des Kapitalismus als einer meritokratischen Ordnung. Trotz vermehrter Arbeitsleistung stellt sich keine Sicherheit der Erwerbsbiografie ein und auch kontinuierliche Weiterbildung schützt nicht vor rascher Entwertung des kulturellen (Bildungs-)Kapitals:

---

[1] Dass der Äquivalententausch der Warenbesitzer eine auf Aneignung von Mehrwert basierende Eigentumsordnung einschließt, macht zugleich den Klassencharakter und die Widersprüchlichkeit dieser meritokratischen Ordnung aus.

> »(…) ich mache alle Weiterbildungsangebote, die die Firma mir gibt, mit. Und ich habe trotzdem subjektiv das Gefühl, ich muss mich immer mehr abstrampeln, nur um mein jetziges Niveau noch halten zu können. Ich bin nicht derjenige, der auf dem aufsteigenden Ast sitzt, sondern ich kämpfe im Prinzip wie die Sau, damit ich nicht noch weiter abgleite.« (IG2, B4, 67)

Trotz »high performance« ist das Aufstiegsversprechen des Kapitalismus für stark angewachsene Teile der Bevölkerung gleichsam suspendiert und droht für die nachwachsende Generation gar in Abstiegsprozesse umzuschlagen.

Unsere Zuspitzungsthese beschreibt also nicht nur ein leistungspolitisches Regime im Überlastbereich, sondern in der weiteren Perspektive arbeitsgesellschaftliche Verhältnisse, deren Ordnungs- und Orientierungsrahmen gleichsam aus den Fugen geraten. Hier greift die Entlegitimierungsthese nicht mehr.

Berichtet wird von einer Zerstörung sozialer Beziehungen und des sozialen Gefüges. Der Verfall von Sicherheits-, Wohlstands- und Aufstiegsversprechen wird als »Entmenschlichung« erfahren.

> »Verdichtung ist nicht schneller arbeiten, sondern Verdichtung ist Entmenschlichung … Das heißt, ein soziales Gefüge, dass man sich morgens die Hand gegeben hat, gefragt hat, wie es einem geht, dass man zusammen einen Kaffee getrunken hat am Automaten, um sich gegenseitig aufzubauen, wenn man mal einen Durchhänger hat. Das ist zerstört worden. Es gibt zunehmend keine zusammenhängenden sozialen, realen Bedingungen mehr … Und das führt zu einer psychologischen Entwicklung, wo man merkt, hey, wo ist jetzt ›das Menschliche‹ bei einem zunehmenden Druck durch die Globalisierung?« (I2, B2, 268)

In der Zusetzung des betrieblichen Sozialgefüges wird ein Einfallstor für den Rechtspopulismus gesehen:

> »Und ich glaube, genau da – und jetzt meine ich nicht die Programmatik der AfD, sondern der Ansatz dieser Entwicklung – (…) mit starken populistischen Elementen – eine Mauer aufbauen, eines Schutzwalls –, das ist, glaube ich, die Psychologie, die dort wirkt und warum man dann auch greift in der Sache, es geht eigentlich um Entwicklungen aufgrund der Verteilungskämpfe zwischen Kapital und Ar-

beit. Und die Antwort ist hier von der AfD, vom Rechtspopulismus, ist, eine Mauer aufbauen.« (ebd.)

Der Rechtspopulismus kommt hier als Sicherheits- und Ordnungsversprechen ins Spiel (»Mauer«, »Schutzwall«). Durch Abschottung wird gleichsam ein neuer Ordnungsrahmen imaginiert, der eine Perspektiverweiterung und -veränderung beinhaltet: Anstelle oder neben die vertikale Ebene des Kapital-Arbeit-Gegensatzes findet eine Aufwertung des Insider-Outsider-Gegensatzes auf der horizontalen Ebene statt. Die Erosion der meritokratischen Ordnung wird ergänzt bzw. übergeleitet in eine neue Ordnung des Ausschlusses.

Meritokratie bezeichnet nicht nur ein arbeitspolitisches Leistungsregime, sondern schließt die gesellschaftliche Regulation des ökonomischen Lebens mit ein. Erst durch gesetzliche und institutionell gesicherte Regelungen, wozu vor allem der Tarifvertrag und die Arbeits(schutz)gesetzgebung zählt, und schließlich die Herausbildung eines Wohlfahrtsstaates können dem Kapitalismus Sicherheits- und Wohlfahrtsleistungen abgerungen werden. Neben den institutionellen Machtressourcen der Gewerkschaften ist der Staatseingriff Teil einer meritokratischen Ordnung (was im deutschen Sozialversicherungssystem mit dem Äquivalenzprinzip stärker als in anderen Systemen zum Tragen kommt). De-Legitimierung erfolgt somit maßgeblich auch durch jene Entfremdung gegenüber dem politischen System, die wir in Kapitel 6 nachgezeichnet haben.

Vom gescheiterten Individualisierungsversprechen zu einer neuen Kollektividentität

Die Erosion der meritokratischen Ordnung ist eine Erfahrung, die Individualisierungsversprechen prekär werden lässt. Der Neoliberalismus hatte noch das Versprechen des Kapitalismus als soziale Utopie reaktiviert: »Leistung muss sich wieder lohnen« – »Jeder ist seines Glückes Schmied«; Dezentralisierung, flachere Hierarchien, Aufqualifizierung wurden als Impulse höherer Produktivität entdeckt. Die Grundlage hierfür ist einerseits real: Ein System indirekter Steuerung fordert von den Arbeitssubjekten Selbststeuerung. Doch der Rahmen für diese Subjektivierung der Arbeit ist ein System unerreichbarer Ziele mit unzureichenden Ressourcen. Die Konsequenzen werden jetzt erfahrbar.

Hilmer et al. stellen in ihrer Befragung den arbeitspolitischen Perspektivverlust des Individuums in den Mittelpunkt und sehen hierin einen zentralen Zugang des Rechtspopulismus: »Bei der Wahlentscheidung ist (..) weniger die objektive Erwerbssituation von Bedeutung, sondern vielmehr die Sorge um die Gestaltbarkeit der eigenen Erwerbsbiographie in der Zukunft.« (Hilmer et al. 2017: 47) Auch in unseren Interviews äußerten sich Gesprächsteilnehmer*innen in diese Richtung:

> »Also es sind – wie soll ich sagen – es sind Familienväter, die müssen ihre Kinder ernähren und kriegen das natürlich alles mit. Die gehen mit einem Unmut in die Arbeit rein und da wird mit Angst letztendlich, ja, da wird Angst geschürt, von wegen Arbeitsplatzsicherheit und so weiter. Ja, und diese Leute, da gibt es definitiv Leute, die auch gewerkschaftlich Mitglied sind, die AfD wählen, ja? Durch diese ganze Unsicherheit, die da auf diese einprasselt.« (IG1, B1, 66)

Die Erosion der »leistungsgesellschaftlichen Ordnung« macht den individuellen Zugriff auf die Erwerbsbiografie fragwürdig. Wo selbst enorme Bildungsanstrengungen, individuelle Arbeitsanstrengung und Flexibilität, also fortschreitende Selbstoptimierung, kein gesichertes Vorankommen mehr versprechen, kommt die individuelle Gestaltung nicht mehr vom Fleck. Das Versprechen des Neoliberalismus, die gesellschaftlichen Bande zu kappen und das Individuum ins Zentrum zu stellen – die soziale Utopie des Kapitalismus im Sinne Margaret Thatchers[2] – verheißt keine Zukunft mehr. Der Rechtspopulismus ist eine Gegenbewegung, nicht wie mitunter mit Blick auf Programmfragmente der AfD geschlussfolgert wird, ein Neoliberalismus in neuem Gewand. Er transportiert keine soziale Utopie der vereinzelten Einzelnen, sondern schöpft seine Kraft aus neuen Kollektividentitäten. Heitmeyer spricht dies im Kontext des »Vertrauenslust(es) in die Politik und (...) [des] Nicht-wahrgenommen-werden[s]« in der gesellschaftlichen und politischen (Elite-) Öffentlichkeit an: »Wer nicht wahrgenommen wird, ist ein Nichts. Darin liegt die Anziehungskraft populistischer und autoritärer Bewegungen. Meine These ist, dass viele der ›Pegida‹-Mitläufer gar nicht hinhören, was da auf dem Lautsprecherwagen gesagt wird, sondern dass das Wichtigste schlicht das Gemeinschaftsgefühl ist, der Eindruck, Teil einer großen Gruppe, eines Kollektivs, zu sein.« (Heitmeyer 2017: 13) Urban (2018: 5) hebt zu Recht hervor, dass die traditionelle Linke ein politisches Vakuum hat entstehen lassen: »Der traditionelle linke Sozialreformismus erscheint (...) weder fähig noch willens, dem Bedürf-

[2] »Es gibt keine Gesellschaft. Es gibt nur Individuen und Familien.«

nis nach einer zeitgemäßen Kollektividentität durch progressive Angebote zu entsprechen.« Der Rechtspopulismus tritt hingegen mit einem neuen Kollektivversprechen an. Seine Eliten »bieten über autoritäre, xenophobe und nationalistisch-sozialdarwinistische Deutungsangebote Orientierungen an und fangen über die Aufwertung verunsicherter Individuen zu Subjekten einer Bewegung leerlaufende Kollektividentitäts-Bedürfnisse auf.« (ebd.) Hier kommen Volk und Nationalismus ins Spiel, als – so Eric Hobsbawm – »Ersatz für Integrationsfaktoren in einer desintegrierenden Gesellschaft. Wenn die Gesellschaft zerfällt, erscheint die Nation als letzte Garantie«.

Geflüchtete – Widerspiegelung der eigenen Verletzbarkeit

Immer wieder wird die Erwartung geäußert, dass der Rechtspopulismus nach dem Abebben der Fluchtbewegung von der politischen Bühne wieder verschwinden wird. Indem wir diese als I-Punkt oder Katalysator bezeichnet haben, haben wir zum Ausdruck gebracht, dass wir diese Erwartungshaltung nicht teilen – die diversen Wahlen in Europa und der Erfolg der AfD bei der Bundestagswahl im September 2017 sprechen auch dagegen. Die Fluchtbewegung fokussiert und komprimiert soziale Ängste, die durch sie nicht erst entstanden sind, sondern andere Nährböden haben. Zygmunt Bauman spricht (im Anschluss an Brecht) von den »Boten des Unglücks«, die »den Zusammenbruch einer Ordnung [verkörpern] (...), die ihre Bindekraft verloren hat. (...) Diese Nomaden (...) erinnern uns auf irritierende, ärgerliche und erschreckende Weise an die (unheilbare?) Verwundbarkeit unserer eigenen Stellung und an die endemische Zerbrechlichkeit unseres hart erarbeiteten Wohlstands« (Bauman 2016: 20f.). Wir können das konkretisieren: Es ist die »Leistungsgesellschaft«, die in den hochentwickelten Ländern an Integrations- und Bindekraft eingebüßt hat, was die kollektive und individuelle »Verwundbarkeit« der systemisch unsicheren Position der Lohnarbeit verstärkt. Aber eben nicht nur das: Damit findet zugleich eine Übersetzung sozialer Problemlagen in kulturelle Identitätssuche statt: »Die (bei rechten politischen Bewegungen oft ganz oben auf der Agenda stehende) Zuwanderungsdebatte ist ja ein Paradebeispiel für die Übersetzung von Fragen der ökonomischen Souveränität in Fragen der kulturellen Souveränität.« (Appadurai 2017: 32) Zudem sind wir in unserer Befragung mehrfach auf die Kritik gestoßen, dass die Verteilungsverhältnisse, deren Ungleichheit wohl bekannt ist, sich ein weiteres Mal durch eine Sekundärverteilung zugunsten von Geflüchteten negativ entwickeln würden (das Bild der »Schlange«). Hier findet die Wut, die wir in unseren Untersuchungen zum »Krisenbewusstsein« beschrieben haben, einen Adressaten.

Demokratieverlust und Solidaritätszerfall

Die These der arbeitspolitischen Zuspitzung schließt die Erosion zweier, dem Rechtspopulismus entgegenwirkender Ressourcen ein: Demokratie und Solidarität. Damit ist nicht nur eine – um mit Robert Castel zu sprechen – weit fortgeschrittene Zerstörung des Arbeitsstatuts i.S. rechtlich und tariflich geregelter Arbeit gemeint. Hierzu gehört, so zeigt unsere Befragung, eine betriebliche und gewerkschaftliche Interessenvertretung, die erfahrbar der Zuspitzung der arbeitsweltlichen Problemlagen entgegentritt, während umgekehrt deren Fehlen als offener Raum für das Eindringen rechtspopulistischer Deutungs- und Interessenvertretungsangebote beschrieben wird (s. Kapitel 3). Hilmer et al. (2017: 48) kommen in ihrer Befragung zu einem gegenteiligen Befund: »Die Tatsache, ob es in dem Betrieb einen Betriebsrat gibt, hat für alle Befragten keinen signifikanten Effekt auf die Entscheidung, AfD zu wählen – ebenso wenig wie die Frage, ob das Arbeitsverhältnis den Bestimmungen eines Tarifvertrages unterliegt.« Die Erfahrungen in ostdeutschen Regionen, die teilweise als gewerkschaftliche Diaspora geschildert werden, wie auch die Kontroversen in Betriebsräten und gewerkschaftlichen Geschäftsstellen darüber, ob und wenn ja wie offensiv die Auseinandersetzung mit dem Rechtspopulismus geführt werden sollte, sprechen unseres Erachtens dagegen. Doch zweifelsohne: Hier ist weitere Forschung erforderlich.

»Demokratie ist (...) jene gesellschaftliche Lebensform, die sich nicht von selbst herstellt, sondern gelernt werden muss.« (Negt 2010: 174) Die sich aus diversen Quellen speisende Herausbildung eines »autoritären Kapitalismus« (Deppe 2013) entleert den Betrieb als Lernort, der er zuvor auch nur in homöopathischer Dosierung war. »Demokratiekrise« sollte deshalb nicht nur als Postdemokratisierung des politischen Systems, sondern auch als weitgehende Suspendierung einer Politik der Demokratisierung der Arbeit gefasst werden. Berichtet wird immer wieder von einer Arbeitswelt, die enthumanisiert und entdemokratisiert ist. Wo dies nicht durch ein autoritär auftretendes Management erfolgt, geschieht dies durch Marktsteuerung, denn »der Markt« kennt weder Aushandlungsprozesse noch Solidareinheiten, die mehr als den Charakter von Wettbewerbsgemeinschaften haben. Die Arbeitswelt ist damit auch im Hinblick auf systemisch schwache Gegenmachtressourcen ein Nährboden für den Rechtspopulismus.

Die Vermittlungsebenen sind allerdings komplexer als eine einfache Analogie von autoritärer Herrschaft im Betrieb und dem Erstarken rechtspopulistischer Tendenzen. Die treten nämlich nicht als antidemokratische, sondern als mehr unmittelbare Demokratie einklagende Kräfte auf. Auch unsere Befragung bestätigt den Befund von Dörre u.a.: »Typisch für rechtspopulistische Alltagsphilosophien ist nicht mehr die Abwertung, sondern die offensive Vereinnahmung von Demokratie. Alle befragten Betriebsratsmitglieder mit Affinität zum Rechtspopulismus plädieren für mehr direkte Demokratie, weil sie überzeugt sind, auf diese Weise ihre Position besser durchsetzen zu können.« (Dörre 2018: 15)

Resümierend sei noch einmal betont, dass es keinen Automatismus gibt – das Pendel schlägt nicht zwangsläufig nach Rechtsaußen. Doch die Erosion des meritokratischen Ordnungsgefüges, das starke Hervortreten ihrer systemimmanenten Widersprüche – selbstverständlich nicht für alle Beschäftigtengruppen – schafft ein Regime der Unsicherheit, in dem alte kollektive und individuelle Identitäten brüchig und zugleich Gegenmachtressourcen geschwächt werden.[3] Was wir als arbeitsweltlichen Nährboden des Rechtspopulismus bezeichnen, beschreibt somit nicht nur verschiedene Defekte im kapitalistischen System der Organisation und Verausgabung von Arbeitskraft und der Aneignung von Arbeitsleistung, sondern verweist auf dessen Zerbrechlichkeit und Erosion.

---

3 »Der rechte Populismus floriert, weil die Welt der arbeitenden Schichten vom Konzernkapitalismus zerstört und von den kulturell fortgeschrittenen Eliten entwertet wurde, nachdem diese ihre intellektuellen und politischen Energien seit den achtziger Jahren auf sexuelle und kulturelle Minderheiten konzentrierten, was zu erbitterten *culture wars* führte. Und als die Welt der arbeitenden Schichten erst einmal zerstört und ignoriert worden war, ließ sie sich durch das Versprechen verlorener rassistischer, religiöser und ethnischer Privilegien wiederherstellen.« (Illouz 2017: 114)

7.2 Fortgeschrittene Erosion von gewerkschaftlicher Gegenmacht

Die Erosion des arbeitsweltlichen Ordnungssystems ist die eine Seite des Nährbodens für den Rechtspopulismus, die Schwächung der politischen und gewerkschaftlichen Gegenmacht die andere.

Die Distanz zum politischen Feld, zu den parlamentarischen Institutionen ist im Vergleich zu unseren früheren Befragungen weiter gewachsen. Die Befragten sehen ihre Interessen von den gebeutelten früheren »Volksparteien« immer weniger vertreten: Das was auf der europäischen Bühne sichtbar wird – der Bedeutungsverlust der traditionellen Parteien –, trifft auch für den Alltag in den Betrieben zu. Sie fühlen sich mit ihren Sorgen allein gelassen. Daraus entwickeln sich Zorn und Wut auf die politischen Repräsentanten. Doch die Erosion geht weiter: Aus der Distanz zur Politik entwickelt sich eine Anti-Establishment-Haltung. Das Misstrauen in die überkommenen Strukturen demokratischer Willensbildung und ihrer Institutionen hat sich verstärkt. Es wird durch ein »wir hier unten« – der einfache, hart arbeitende Mann – gegen »die da oben« – die Eliten, die Politiker, die Medien (»Lügenpresse«) oder schlicht »das System« – ausgedrückt.

»Wir gehören zum Establishment«

Die Wut, auf die wir in dieser und in vorangegangenen Befragungen gestoßen sind, hat im politischen Establishment – das in rechtsextremen Zusammenhängen in sogenannten Systemparteien verortet wird – einen Adressaten gefunden. Wir waren in den Befragungen wiederholt darauf gestoßen, dass Gewerkschaften dem nicht zugerechnet werden; stattdessen hieß es: »Sie sind das einzige, was wir noch haben.« Doch hier droht nicht nur im Kleinen, sondern bei längst nicht mehr zu ignorierenden Teilen der Beschäftigten eine folgenschwere Einstellungsänderung. Ein Rechtspopulismus, der sich der sozialen Frage annimmt und damit auf die wohlfahrtsstaatlichen und betrieblichen Terrains vorrückt, könnte die Erosion gewerkschaftlicher Macht verstärken. »Den Gewerkschaften kann in ihren Zentralarenen und den Bastionen ihrer Organisationsmacht, den Betrieben und Arbeitsstätten, schnell eine höchst gefährliche Konkurrenz erwachsen. Da sich viele der Krisendynamiken in den Betrieben bündeln, ist ihre Aufwertung in der rechtspopulistischen Agitation durchaus konsequent. Zu beobachten sind bekennende Kandidat*innen oder eigene Listen bei Betriebs- und Personalratswahlen oder rechtspopulistische Politikangebote bei betrieblichen Konflikten. Sie sollen offenbar als Einstiegsevents in der Betriebspolitik oder als Profilierungsfelder bereits präsenter rechter Akteure dienen.« (Urban 2018: 7)

Ein zentraler Profilierungsansatz rechter Organisationsansätze in Betrieben besteht darin, Gewerkschaften und betriebliche Interessenvertreter als abgehobenes, eigensüchtiges Establishment zu diffamieren. Der Begriff oder das Verständnis von »Establishment« wird gleichermaßen macht- wie interessenpolitisch verstanden – als die den »Interessen des Volkes« gegenüberstehende Seite. Gewerkschaften dieser Seite zuzuschlagen, kann auf verschiedenen Pfaden erfolgen, unterliegend ist aber in jedem Fall eine interessenspolitische Entfremdung. Eine Gewerkschaftssekretärin beschreibt das folgendermaßen:

> »(...) dass wir sozusagen genauso unter Beschuss stehen, was so eine Elitefeindlichkeit betrifft wie Parteien und Institutionen. (...) Also es gibt ja so eine Stimmung im Betrieb, ah, da kommt wieder der Gewerkschaftssekretär und der hat keine Ahnung, die vom Vorstand haben keine Ahnung und der Betriebsratsvorsitzende hat keine Ahnung. ... Und wenn das ein Element ist, was die Rechten als Angebot drin haben, dann wird es uns auch treffen.« (B5, 687)

»Keine Ahnung« ist Ausdruck der Entfremdung: Man sieht seine gewachsenen Probleme im Arbeitsalltag nicht mehr, wie man es für nötig erachtet, wahrgenommen und vertreten. Es entsteht auch im interessenpolitischen Zusammenhang ein Innen- und Außenverhältnis:

> »Es könnte schon sein, dass große Betriebsratsgremien auch zum Establishment sozusagen assoziiert werden und gesagt wird, okay, wenn man selber seine persönliche Situation als nicht gesichert empfindet, wie auch immer – prekär oder abstiegsbedroht, oder, oder –, dann sind natürlich diese Betriebsratsfürsten, die relativ in einer gesicherten Situation sind, natürlich sind die dann auch Establishment. Und dann ist eben auch so ein Betriebsratsfürst natürlich sehr schnell auch einer, wo man dann dagegen sein muss, weil er dann nicht mehr unsere wirklichen Interessen sieht und formuliert. Also das kann schon sein (...).« (B4, B, 192)

Diese Wahrnehmung entwickelt einen grundsätzlichen Vorbehalt gegenüber Repräsentativverhältnissen; gefordert wird eine unmittelbare interessenspolitische Rückbindung:

> »Ich bin sicher, in vielen Betrieben trifft das, wenn du das richtig umbaust, genau auf ein Gegenteil zu sagen, also die Betriebsräte, die vertreten doch nicht mehr eure Interessen, sind doch Co-Manager, die wissen doch gar nicht, was hier unten los ist. Und das kann nicht sein, dass wenn die einmal gewählt sind, dann vier Jahre dran sind. Wenn die Scheiße bauen, müssen wir auch mal nach zwei Jahren die loswerden können. Da bin ich sicher, dass die [Rechtspopulisten] da Punkte machen bei einer Reihe von Leuten im Betrieb.« (I3, 877)

Hier erweitert sich die Kritik auf die institutionelle Ebene. Das Betriebsverfassungsgesetz, die Institution des Betriebsrats und in der Verlängerung die Institution der Gewerkschaft und die korporatistische Struktur der Selbstverwaltung des Sozialstaats steht im Fokus der Kritik. Einem gordischen Knoten gleich müssten »die Verhältnisse« durchschlagen werden:

> »Und man traut es einem bestehenden demokratischen System nicht mehr zu, weil die Globalisierung viel zu weit fortgeschritten ist und weil man zu ohnmächtig da drin ist. Und man greift erst recht auf so Plattitüden und sagt, hey, das Establishment, und dazu gehört ihr als Gewerkschaften, schafft es nicht, man braucht jetzt wirklich solche Leute wie Trump, die Mauern aufbauen, die Dekrete erlassen. Ob das jetzt juristisch haltbar ist oder nicht, ist wurscht. Die einfach mit dem bestehenden Weg brechen.« (I2, B2, 287)

Schließlich findet eine Reproduktion und Verstärkung der Establishment-Kritik auf symbolischer Ebene statt:

> »Ja, da müssen wir höllisch aufpassen, dass wir nicht so wahrgenommen werden. (...) Ja, da ist einer, der ist Verhandlungsführer, der rennt da mit einer Krawatte rum mit den anderen und verhandelt da, und dann kommt der am Schluss und macht irgendeinen Kompromiss, was weniger war, als wir gefordert haben.« (I1, 394)

Wenn Kompromisse nicht mehr als interessenpolitisch akzeptables Ergebnis anerkannt werden, sondern als Ausdruck von Schwäche wahrgenommen werden, dann führt das zu einem Glaubwürdigkeitsverlust, der bei Teilen der Beschäftigten dazu führt, dass auch Betriebsräte zum Establishment gezählt werden.

Die Schwäche wird vor allem in jenen Handlungsfeldern sichtbar, in denen um die interessenpolitische Anerkennung von Betriebsräten oder

Tarifverträgen gekämpft wird. Dazu eine sehr selbstkritische Sichtweise eines IG Metall-Funktionärs in Ostdeutschland:

> »Früher sind Tarifverträge gemacht worden, um Gesetze zu verbessern. Momentan machen wir Tarifverträge, um Gesetze zu verschlechtern. Also im abgestimmten Bereich, wo man sich erhofft, dass dadurch die Tarifbindung gestärkt wird. Ist doch alles hanebüchen! Mit Tarifverträgen das Mindestlohngesetz außer Kraft zu schießen, mit dem Tarifvertrag das neue Leiharbeitsgesetz außer Kraft zu schießen, ist doch alles Scheiße. So, wenn das nicht Establishment like ist, dann weiß ich es nicht.« (I3, 856)

Die Brisanz der Establishment-Kritik ist unseren Interview- und Diskussionspartnern also bekannt – ihre Warnungen, Gewerkschaften haben dem konsequent interessenpolitisch, symbolisch, kommunikativ entgegen zu wirken, sind eindringlich.

Doch wie soll man entgegenhalten? Einer unser gewerkschaftlichen Interviewpartner brachte es auf den Punkt: »Wir gehören zum Establishment«. Damit wollte er zum Ausdruck bringen: Gewerkschaften verhandeln mit Management, Unternehmerverbänden, Kommunen, Landes- und Bundesregierungen – wenn es irgend möglich ist, nicht in einer subalternen Position, sondern möglichst wie es oft heißt: »auf gleicher Augenhöhe«. Das ist ja auch gewollt – mit schwachen Gewerkschaften, die man nicht wahrnehmen muss, ist niemandem gedient. Selbstverständlich gibt es eine symbolische Seite des Problems: vom Dress-Code bis zu anderen Distinktionsmerkmalen des Habitus. Doch ist letztlich klar, was gemeint ist: Der Interessenbezug muss eindeutig sein.

Doch das Dilemma bleibt – zumal in einem korporatistischen Institutionensystem, das nicht nur wichtige Machtressourcen eröffnet, sondern eben auch vereinnahmt. Es ist folglich nicht einfach, rechtspopulistische Establishmentkritik auf dem Feld der Gewerkschaftspolitik einfach ins Leere laufen zu lassen.

»Bestandssicherung« ohne wirksame Veränderung

In den Interviews und Gruppengesprächen wird verschiedentlich ein Grundproblem benannt, bei dem die Machtressourcen und die Reichweite gewerkschaftlicher Politik entscheidende Rollen spielen:

> »Also, der Betrieb ist das Entscheidende, der Arbeitsplatz ist das Wichtige. (...) Aber in der Mehrheit unserer Betriebe, da haben wir

> noch nicht mal ... Vertrauensleutewahl. Die Zahl der Betriebe, in denen gewählt wird, geht immer mehr bergab.« (B3, 337)

»... der Arbeitsplatz ist das Wichtige« ist zu verstehen im Sinne der Existenzbedrohung bei Verlust des Arbeitsplatzes, aber auch der Angst, damit eigene Entwicklungsperspektiven zu verlieren. Während die individuelle Selbstständigkeit und Selbstverantwortlichkeit in der Arbeit (Subjektivierung) höher denn je in der Entwicklung des Kapitalismus sein dürfte, nehmen die Möglichkeiten, die eigene Erwerbsbiografie zu gestalten und die eigene Leistungsfähigkeit zu sichern, nahezu in allen Bereichen ab. *Beides* hat die Zentralität der Arbeit im Alltagsleben noch einmal verstärkt. Man könnte mit Castel von einer Gleichzeitigkeit von negativer und positiver Individualisierung sprechen (Castel 2000: 401ff.).[4] Diese aufgewertete »Welt der Arbeit« wird demokratisch entleert. Der rückläufige Anteil der Betriebe, in denen Vertrauensleute und Betriebsräte gewählt werden, ist der sichtbarste Ausdruck, ebenso wie Praxen des union bashing. Hinzu kommen der Rückgang der Tarifbindung und damit der ausgehandelten Arbeitsbedingungen und -beziehungen. Es kommt zu Erfahrungen gewerkschaftlicher Machtlosigkeit:

> »Die Leute haben die IG Metall erlebt nach der Wende, die machtlos war. Da sind Arbeitsplätze zu Hunderttausenden weggebrochen und die IG Metall konnte nichts daran ändern. Das war eine machtlose Organisation. Und diese Frage, was macht eigentlich die IG Metall aus? Nichts war da am Anfang da. Das war genau das Gegenteil – was ist denn das für ein Haufen? Die kriegen ja nichts hin.« (I3, 783)

Doch die »weißen Flächen« der Industriegewerkschaft im Osten lassen sich auch im Westen und auch bei der Dienstleistungsgewerkschaft ver.di finden. Die Schwächung gewerkschaftlicher Kampfkraft und ihres institutionellen Einflusses sind nach drei Jahrzehnten neoliberalen Rollbacks offenkundig.

Der zweite Punkt der »Reichweite« geht über die Schranken der Mobilisierung von Organisationsmacht hinaus und betrifft die innere Erosion der institutionellen Machtressourcen. In einer »Krise ist immer«-Konstellation wird das Auseinanderlaufen einer aufgewerteten Zentralität der Arbeit und der Erosion demokratischer Regulierung noch

[4] Angesprochen ist damit das scheinbare Paradoxon, dass Individualisierung einer zunehmenden Vergesellschaftung bedarf. Anders gesagt: Subjektivierung hat starke gesellschaftliche Voraussetzungen.

zugespitzt durch die Erfahrung von Systemschranken und die damit verbundene Ohnmacht (Hintergrund dessen, was wir in vorhergehenden Untersuchungen *adressatenlose* Wut genannt hatten).

Ein Beispiel, das in all unseren Gruppengesprächen auftaucht, ist die Hilflosigkeit gegenüber der systematischen Überforderung durch eine marktorientierte Leistungspolitik, der Betriebsräte und Gewerkschaften nichts entgegenzusetzen haben. Der Betriebsrat und die Gewerkschaft haben keinen Einfluss auf die Leistungsbemessung, sondern nur auf die Arbeitszeit. Die Beschäftigten müssen und wollen ihr Pensum schaffen – eine vielfach beschriebene widersprüchliche Konstellation. Eine ver.di-Betriebsrätin berichtet:

> »Ja, aber auf die [Leistungs]Bemessung hat der Betriebsrat keinerlei Einfluss (...) wir haben nur Einfluss auf die Arbeitszeit. Ich habe immer geredet wie ein Wasserfall: Guckt auf euren Dienstplan, macht nur das, was ihr machen müsst, und brecht dann ab. Alte Zusteller, die gewohnt waren, immer ihre Tour zu schaffen, für die ist das ja nicht so, dass der Bezirk zu groß ist, dass sie das nicht schaffen, sondern das liegt an mir. Ich kann das nicht mehr schaffen. (...) Und dann gehen die vielfach aus dieser sogenannten Ist-Zeit raus, um eben den Druck nicht zu haben. Sie laufen bis abends 6 Uhr, nur damit sie den Bezirk schaffen.« (VG6, B, 587)

Auch in Betrieben der Metallindustrie steht die Leistungsfrage in der betrieblichen Problemhierarchie an erster Stelle. Auch dort ist der Einfluss von Betriebsräten und Gewerkschaft auf die Leistungspolitik gering. Gleichzeitig wird immer wieder versucht, über die Stellschraube Arbeitszeit in das Leistungsgeschehen einzugreifen. Ein von uns befragter IG Metall-Funktionär sieht die Chancen skeptisch:

> »(...) bei den Leistungsgeschichten, da sind wir ohne Antwort. (...) Wir thematisieren das über Arbeitszeit und über psychische Krankheiten. Das sind die Sachen, mit denen wir an die Leistung rangehen. Weil du hast jetzt auch in den Bereichen immer mehr Leute, die Burnout haben. (...) Du hast Abteilungen, wo die Leute 80 Überstunden machen. Das heißt, die arbeiten statt 35 dann 55 Stunden (...). Und da musst du einfach sagen, hier müssen wir einen Mechanismus haben. Und das finde ich auch schade an unserer Arbeitszeitdiskussion, dass sie an dem Punkt nicht ansetzt ... Also die Leistungspolitik ist uns völlig aus dem Ruder gelaufen.« (B1, 953)

Ein Kollege, der bei einer Bank arbeitet und dort Betriebsrat ist, kommt nach der Schilderung der Arbeitsbedingungen auch auf das »Reichweiten-Problem« der Interessenvertretung zu sprechen:

> »Als ver.di und Gewerkschaft versuchen wir dagegenzuhalten, was geht. Aber man stößt halt da auch an die Grenzen des Machbaren oft (...).
>
> Interviewer_in: Also auch der Betriebsrat ist mehr oder weniger hilflos?
>
> Ja, man kann die Kollegen schützen, dass die halt nicht noch mehr Überstunden machen müssen, oder dass sie nicht von A nach B versetzt werden können. Wir machen alles, was gesetzlich machbar ist. Aber man ändert halt leider an dem Grundproblem nichts, dass man zu wenig Personal hat.« (VG1, B6, 426)

Das Grundproblem: Ohne Zugriff auf die betriebliche Personalpolitik in quantitativer wie qualitativer Hinsicht, also die Personalausstattung wie die Arbeitsorganisation, bleiben die uns in den Interviews und Gesprächen geschilderten Problemlagen, wenn auch abgemildert (was keinesfalls geringzuschätzen ist), aber dennoch weiterhin existent. Weder auf die Sicherheit des Arbeitsplatzes noch auf die Leistungsbedingungen des Großteils der Beschäftigten haben Gewerkschaften nachhaltigen Einfluss – selbst dort nicht, wo Tarifverträge als Regulierungsinstrument noch anerkannt sind und respektiert werden. Ein Ausweg aus dieser ohnmächtigen Situation ist im gegebenen System der Interessenpolitik nicht mehr möglich. Oder wie es ein Kollege formuliert:

> »Die Gewerkschaftsarbeit ist ja mehr die Arbeit der Bestandssicherung, damit es nicht noch schlechter wird. Und das kann man den Leuten eben auch nicht gut vermitteln, dass das eigentlich die Hauptaufgabe ist mittlerweile, damit das alles nicht noch schlechter wird.« (IG1, B2, 751)

Aber auch das fällt schwerer – wovon die Zuspitzung der arbeitsweltlichen Verhältnisse zeugt. Wie sieht die Zukunft aus: mit weiterem Leistungsdruck, beschleunigter Rationalisierung, verstärktem Druckpotenzial aus globalen Wertschöpfungs- und Logistikketten und Benchmarks für einen sich ebenfalls globalisierenden Dienstleistungssektor? Die Antwort kann nicht mehr nur lauten: Minimierung der Risiken bei Optimierung der Chancen. Der herkömmliche gewerkschaftliche Reformismus funktioniert immer weniger.

»Anfangen, mal wieder das Große zu denken«

Was wir über den Arbeitsalltag geschildert bekommen, signalisiert eine Verschärfung arbeitsweltlicher Problemlagen, die mit einem »weiter so« bisheriger Politik nicht mehr erfolgversprechend zu bearbeiten ist. Das sorgt bei einem Teil der Hauptamtlichen für Unruhe und resultiert in dem Verlangen, eine Neuverständigung über die zentralen Gegenwarts- und Zukunftsprobleme herbeizuführen. Exemplarisch für diese Strömung ist folgende Äußerung:

> »Also ich habe zumindest in meiner Ausbildung auch '84 mit Eintritt in die IG Metall sehr stark in einem Diskursfeld gearbeitet und bin da drin groß geworden, wo es darum geht, es geht um einen Kampf innerhalb eines Lohnsystems, aber es muss auch im gewerkschaftlichen Diskurs etabliert sein, eine darüber hinausgehende Debatte zu führen. Und ich glaube, genau dieses zweite Element, das nehme ich zurzeit nicht wahr. Und ich glaube, das nehmen auch unsere Kumpelinen und Kumpels nicht wahr, und wir bräuchten es. Wir bräuchten aber, glaube ich, ein Diskursfeld, wo wir sagen, wenn wir mit diesem Kapital-Arbeit, mit diesem Prinzip der Erwerbsarbeit in die Zukunft gucken, dann müssen wir deren Grenzen aufzeigen und dann müssen wir auch der Notwendigkeit, eigene programmatische Vorstellungen entwickeln, was darüber hinaus an Zukunft gestaltbar ist.« (I2, B2, 447)

Dem unterliegen die massiven Erfahrungen arbeitsweltlicher Nöte, die Erfahrung von Systemschranken in einem über Belastungsgrenzen hinaus schießenden Leistungsregime, wie auch Zukunftsängste angesichts neuer bevorstehender Rationalisierungsschübe. Der »systemische« Gehalt kam in unseren früheren Untersuchungen in der »adressatenlosen Wut« ebenso zum Ausdruck wie im »heimatlosen Antikapitalismus«, mit dem Klaus Dörre eine Schicht des »Gesellschaftsbildes« der Lohnabhängigen bezeichnet hatte:

> »Naja, also ich bin schon fest davon überzeugt, dass wir als Gewerkschaften anfangen müssen, mal wieder das Große zu denken.« (I4, 899)

Allerdings: Diese Zeitdiagnose ist umstritten. Dagegen steht die Forderung nach politischer Zurückhaltung und Konzentration der gewerkschaftlichen Arbeit auf sogenannte Kernfelder.

> »(...) es gibt durchaus auch so eine Debatte oder eine Selbstbeschränkung eines Sekretärs, dass er in der Betriebsversammlung bestimmte Dinge nicht sagt, die man eigentlich in einer Betriebsversammlung als Gewerkschafter sagen müsste. Wir sind vorsichtiger geworden. (...)« (B3, 534).

In einem anderen Zusammenhang (damals ging es um die Durchsetzung der 35-Stunden-Woche) wurden die Strategievarianten als »Überwinterung« vs. »Überleben« bezeichnet. »Überwinterung« einer Serviceorganisation, die Legitimation durch entsprechenden Output – sprich Lohnsteigerung – erzeugt; »Überleben« als eine soziale Kraft mit politischem Mandat, die in Betrieb, Gesellschaft und Staat einen umfassenden Interessenvertretungsanspruch verfolgt.

Auf Abstiegs- und Zukunftsängste müssen Antworten gegeben werden, die letztlich auch vor Systemschranken nicht Halt machen dürfen. Das wird auch von den befragten Kolleginnen und Kollegen gefordert: In Alternativen denken, die über das Bestehende hinausgehen. Ein Beispiel:

> »Das heißt also, die Wertschöpfung aus dem Unternehmen, wo wir sind, bleibt nicht in der Region, sondern wandert ab. Wenn ich jetzt also in der Lage bin, aus einer Schließung von 800 Leuten, durchaus mit Ingenieuren, mit Meistern und, und, und, eine Neugründung hinkriege, die dann die Wertschöpfung vor Ort mir lassen und damit auch das Interesse vor Ort, Arbeitsplätze zu erhalten, wäre vielleicht der richtigere Weg. Ich bin da nicht weit gekommen! Gewerkschaftlich. Also es ist ein gewerkschaftliches Problem. Aber vielleicht müssten wir gewerkschaftlich mal anders anfangen zu denken. Nicht die Abwicklung, die Abfindung ist das Entscheidende, sondern wie erhalte ich Arbeitsplätze vor Ort?« (IG2, B5, 708)

Alternativen denken und Alternativen ausprobieren – das könnte man auf viele andere Themen übertragen. Aber das setzt voraus, dass man alternative Ansätze auch mit einer systemkritischen Perspektive verbindet, um nicht von vorneherein immer gleich von dem Kriterium der Machbarkeit erschlagen zu werden. Das ist auch deswegen notwendig, weil sich in der rechten Argumentation und in rechten Strategien durchaus systemkritische Elemente finden, auf die Linke und Gewerkschaften eine Antwort finden müssen:

> »Ich meine, das muss uns ja alarmieren als Gewerkschafter, wenn die das als gesellschaftliche Widerstandsform entdecken ... weil das eigentlich unsere Welt gewesen ist früher. Und manchmal habe ich das Gefühl, wir leben in so einer Form von Sprachlosigkeit, dass all die Kritik an gesellschaftlichen Verhältnissen auf einmal ganz ruhig wird bei uns. Und das wundert mich, weil die Kritik an gesellschaftlichen Verhältnissen, die die Kolleginnen und Kollegen formulieren, die sind ja richtig. Das ist jetzt eine radikale Gesellschaftskritik von rechts, die beantworten wir jetzt gerade nicht durch eine radikale Gesellschaftskritik von links. Da ist ein Maß an Sprachlosigkeit, die ich nicht verstehe.« (I4*, 369)*

Die Neue Rechte greift Protest gegen Abstiegs- und Zukunftsängste auf und kann die Unzufriedenheit und Wut in Teilen für sich mobilisieren. Protest im Sinne öffentlich wahrnehmbarer Kritik und Widerständigkeit sollte aber auch Kennzeichen der Gewerkschaft sein. Das wird innerorganisatorisch – wohl mehrheitlich – umstritten sein, aber Systemkritik müsste auch im öffentlichen Auftritt erkennbar sein.

8. Fazit: »Man muss sich dieser Realität stellen«

Nicht nur bei Wahlen in Deutschland haben Lohnabhängige teilweise überdurchschnittlich ihre Stimme rechtspopulistischen Parteien gegeben. Auch gewerkschaftlich organisierte Beschäftigte haben zu deren Wahlerfolgen beigetragen. Nun ist die Erkenntnis nicht neu, dass Gewerkschaftsmitglieder nicht immun gegen rechtsextreme Einstellungen und Orientierungen sind. Das wurde in den letzten zwei Jahrzehnten immer wieder diskutiert. Eine gängige Antwort lautet, dass auch Gewerkschaften »ein Spiegel der bundesrepublikanischen Gesellschaft« seien.

Der bundesweite Erfolg der AfD hat die politische Situation in der Republik verändert und die Bedrohungen von rechts deutlich vergrößert. Damit wurde eine »Repräsentationslücke« im Parteiensystem mit einer modernen Rechtspartei völkisch-nationalistischer Ausrichtung[1] geschlossen. Die immer wieder beschworene Firewall eines antifaschistischen Kollektivgedächtnisses gegen rechtspopulistische und rechtsextreme Parteien wurde durchbrochen. Die politische Maxime, dass es jenseits der Christdemokratie keine starken rechtspopulistischen Kräfte geben dürfe, gilt nicht mehr. In den ostdeutschen Bundesländern ist die AfD eine Großpartei, die stärker ist als LINKE und SPD; in Sachsen wurde sie mit 27% bei der Bundestagswahl 2017 die stärkste Kraft, in den anderen ostdeutschen Bundesländern nimmt sie Platz zwei des Parteiensystems ein. Dies hat bundesweit den offen rechtsradikalen Flügel gestärkt, der in den ostdeutschen Landesverbänden die Partei dominiert.

Die Wahl, Sympathieerklärung mit oder gar Mitgliedschaft in einer rechtspopulistischen Organisation ist kein Tabu mehr. Und aus den Betrieben wird berichtet, dass seit dem Einzug der AfD in die Landesparlamente und den Bundestag gleichsam eine »Normalisierung« im Verhältnis zur Neuen Rechten stattgefunden hat.

Vor diesem Hintergrund stellt sich auch für die Gewerkschaften die drängende Frage, ob die bisherigen Einschätzungen zu den Ursachen des

---

1 Vgl. dazu Hajo Funke: »Eine durch und durch radikale Partei«, Interview im Handelsblatt vom 1.12.2017.

Rechtspopulismus und die strategischen Antworten ausreichend sind. Reicht die bisherige »Spiegelbildthese« noch aus oder gibt es im betrieblichen und gewerkschaftlichen Kontext spezifische Gründe dafür, dass rechtspopulistische Orientierungen auch hier eine Verbreitung erfahren? Mehr noch: Gibt es möglicherweise eine arbeitsweltliche »Grundströmung«, ohne die die soziale Verankerung und auch politische Dynamik des Rechtspopulismus nicht zu erklären wären?

Das war die Ausgangsfrage unserer Untersuchung. Die »arbeitsweltliche Spurensuche«, auf die wir uns begeben haben, hat einiges zutage gefördert, was unsere Vermutungen über einen arbeitsweltlichen Nährboden des Rechtspopulismus bestätigt. Wir haben es dabei mit einem komplexen Wirkungszusammenhang zu tun. Trotz wirtschaftlichem Aufschwung und gestiegenen Beschäftigtenzahlen hat nicht nur die soziale Ungleichheit in der Gesellschaft zugenommen; zugleich ist in den Betrieben eine Entwicklung zu beobachten, die wir als arbeitspolitische Zuspitzung bezeichnen. Hier sehen wir einen Nährboden für wachsende Unzufriedenheit und die Verfestigung »immenser Wut« (Illouz 2017), die auch eine zunehmende Distanz zum politischen »Establishment« zum Ausdruck bringt.

Gleichzeitig hat die Fluchtbewegung 2015 von »außen« kommend als »Katalysator« gewirkt, der zum einen schon länger vorhandenes rechtspopulistisches Gedankengut nach »oben gespült« (Enttabuisierung) und so einen Schuldigen (»die Anderen«) in den Blick gerückt hat. Zum anderen ist mit der AfD und ihren Wahlerfolgen (Entdiabolisierung) ein Akteur auf den Plan getreten, der sowohl ein Adressat für Protest ist als auch ein Bezugspunkt für enttäuschte kollektive Zugehörigkeitsbedürfnisse.

Wenn unsere Befunde zutreffend sind, dass es spezifische arbeitsweltliche Potenziale rechtspopulistischer Orientierungen gibt, dann kommen den Gewerkschaften herausgehobene, nicht ersetzbare Aufgaben im Kampf gegen völkische, antidemokratische und menschenfeindliche Einstellungen und Aktivitäten zu. Wenn es nicht mehr »nur« um die zivilgesellschaftliche Bekämpfung des Rassismus geht, sondern auch um das »Trockenlegen« seines Nährbodens in den Betrieben, dann sind das Herausforderungen, die im ureigensten arbeitspolitischen Feld der Gewerkschaften liegen.

Fassen wir unsere Befunde zusammen:

Der »Auftritt« des Rechtspopulismus in den Betrieben

Unsere Untersuchung hat ein differenziertes Bild über den »Auftritt« des Rechtspopulismus in den Betrieben geliefert. Die von uns Befragten berichten von einem breiten Spektrum, in dem der Rechtspopulismus im Betrieb sichtbar wird. Es reicht von der vorsichtigen Äußerung von Befürchtungen und Ängsten gegenüber Geflüchteten, über deutlich fremdenfeindliche und rassistische Statements im Betrieb oder in den sozialen Medien bis zu offenen AfD-Aktivitäten und zur Infiltration der betrieblichen Interessenvertretung.

Fluchtbewegung als Dammbruch: Enttabuisierung rechter Meinungsäußerungen

Durchgängig ist von einer »Klimaveränderung« die Rede, die mit der Fluchtbewegung 2015 einsetzt. Was an rechter Orientierung bei manchen schon immer vorhanden war, wird jetzt offener gezeigt und ausgesprochen. Die Aussagen gegenüber den Geflüchteten folgen meist einer einfachen Argumentation: »Die nehmen uns was weg.« In dieser fremdenfeindlichen Haltung wird ein Alltagsrassismus sichtbar, bei dem die Übergänge von provokanten, aber nicht fest im rechten Ressentiment verankerten Äußerungen bis zu verbalen rechtsradikalen Stigmatisierungen und Ausgrenzungen fließend sind.

Hier deutet sich eine folgenreiche, für den Rechtspopulismus charakteristische Verkehrung an: Die sozialen Auseinandersetzungen werden nicht mehr auf einer vertikalen Konfliktachse zwischen »Oben« und »Unten« – klassenanalytisch zwischen Kapital und Lohnarbeit – verortet, sondern auf einer horizontalen Ebene: »Wir« gegen »die anderen«. Hier liegt eine Grundlage dafür, das sozial gleichsam entleerte »Wir« neu aufzuladen: nationalistisch, ethnisch, kulturell.

Ressentimentgeladene Kommunikation in sozialen Medien

Es werden über die sozialen Medien rechtspopulistische Texte, Bilder und Meinungen verbreitet, die auf der Alltagebene der betrieblichen Kommunikation nicht sichtbar werden oder eben nur am Rande auftauchen. Aktuellen Studien zufolge sind es besonders die Anhänger*innen der AfD, die sich bevorzugt aus den sozialen Medien informieren und sie zur Kommunikation nutzen.

Die AfD hat im Vergleich mit allen anderen Parteien mit Abstand die meisten Follower bei Facebook. Im Betrieb werden diese Medien aber auch deshalb genutzt, weil sie eine verdeckte, nicht öffentlich zugängliche Kommunikation erlauben.

Unterhalb der Folie einer scheinbar befriedeten betrieblichen Öffentlichkeit finden auf diese Weise Veränderungen statt, die, anstatt Entwarnung zu signalisieren, Alarmglocken in Bewegung setzen sollten. Und für die Gewerkschaften werden durch die aufscheinende rechte Netzwerkbildung in den gewerkschaftlichen Strukturen auch die Gefahren deutlich, auf die reagiert werden muss – nicht nur in einigen regionalen Bereichen in Ostdeutschland.

Migrantische Firewall und migrantische Rechte

Die Meinungen darüber, ob ein hoher Anteil von Beschäftigten mit Migrationshintergrund sich als Hemmschwelle gegenüber dem Rechtspopulismus auswirkt oder diesen eher fördert, sind geteilt. Einige unserer Gesprächspartner*innen vertraten die Meinung, dass eine multiethnisch geprägte Belegschaft gegenüber dem Rechtspopulismus eher gefeit ist, dass es gleichsam eine migrantische Firewall gegen fremdenfeindliche und rassistische Orientierungen in den Belegschaften gibt – zumindest in den westdeutschen Bundesländern. In unseren Gesprächen bestätigt sich die Wirkung einer Firewall durchaus. Dabei hat die betriebliche Mitbestimmung – bei aller machtpolitischen und demokratiepraktischen Begrenztheit – eine hohe Bedeutung für migrantische Beteiligung und deren Anerkennung.

Zum anderen lässt sich unabhängig von der Fluchtbewegung 2015/16 eine Verstärkung von rechtspopulistischen oder rechtsextremen Strömungen auch unter Migrant*innen beobachten. Berichtet wird von einer Re-Ethnisierung in verschiedenen migrantischen Gruppen, die zu zugespitzten Konflikten bis hin zu Ausgrenzungen und handgreiflichen politischen Spaltungen führen kann. Das mündet zum Teil in einer Unterstützung des deutschen Rechtspopulismus (wie uns im Fall einer Gruppe russischer Migrant*innen berichtet wurde), kann aber auch unabhängig davon zu kulturellen »Spaltungen« der migrantischen Communities in einer Bandbreite von nationalchauvinistischen bis rechtsextremen Orientierungen führen (hierfür fanden wir Beispiele in der türkischen Community).

Rechte Normalisierung – gesellschaftsfähiger Rassismus?

Hinweise auf Kolleg*innen, die AfD gewählt haben oder wählen wollen, werden oft ergänzt mit dem Verweis, dass diese das nur aus Protest tun. Manche Kolleg*innen äußern Verständnis für diese Protestwähler*innen, die manchmal auch Wechselwähler*innen zwischen links und rechts sind.

Es gibt aber auch Voten für die populistische Rechte aus Überzeugung. Entsprechende Bekenntnisse verbinden sich häufig mit der Relativierung: »AfD, Pegida etc. sind nicht mehr Nazi ...« Dabei bleibt offen, wieweit Sympathien und Affinität gehen.

Seit ihrem Einzug in die Parlamente gibt es eine »Normalisierung« in der Haltung zur AfD. Das hat Konsequenzen für die betrieblichen Auseinandersetzungen. Es gibt zwar immer noch eine Tabuisierung und Ächtung, aber Teile der Belegschaften fordern auch, dass sich ihre Interessenvertreter »neutral« verhalten. Die Ächtung wird als undemokratische Haltung kritisiert. Begründet wird dies zum Teil damit, dass die AfD eine zugelassene Partei auf dem Boden der Rechtsordnung ist. Kolleg*innen unterstützen diese Haltung, auch wenn sie den Anschauungen selbst noch fernstehen.

Zum Umgang der Gewerkschaften mit dem Rechtspopulismus

Wie reagieren und positionieren sich Gewerkschaften nun gegenüber dem Rechtspopulismus »auf ihrem Terrain«? Aus unseren Interviews mit hauptamtlichen Gewerkschaftsfunktionär*innen und Gruppengesprächen mit Mitgliedern und Ehrenamtlichen von IG Metall und ver.di ergeben sich vielfältige Umgangsweisen. Mehr »klare Kante« auch im Sinne der Ausgrenzung aus dem »demokratischen Dialog«, um den kulturell-politischen Bruch des Rechtspopulismus – gerade auch vor dem Hintergrund der deutschen Geschichte deutlich zu machen, oder mehr *dialogische Auseinandersetzung* im Sinne einer inhaltlich-programmatischen Bloßstellung der Neuen Rechten. Doch wo hört das populistische Ressentiment auf und wo fängt »Hetze« an? Diese Frage erschwert den Umgang mit den Anhängern der AfD innerhalb der Gewerkschaften. Unter ihnen finden sich Positionen, die von elitekritischen und national orientierten Positionen über nach wie vor neoliberale Auffassungen bis hin zu rechtsextremen Denkweisen reichen. Die Übergänge sind im Zweifelsfall fließend.

Rechter Protest und gewerkschaftliches Engagement

Rechter Protest und gewerkschaftliches Engagement schließen sich nicht zwangsläufig aus. So hat man es manchmal mit Kolleg*innen zu tun, die sich in der gewerkschaftlich-betrieblichen Interessenvertretung ebenso engagieren wie in der politischen Auseinandersetzung auf rechtsextremer Seite.

Die Paradoxie besteht darin, dass ein gewerkschaftlich-interessenpolitischer Aktivierungsansatz auch rechtspopulistische oder rechtsextreme Orientierungen anspricht. Dies sprengt die Logik eines interessenpolitischen Entweder-Oder. Wo Rechtspopulismus oder -extremismus in die Betriebe drängt und nicht sogleich mit einer antigewerkschaftlichen Attitüde daherkommt, wird er zu einem internen organisationspolitischen Problem.

Offene rechte Kritik und »Schweigekartell«

Es wird von einzelnen Aktivisten berichtet, die sich offen zur AfD bekennen und scharfe Kritik an betrieblichen Verhältnissen sowie Betriebsräten und Gewerkschaften üben. In der betrieblichen Öffentlichkeit – vor allem auf Betriebs- oder Personalversammlungen – sind zwei Formen der Konfrontation mit dem Rechtspopulismus zu beobachten: Zum einen tritt der Rechtspopulismus nicht, wie ihm aufgrund von Teilen seiner Programmatik vorgehalten wird, im neoliberalen Kostüm auf, sondern als rücksichtsloser Fürsprecher der »kleinen Leute« im Betrieb. Rechtspopulismus geriert sich als Stimme radikaler Kritik, die die Arbeit der Zuspitzung beherrscht, während der Betriebsrat als Teil des betrieblichen »Establishments« und damit eher der Kapitalseite zugehörig attackiert wird. Zum anderen wird von einer spürbaren Polarisierung berichtet, wenn auf Betriebsversammlungen Gewerkschaftssekretär*innen die Auseinandersetzung mit der Neuen Rechten zum Thema machen und dabei auf Ablehnung stoßen. Die kann sowohl als Schweigen als auch in Form von verbaler Kritik zum Ausdruck kommen. Ein Schweigekartell als verweigerte Zustimmung ist für aktive Betriebspolitik nicht weniger problematisch als offene Kritik. Jede/r Gewerkschaftsfunktionär*in wird es sich zweimal überlegen, ob und wie er/sie sich gegen Widerstände der Basis aufstellt, ohne sich zu isolieren.

Was tun, wenn die Mitglieder gehen?

Es gibt Fälle, in denen Gewerkschaftsmitglieder ihren Austritt erklären, weil die Gewerkschaft Geflüchtete unterstützt und gegen die Rechten mobilisiert. Es sind einzelne, aber auch Gruppen (z.B. im Fall Passau), die ausgetreten sind.

Die eindeutige Positionierung der Gewerkschaft gegen fremden- und demokratiefeindliche Anschauungen wird von Teilen der Belegschaften nicht geteilt. Das wird zum Teil mit der Forderung unterlegt, die Gewerkschaft solle sich auf ihr betriebliches »Kerngeschäft« konzentrieren und ihr politisches Engagement demgegenüber »in Grenzen halten«. Hier steht nicht rechte Kritik an der Gewerkschaft im Zentrum, sondern die wachsenden, nicht gelösten Probleme in der Arbeitswelt, die Anstoß sind, die politische Arbeit – auch in der Auseinandersetzung mit der neuen Rechten – zurückzufahren und die Grenzen des politischen Mandats stärker zu betonen. Diese Position kann sich jedoch weit nach rechts öffnen und ressentimentgeladene, z.T. offen ausländerfeindliche Positionen annehmen.

Die Austritte haben Konsequenzen für den Umgang mit den Rechten: Geht man noch mit Gewerkschaftsfahnen zu Anti-AfD-Demonstrationen? Soll man auf Betriebsversammlungen über Geflüchtete und AfD reden? Angst vor Mitgliederverlusten macht die Gewerkschaftsgliederungen – nicht nur in Ostdeutschland – vorsichtiger in ihrem Umgang mit Rechtspopulist*innen.

Rechte Betriebsräte und rechte Listen

Es wird befürchtet, dass die Betriebsratswahlen nicht flächendeckend, aber in einer Reihe von Betrieben und in spezifischen Regionen – in denen der politisch organisierte Rechtspopulismus stärker vertreten ist – zur Etablierung rechter Organisationsansätze und Interessenvertretungsstrukturen genutzt werden.

Mehrere befragte Gewerkschaftsfunktionär*innen äußern die Sorge, dass Vertreter*innen der Neuen Rechten nicht nur unerkannt auf Gewerkschaftslisten auftauchen, sondern auch mit eigenen Listen an den Start gehen. So nutzte das rechte »Zentrum Automobil«, das bereits mit vier Vertretern im Betriebsrat des Daimler-Werks in Stuttgart-Untertürkheim vertreten war, die Betriebsratswahlen 2018, um sich auch auf andere Werke des Unternehmens auszuweiten. »Erklärter Hauptfeind: die IG Metall. Deren ›linke Vorherrschaft‹ soll beendet werden.« (Stuttgarter Nachrichten, 27.1.2018)

Unsere Befragungsbefunde weisen darauf hin, dass die Neue Rechte auch bei den Wahlen zu den betrieblichen Interessenvertretungen erfolgreich sein kann.

Dem widerspricht nicht, dass sich nach Einschätzung der von uns Befragten bislang nur wenige Gewerkschaftsmitglieder, Vertrauensleute und Betriebsräte offen zur AfD bekennen. Der Betrieb ist zurzeit noch kein ausgewiesenes Handlungsfeld der AfD und Ansätze wie AIDA oder AVA sind eher von geringer Bedeutung in der Partei. Es gibt auch betriebliche Hürden für Aktivitäten der Rechten. Dazu gehören Belegschaften, betriebliche Interessenvertretung und Management, die ihre betriebsverfassungsrechtliche Aufgabe wahrnehmen und im Zweifelsfall auch Kündigungen herbeiführen.

Dennoch hat sich im Vorfeld der Betriebsratswahlen 2018 eine neue Vernetzungs-Plattform mit dem »Aktionsziel« formiert, Vertreter der Neuen Rechten in die Betriebsräte zu bringen. Es ist zu befürchten, dass zumindest Teile der AfD ihr Potenzial in den Betrieben entdecken und ihre Mobilisierungsansätze auch zu Erfolgen führen. Diese Gefahr wird umso größer, je stärker die Neue Rechte generell die soziale Frage und damit auch betriebliche Probleme aufgreift und so ein weit größeres Protestpotenzial erschließen kann. Chancen hätte sie, ein arbeitsweltlicher Nährboden ist vorhanden.

Betriebliche Zustände als Nährboden des Rechtspopulismus

Die Verhältnisse in den Betrieben haben sich im Vergleich zu unseren früheren Untersuchungen weiter zugespitzt. Der fortwährende Druck und die permanente Unsicherheit von Beschäftigung, Einkommen und Arbeitsbedingungen durch die beständige Restrukturierung der Abläufe im Betrieb – Aufspaltungen, Verlagerungen, Standortkonkurrenz, Kostensenkungsprogramme, zunehmender Leistungsdruck etc. – führen zur verstärkten Erfahrung von »Krise als Dauerzustand«, die subjektiv als Abstiegs- und Zukunftsängste, Kontrollverluste, aber auch als Abwertung und verweigerte Anerkennung verarbeitet werden. Das Gefühl, dass die eigene Leistung nicht mehr anerkannt wird, dass man nicht gerecht entlohnt wird, und die verweigerte Wertschätzung des persönlichen Engagements markieren im Vergleich zu den Ergebnissen unserer früheren Studien dabei eine neue Qualität. Hinzu kommt, dass die Solidarressourcen zur Bewältigung der Probleme eher weiter erodiert sind und nur partiell revitalisiert werden konnten. Die Ursachen für die Verschlechterung der sozialen Lage im Betrieb sind vielfältig.

Angst vor dem Verlust des Arbeitsplatzes

Trotz angeblich blendender Arbeitsmarktzahlen ist unter der Oberfläche die Angst um die Sicherheit des Arbeitsplatzes nicht verschwunden. Hintergrund sind die ständigen Umstrukturierungen in den Unternehmen: von den erwarteten Strukturveränderungen in der Automobil- und Automobilzulieferindustrie bis zu neuen Geschäftsmodellen bei Banken, Telekommunikations- und Logistikunternehmen – um einige der von uns einbezogenen Felder zu nennen. Entscheidend kommt hinzu: Der Blick in den Abgrund ist furchteinflößend, seitdem mit dem Hartz-IV-Regime soziale Auffangnetze eingerollt, Qualifikationen entwertet und Entgeltsicherungen kassiert wurden. Die Unsicherheit des Arbeitsplatzes verbindet sich mit gesellschaftlicher Unsicherheit zu einem explosiven politischen Gemisch und der Suche nach den Schuldigen.

Permanente Reorganisation – Unsicherheit und Unruhe

Die Verflüssigung von betrieblichen Organisationsstrukturen führt zu einer ständigen Unruhe in der Belegschaft, die Quelle von Angst und Orientierungslosigkeit sein kann. Im Zeichen der Digitalisierung ist »Agilität« das Stichwort: Alles muss immer agiler werden, d.h. selbst organisierter, flexibler, kurzfristig veränderbar und schneller. Vor allem bei älteren Beschäftigten entsteht mit der aktuellen und erwarteten Digitalisierung ein Gefühl der Überforderung: des »nicht mehr Mitkommens, des Abgehängtwerdens«. Die sozialen Folgen der digitalen Zukunft sind ungewiss: nicht nur, was die Auswirkungen auf die Arbeitsplätze und Tätigkeiten angeht, sondern auch die Möglichkeiten einer gewerkschaftlichen Interessenpolitik (z.B. bei einer Ausweitung von »Cloudworking«).

Prekarisierung

Teil der Reorganisation in Permanenz ist die Flexibilisierung von Beschäftigungsverhältnissen in Form von Leiharbeit, Befristung, Arbeit auf Abruf, Scheinselbständigkeit, Werkverträgen und »modernen« Formen des Crowd-/Cloud-Working. Rechtspopulismus ist zwar nicht auf dem Boden von Prekarisierung erwachsen, spielt aber im Gesamt der sozialen Lage eine wesentliche Rolle. Vor allem dann, wenn sich die flexiblen Beschäftigungsverhältnisse mit Niedriglöhnen und gebrochenen Berufskarrieren verbinden.

Die aktuellen Arbeitsmarktzahlen vermelden Höchstwerte für sozialversicherungspflichtige Beschäftigungsverhältnisse und verdecken den hohen Anteil von deregulierten Arbeitsverhältnissen. Die Diskussion über das Lohnniveau in unserer Befragung hat gezeigt, dass nicht nur die »Niedriglöhner*innen« Probleme haben, ihren Lebensunterhalt zu sichern, sondern dass auch gut qualifizierte »Normalverdiener*innen« damit zu kämpfen haben, einen auskömmlichen Lebensstandard zu erreichen – und vor allem: gesicherte Zukunftsperspektiven.

Leistungsdruck

Zentral und meist an vorderster Stelle in der Beschreibung der betrieblichen Arbeitssituation stehen der steigende Leistungsdruck und seine gesundheitlichen Folgen. Darüber wird durchgängig berichtet – quer durch alle Branchen und Betriebe – und das ist für sich genommen schon ein wichtiger Befund. Ein oft genannter Hintergrund des steigenden Leistungsdrucks ist die immer knappere Personalbesetzung in Relation zur Arbeitsmenge. Die gesundheitlichen Auswirkungen sind dann programmiert. In den Systemen der Leistungssteuerung sind unerreichbare Ziele zentraler Antreiber von steigendem Leistungsdruck. Diese Systeme finden sich teambezogen oder individualisiert vor allem in den Dienstleistungsbereichen (Banken, Telekommunikation, Logistik) und sind verknüpft mit aufwändigen Systemen der Leistungskontrolle (Monitoring, Dokumentation, Controlling u.ä.). Dahinter steht ein jeweils spezifisches Verhältnis von marktförmiger und hierarchischer Leistungssteuerung. In den Produktionsbetrieben wird steigender Leistungsdruck vor allem mit Bedrohungsszenarien (Standortverlagerung) und mit technisch-organisatorischen Veränderungen erzeugt.

Steigender Leistungsdruck erweist sich als ein charakteristisches Signum einer Zuspitzung der betrieblichen Arbeits- und Belastungssituation. Die Auswirkungen des steigenden Leistungsdrucks zeigen sich nicht nur in den Gesundheitsgefährdungen: Sie verstärken resignative politische Einstellungen, sich dagegen zu wehren. Die Ratlosigkeit der Betriebsräte und Gewerkschaften, diesem Druck mit wirksamen Maßnahmen entgegen zu treten, verstärkt diese Grundhaltung.

Zur subjektiven Verarbeitung der betrieblichen Zustände

Wir wollten von unseren Interviewpartner*innen wissen, wie ihre Kolleg*innen in den Betrieben mit den geschilderten Problemen umgehen: Stellen sie Überlegungen an, die eine Gegenwehr gegen die herrschenden betrieblichen Zustände ermöglichen, oder zeigen sich letztlich doch verstärkt resignative Tendenzen? Wir mussten feststellen, dass die Kolleg*innen überwiegend von Abstiegs- und Zukunftsängsten, von Kontrollverlusten und Abwertungserfahrungen beherrscht werden. Diese erzeugen Gefühle der Machtlosigkeit, aber auch der Wut. Möglichkeiten der Solidarisierung, die eine Verarbeitung dieser negativen Gefühle erleichtern würden und auch eine Voraussetzung für die Entwicklung von Gegenwehr sind, schwinden im Zuge der Leistungsintensivierung.

Regime der Unsicherheit erzeugt Abstiegs- und Zukunftsängste

Wenn wir von einer »Zuspitzung« arbeitsweltlicher Problemlagen sprechen, meinen wir nicht nur Arbeitsplatzgefährdung, Prekarisierung, Leistungsdruck u.ä. Wir meinen, dass damit zugleich ein betriebliches Ordnungssystem aus den Fugen gerät. Der Kapitalismus als Leistungssystem basiert auf einem Versprechen: Wer seine Arbeit gut und effektiv macht und sich dafür qualifiziert hat, die oder der erhält ein (relatives) Wohlstands- und Sicherheitsversprechen – und wenn es gut läuft, auch ein Aufstiegsversprechen. Das war, wenn man so will, die Grundlage der sozialpartnerschaftlichen Politik der Bundesrepublik. Unsere Beobachtung ist nun: Die Sicherheitsversprechen kommen unter die Räder eines Regimes der Unsicherheit. Hierin liegt nach unserem Dafürhalten der betrieblich-arbeitsweltliche Nährboden für rechtspopulistische Verarbeitungsformen. Selbst wenn man heute noch die Chance sieht, damit irgendwie zurechtzukommen, nimmt doch die Zukunftsunsicherheit immer mehr zu.

Das gilt nicht nur in den Bereichen prekärer Existenz, sondern zunehmend auch in den Feldern weitgehend abgesicherter Lohnarbeit. Das Regime der Unsicherheit macht sich– und für manche sehr viel mehr »unter die Haut gehend« – durch Anerkennungsentzug geltend. Man strengt sich an, gibt sein Bestes und wird mit Missachtung gestraft. Nur noch die »nackten Zahlen« gelten etwas, der Mensch und seine Arbeit sind abgeschrieben, berichten uns die Kolleg*innen.

Die Gestaltbarkeit der eigenen Erwerbsbiografie gerät ins Wanken

Die Beschäftigten haben überwiegend kein instrumentelles Arbeitsverständnis. Sie sind qualifiziert, wertschätzen ihre eigene Professionalität und die ihrer Kolleg*innen, sind interessiert, gute Arbeit zu leisten. Betriebliche Restrukturierungsprozesse werden dabei nicht an sich negativ bewertet, sie können auch als Herausforderung angenommen werden. Doch ob dies geschieht, hängt maßgeblich davon ab, dass die Veränderungen als transparent und bewältigbar erfahren werden und die Gestaltbarkeit der eigenen Erwerbsbiografie im betrieblichen Regime möglich erscheint.

Hier werden jedoch zunehmend Zweifel und Sorgen formuliert. Die Unternehmen steuern Arbeitsprozesse mit unbewältigbaren Anforderungen, mit leistungspolitischen und qualifikatorischen Zielvorgaben, die im Überlastbereich angesiedelt sind. Sie stellen nicht nur die entsprechenden zeitlichen und materiellen Ressourcen nicht ausreichend zur Verfügung, sondern auch immaterielle Ressourcen wie Anerkennung und Wertschätzung werden fragil, haben in zunehmend marktgesteuerten Arbeitsprozessen keinen Platz mehr. Dadurch kann die Kluft zu den betrieblichen Regimen, d.h. den Rahmenbedingungen, auf die hohes arbeitsinhaltliches Interesse stößt, noch wachsen, enttäuschte Erwartungen und Kontrollverluste können noch zunehmen.

Fehlende Anerkennung und Entsolidarisierung

Abstiegserfahrungen bzw. deren Antizipation und Ängste um die Zukunft fördern nicht zwangsläufig ein rechtes Bewusstsein. Es kommt immer noch darauf an, wie Menschen ihre betrieblichen Erfahrungen verarbeiten, insbesondere welche Ressourcen ihnen bei der Bewältigung von Belastungen und Risiken zur Verfügung stehen.

Nach den Berichten der von uns Befragten verlieren nicht nur Anerkennung und Wertschätzung an Bedeutung, sondern auch die Ressource Solidarität. Zwei Entwicklungen kommen dabei zusammen, die als Kulturwandel bezeichnet werden können: zum einen das abstrakte, über Zahlen vermittelte Primat der »Wirtschaftlichkeit« und »Effizienz«, hinter der die Qualität der Arbeit und die zugehörige Person verschwindet; zum anderen jene indirekten Steuerungsformen, in denen »der Markt« an die Stelle der hierarchischen Kommunikation tritt. Doch der Markt ist kein Modus, der Anerkennung generiert. Ebenso wenig stellt er Orte und Zeiten zur Verfügung, an denen Solidarität gelebt werden kann.

Verweigerte Anerkennung wird als Herabsetzung wahrgenommen. Die Degradierung fällt umso stärker aus, je mehr man bestrebt ist, trotz eines belastenden Arbeitsregimes den eigenen und den Unternehmensansprüchen gerecht zu werden.[2] Entsolidarisierung liefert eine Basis, auf der der vermeintliche oder reale Konkurrenzdruck wirksam gegen die Beschäftigten in Stellung gebracht werden kann. Eine wirksame Gegenmacht gegen die Zumutungen des Marktes durch einen kollektiven Zusammenschluss fällt so zunehmend schwerer.

Kontrollverluste – kumuliert im Osten der Republik

In unserer Untersuchung wurde deutlich: Die Arbeitswelt erzeugt in hohem Maße Unsicherheit – sei es durch möglichen Arbeitsplatzverlust, neue Anforderungen bei der Bewältigung (informations-)technologischer Veränderungen, betriebliche Restrukturierungen auch im Kontext von Globalisierungsprozessen (Outsourcing, Neuzuschnitt von Wertschöpfungsketten), grundlegende sektorale Veränderungen, wie sie beispielsweise Kolleg*innen in der Automobilindustrie gegenwärtig erleben. Diese Unsicherheiten werden als Kontrollverluste erfahren, die unterschiedliche Hintergründe haben: Entwertung von Qualifikation und Erfahrungswissen, Beschleunigung von Rationalisierungsprozessen mit unklaren Folgen, veränderten Formen der Unternehmenssteuerung. Auch wenn die Arbeit heute noch »geschafft« werden kann, muss dies für die Zukunft schon lange nicht mehr gelten. Vor allem verheißt die Projektion der verschiedenen Umbrüche auf alle Fälle eine Kumulation von immer schwieriger zu bewältigenden Anforderungen. Das Gefühl, sein »Schicksal nicht mehr selbst in der Hand zu haben«, macht sich breit.

Auch hier zeigt sich wieder eine Zuspitzung der Lage in vielen strukturschwachen Regionen in den ostdeutschen Bundesländern. Dort findet massive Problemkumulation statt. Die Probleme schlagen stärker auf, sei es, dass die Bedrohung durch Arbeitsplatzverlust höher ist oder dass fehlende Tarifbindung in vielen Betrieben nochmals verschlechterte Arbeitsbedingungen zur Folge hat. Zukunftsangst und Perspektivlosigkeit haben in Ostdeutschland eine spezifische Ausprägung: Die Nach-Wende-Zeit war geprägt durch Deindustrialisierung, Massenarbeitslosigkeit, massive Abwanderung und die Ausdünnung ganzer Lan-

[2] Zur ähnlich gelagerten Kategorie der »Würde« als Legitimationsanspruch vgl. Kratzer u.a. 2015: 98ff.

desteile. Dies ging einher mit der massiven Abwertung von Biografien und Lebensleistungen. Die weitere Deregulierung des Arbeitsmarkts und die massive Ausbreitung prekärer Beschäftigung haben diese Situation noch einmal deutlich verschärft. Bei den Befragten aus den neuen Bundesländern wird eine besondere Dimension einer subjektiv empfundenen Selbstwertverletzung sichtbar. Hinzu kommt, dass sie sich durch die Politik nicht ausreichend unterstützt fühlen und Gleichgültigkeit gegenüber ihren Problemen beklagen. Diese Verletzungserfahrungen und Abstiegssorgen sind ein Nährboden für Pegida und AfD.

Enttäuschung über die Politik – Einfallstor für den Rechtspopulismus

Ein teils kritisch-oppositioneller, teils resignativer Blick auf die politische Führungsebene prägt generell die Sichtweise in unserer Befragung. Die Beschäftigten fühlen sich mit ihren Sorgen allein gelassen. Vielfach entwickelt sich hieraus Zorn und Wut auf die politischen Repräsentanten. Diese »Repräsentationslücke« oder dieses Versagen der Politik ist ein Eintrittstor für Rechtspopulist*innen.

Die politische Vertretung von Arbeitnehmerinteressen – eine Leerstelle

Ein wachsender Teil der Befragten sieht seine Interessen durch die etablierten Parteien nicht mehr vertreten. Die politischen Interventionen der letzten Jahrzehnte werden überwiegend eingeordnet als Schlechterstellung der Position der Lohnabhängigen und ihrer Familien. Vorgeworfen wird dem politischen Establishment, die betrieblichen und sozialen Nöte der Arbeitnehmer*innen zu ignorieren. Vom Staat erwarten viele Beschäftigte keine regulierenden Eingriffe oder Lösungen mehr. Er wird nach einer drei Jahrzehnte umfassenden neokonservativ-neoliberalen Epoche als nicht mehr nur enteignete oder entfremdete, sondern vielfach feindliche Institution wahrgenommen: als der Staat »der anderen«. Besonders tief sitzt die Enttäuschung über die Sozialdemokratie, die sich von ihrem Anspruch, Interessenvertreterin der Lohnabhängigen zu sein, vollständig verabschiedet habe. Die gegen die Interessen der Lohnabhängigen gerichtete SPD-Politik (Agenda 2010) und die »herrschenden Eliten« generell werden zum Teil verantwortlich gemacht für das Entstehen von Pegida und AfD.

DIE LINKE hat zwar ein klar ausgewiesenes sozialpolitisches Profil, das sie attraktiv für die Lohnabhängigen macht, die Partei wird aber dennoch meist nicht als Alternative wahrgenommen. Ihren Status als Protestpartei hat sie mittlerweile an die AfD verloren. Welche Fehler sie dabei gemacht hat, bleibt unklar.

Verunsicherung auch über die Lebensverhältnisse außerhalb der Arbeit

Die Unsicherheit der Beschäftigten resultiert nicht nur aus den fehlenden oder mangelhaften Regulierungen auf der betrieblichen Ebene, sondern auch aus fehlenden politischen Interventionen in den außerbetrieblichen Lebensbereichen. Beispielhaft dafür werden die Gesundheitsversorgung, aber auch die Wohnungssituation und der Bildungsbereich angeführt, die durch die staatliche Sparpolitik heruntergewirtschaftet wurden. Dabei berichten unsere Gesprächspartner*innen auch darüber, dass der staatliche Kontrollverlust bei Teilen der Belegschaften in einen Zusammenhang mit der Fluchtbewegung, und zwar mit der völkischen Konnotation »Wir sind auch noch ein Volk hier im Land selbst«, gestellt wird. Motto: »Die kriegen es, und wir müssen darben.«

Neben der Gesundheitsversorgung ist für die eigene Lebenslage die Sorge um ein auskömmliches Alterseinkommen (Rente) zentral. Auch hier berichten Befragte, dass verunsicherte Kolleg*innen einen Zusammenhang zwischen zu schmalen Renten und der aktuellen Geflüchtetenpolitik herstellen.

Von der Distanz zur Politik zu einer Anti-Establishment-Haltung

Die Wut angesichts der »unbeweglichen« arbeitsweltlichen Zustände, die Verunsicherung auch über die Lebensverhältnisse außerhalb der Arbeit, führt zum Misstrauen in die überkommenen Strukturen demokratischer Willensbildung und ihrer Institutionen. Sie ist der Ausgangspunkt für eine Anti-Establishment-Haltung, durch die ein »wir hier unten« –, der einfache, hart arbeitende Mann – gegen »die da oben« – die Eliten, die Politiker, die Medien (»Lügenpresse«) oder schlicht »das System« – ausgedrückt wird. Die Verselbständigung der politischen Klasse ist bei vielen Gesprächsteilnehmer*innen ein Thema: »Die machen sowieso, was sie wollen«. Das politische Feld führe ein Eigenleben, auf das die »da unten« keinen Einfluss mehr haben. Der Enttäuschung über die Politik bzw. das Establishment unterliegt die Bewertung: Die Politik habe jeden Gestaltungsanspruch für die gesellschaftlichen Verhältnisse aufgegeben. Dazu gehört auch der Vorbehalt, die Politik stehe unter dem Einfluss von Partikularinteressen, sie sei nur mehr Spielball von mächtigen Unternehmensinteressen. Merkel und Co. hätten zwar die Banken gerettet und die Grenzen für Zufluchtsuchende geöffnet, aber für die »einfachen Leute« nichts gemacht.

Öffnung des politischen Feldes: die AfD als Adressat und Sprachrohr

Mit der Gründung der AfD und dem Aufkommen von Pegida im Herbst 2014 haben sich die politischen Verhältnisse stark verändert. Wut und Unzufriedenheit haben einen externen Resonanzboden und Adressaten gefunden, für deren Verstärkung die Fluchtbewegung im Herbst 2015 dann als Katalysator gewirkt hat. Auch in den Betrieben wurde mit den Geflüchteten ein Sündenbock für die eigenen sozialen Nöte und Ängste gefunden und mit der AfD ein Sprachrohr auf der politischen Ebene. Unsere Gesprächspartner berichten, dass es für die AfD »ein Leichtes« sei, sich zum Sprachrohr dieser enttäuschten und wütenden Kolleg*innen zu machen – »ob das dann überzeugte Wähler oder Protestwähler sind, sei jetzt mal dahingestellt«.

Machtlosigkeit oder politische Ohnmacht stehen nicht notwendigerweise im Zusammenhang mit besonders prekären Arbeits- und Lebensverhältnissen. Bei einem Teil der Beschäftigten steht – bei starker Verunsicherung über die weiteren Perspektiven gesellschaftlicher und individueller Entwicklung – das Gefühl der Benachteiligung im Vordergrund. Die etablierte Politik wird für ihre entfremdete Lebenswirklichkeit verantwortlich gemacht. Die soziale Schere geht immer weiter auseinander; der Arbeitsdruck steigt, die Einkommen stagnieren und die Lebensbereiche außerhalb der Arbeit sind von Mangelsituationen bestimmt. Und jetzt soll man auch noch mit den Geflüchteten teilen. »Für mich als Deutschen gibt es halt weniger als jemand, der mit so einem Hintergrund da zu uns nach Deutschland kommt«. Die Fluchtbewegung und ihre Folgen werden umgedeutet in eine Spaltung, bei der eine selbstbezogene Elite »das Volk« verrät.

Gewerkschaften mit systemkritischem Mandat

Die sich bis in das politische Feld auswirkenden arbeitsweltlichen Erschütterungen werden als Kontrollverluste und Zukunftsängste erfahren. Alte betriebliche Ordnungssysteme sind entgrenzt und entwertet, ohne dass hinter Flexibilität und Agilität ein neuer Ordnungsrahmen erkennbar wird. Es sind insbesondere vier Erfahrungszusammenhänge, die den Eindruck eines nahezu anomischen Zustands heraufbeschwören:

a) Die Parallelentwicklung von wachsendem Leistungsdruck und abnehmender Sicherheit lässt das Aufstiegs- und Wohlfahrtsversprechen des Kapitalismus als einer auf Leistung basierenden (meritokratischen) Ordnung erodieren; hier bietet der Rechtspopulismus neue Sicherheits- und Ordnungsversprechen an.
b) Wo die Gestaltbarkeit der beruflichen Biografie durch Qualifikation und Leistung infrage gestellt ist, werden Individualisierungsversprechen – gleichsam die soziale Utopie des neoliberalen Kapitalismus – prekär; der Rechtspopulismus stellt hierzu eine Gegenbewegung dar, die neue Kollektividentität verspricht.
c) Die Fluchtbewegung 2015/16 ist geradezu ein Reflektor der sozialen Ängste im Innern der deutschen Gesellschaft; Geflüchtete spiegeln die Verwundbarkeit der eigenen sozialen Stellung und die Zerbrechlichkeit des erarbeiteten Wohlstands und sind im »Schreckensbild« des »Islamismus« zugleich Projektionsfläche aufgestauter Wut.
d) Zentrale Gegenmachtressourcen wie Solidarität und Demokratie erodieren in einer marktgesteuerten, renditegetriebenen Arbeitswelt; Fragmentierung und soziale Spaltung prägen das gesellschaftliche und arbeitsweltliche Leben in den mittleren Lagen in Form von Abstiegsängsten und im sozialen Unten durch Existenzsorgen; wo aber Gegenwehr geschwächt ist, muss der Rechtspopulismus nicht zwangsläufig stark sein, um sich ausbreiten zu können.

Die Zuspitzung der arbeitsweltlichen Verhältnisse ist die eine Seite des Nährbodens des Rechtspopulismus, die Schwächung politischer, zivilgesellschaftlicher und – für das arbeitspolitische Regime zentral – gewerkschaftlicher Gegenmacht die andere. Der Rechtspopulismus verstärkt dies, indem seine Vertreter*innen Gewerkschaften als Teil des »Establishments« attackieren; dabei wird die Schwächung der betrieblichen Interessenvertretung und Gewerkschaft – sei es auf der arbeits- oder tarifpolitischen Ebene – teilweise als intentionales Handeln dargestellt: man mache mit der Gegenseite so seine Geschäfte auf Kosten der »kleinen Leute«.

Für Gewerkschaften steckt hierin ein grundlegendes Problem: Die Regulierung der Verkaufs- und Nutzungsbedingungen der Arbeitskraft im kapitalistischen Systemzusammenhang fällt schwerer angesichts geschwächter gewerkschaftliche Machtressourcen, sodass die Abwehr von Verschlechterungen mitunter schon als »Erfolg« erscheint, während Problemlösungen – und damit die Minimierung von Kontrollverlusten und Zukunftsängsten – über Systemschranken hinausweisen.

Wenn der Rechtspopulismus – wie Klaus Dörre es formuliert – auch »eine Bewegung gegen die Zumutungen des Marktes« ist, »die von Lohnabhängigen getragen wird und bei Arbeitern und Arbeitslosen auf überdurchschnittliche Zustimmung stößt«, dann muss der Umgang mit dem Rechtspopulismus zu einer tiefergehenden Auseinandersetzung mit den Zumutungen des Marktes führen. Damit sind die Gewerkschaften in doppelter Weise gefordert: Stärkung von Organisationsmacht und politischem Mandat auf der einen Seite und eine arbeitspolitische Neuausrichtung, die an den Defiziten der gegenwärtigen Reformpolitik ansetzt, auf der anderen. Nur so können sie die Schutzfunktion für alle Schattierungen der Lohnabhängigen – Beschäftigte, Arbeitslose, prekär und qualifiziert Beschäftigte, Migrant*innen etc. – stärken und damit ein »Gegengift« herstellen gegen das mit Ressentiments unterlegte Sicherheitsversprechen der Rechten. Darin ist bereits angelegt: Solidarität in der Klasse erfahrbar machen – gegen Stigmatisierung, Abwertung, Rassismus und Ausgrenzung.

Anhang

Gewerkschaftsaustritte – wegen Mobilisierung gegen Rechts

Als die Flüchtlingsbewegung nach Europa im Herbst 2015 ihren Höhepunkt erreichte, war die niederbayerische Stadt Passau der Flaschenhals. Zwei Drittel der über 900.000 Flüchtlinge mussten die Grenze dort, aus Österreich kommend, passieren.

> »Massive Polizeipräsenz« beherrschte die Szene, »es gab keinen Meter Straße mehr, an dem nicht ein Polizeiauto zu sehen war«,

erinnert sich unser gewerkschaftlicher Gesprächspartner (I5, 335).

Dunkle Uniform, Maschinengewehr im Anschlag, »martialisch« wirkte das. Hier begann sich, seiner Einschätzung nach, das politische Klima zu verändern:

> »(...) da hat es Klick gemacht. Und wir haben uns dann selber hinterfragt, vor was müssen wir Angst haben, dass wir diesen Schutz brauchen? Das war genau das, glaube ich auch, was Seehofer wollte.« (344)

»Refugees welcome« hieß es in weiten Teilen der Bevölkerung, bis in die Reihen von CSU-Repräsentant*innen hinein. Zunächst herrschten auch auf dem Passauer Hauptbahnhof – wie andernorts im Bundesgebiet – chaotische Zustände:

> »(...) nichts zu Trinken da, nichts zu Essen da, keine Wolldecken, wenn es kühler war (...).« (195)

Doch die Willkommenskultur überwand das Chaos, verwandelte logistische Probleme in freundliche Anekdoten:

> »In den Möbelhäusern waren keine Decken mehr da. Es gibt diesen MöMax Laden, und die haben irgendwie immer eine Decke für 1,50 Euro, und die haben aus ganz Deutschland die nach Passau gekarrt, und die waren immer ausverkauft. Und man sah die Menschen tatsächlich in diesen MöMax grünen und roten Decken in den Bussen sitzen. Das waren alles die Decken, die die in Passau am Bahnhof bekommen haben. ... Also die Bereitschaft der Bevölkerung war großartigst.« (213)

Dann kam der 31. Oktober 2015. Die Alternative für Deutschland (AfD) hatte bayernweit mobilisiert. 1.300 Anhänger machten sich auf den Weg nach Passau, um gegen die Flüchtlingspolitik der Bundesregierung zu protestieren und den Rücktritt der Bundeskanzlerin zu fordern – Deutschlandfahnen schwenkend, die Nationalhymne singend, bekannte Rechtsradikale einschließlich der »Bandidos« darunter.

> »Erschreckend, als die losmarschiert sind«. (95) Mehr noch: »das war ein echter Tiefschlag, wenn man da Kolleginnen und Kollegen aus den Betrieben mitlaufen sieht.« (96)

Das sollte die Ouvertüre für einen gewerkschaftspolitischen GAU sein. Teilnehmer an der AfD-Demonstration richteten in den nachfolgenden Tagen ihren Protest gegen ihre Gewerkschaft als Teil der örtlichen Willkommenskultur.

> »Es kamen tatsächlich Menschen ins Büro, 30 Jahre Mitglied, teilweise sogar mal Funktionäre gewesen, Betriebsrätinnen und Betriebsräte, und haben unsere Mitgliedsausweise zerrissen und hingeschmissen.« (105)

Rund 200 IG Metall-Mitglieder traten zwischen Oktober 2015 und März 2016 aus Protest gegen ihre Organisation aus.[1] Bemühungen seitens der betrieblichen Vertrauensleute, diese Kolleg*innen in die Gewerkschaft zurück zu holen, waren nahezu komplett erfolglos – gerade einmal zwei ließen sich überzeugen.

Funktionäre und aktive Interessenvertreter*innen waren nicht unter den Ausgetretenen. Auch andersherum nicht:

> »(...) das waren keine organisierten Rechten. Wir haben keinen einzigen AfD-Funktionär beispielsweise ausfindig gemacht.« (398)

Es waren »einfache« Mitglieder, die austraten. Deren Kritik war: Gewerkschaften sollen sich aus »der Politik« heraushalten:

> »(...) wir sollen uns um die Kernthemen kümmern, genau, als Geldmaschine funktionieren, und der Rest ist nicht unser Aufgabengebiet.« (134)

---

[1] In einer Geschäftsstelle mit insgesamt 15.500 Mitgliedern, davon 12.000 betrieblich Aktiven, mag das nur ein geringer Prozentsatz sein; tatsächlich handelt es sich um einen auch organisationspolitisch markanten Einschnitt.

Kritisiert wurde damit eine IG Metall, die ihr politisches Mandat öffentlich wahrgenommen hatte. So hatte sie sich aktiv am Runden Tisch in Passau beteiligt, einem breiten politischen und zivilgesellschaftlichen Bündnis, das 2007 aus Protest gegen die DVU entstanden war und 2015 reaktiviert wurde als No-Pegida-Initiative, die am 31. Januar 2015 1.600 Menschen in Passau zu einer eindrucksvollen Demonstration mobilisierte. Mitte Oktober gingen erneut 800 Leute auf die Straße, als zigtausende Flüchtlinge auf den Schlepperrouten im Mittelmeer ums Leben kamen: »No Border« war die Losung. Und nur zwei Wochen später musste erneut mobilisiert werden: gegen den AfD-Aufmarsch – 800 versammelten sich »in Ruf- und Sichtweite« (92) zur AfD-Kundgebung. Beteiligt war an der Gegendemonstration eine IG Metall, die das Thema Rechtsextremismus immer wieder auf verschiedenen Ebenen zur Diskussion gestellt hatte: in Vertrauensleuteversammlungen, in der Ortsverwaltung, in der Bildungsarbeit, mit Ausstellungen unter anderem mit Pro-Asyl.

Doch die Kritik an gesellschafts- und allgemeinpolitisch exponierten Gewerkschaften ist nur eine Seite der Medaille. Auf der anderen Seite werden tiefer liegende Ängste und Strukturveränderungen deutlich. Im Interview wurde vor allem von drei Widerspruchskomplexen berichtet, die Alltagshandeln prägen:

- *Zukunfts*ängste. Die Belegschaften sind der beständigen Gefahr der Standortverlagerung ausgesetzt – beim regional führenden Unternehmen nach Tschechien, wenn nicht gar Brasilien, wo das entsprechende technische Knowhow vorhanden ist. Standortverlagerung parallelisierte die Fluchtbewegung:

> »Das war so ein bisschen parallel. Also ob das jetzt einen direkten Zusammenhang hat, kann man wahrscheinlich nicht ganz herausfinden. Aber natürlich so Ängste, Zukunftsangst.« (594)

- Zukunftsangst bleibt nicht abstrakt. Sie wird fundiert durch alltägliche *Kontrollverluste.* Im ansässigen Auto-Montagewerk ist es vor allem die Flexibilisierung des Arbeitszeitregimes, die eine Planbarkeit von betrieblichem und familiärem Leben immer wieder aushebelt.

> »Man geht in die Arbeit, schaut auf den Schichtplan und steht dann drinnen am Samstag oder steht nicht drinnen.« (713)

Schichtarbeit, bei der freie Tage nicht einmal mehr im Wochenrhythmus planbar sind, lässt Sonntagsreden über Work-Life-Balance zum Fake werden.

– Interessenvertretung verbleibt im Korridor von *Stellvertreterpolitik*. Probleme soll der Betriebsrat ausbügeln.

> »Die sagen, der Betriebsrat macht das. Die sollen das machen.« (755)

Gerade dort, wo der Betriebsrat eine starke Position aufgrund seiner organisatorischen und institutionellen Machtressourcen hat, ist die Orientierung an stellvertretendem Interessenhandeln stark. (753)

Zugleich wird jedoch moniert, dass gewerkschaftliches Handeln zu wenig erreiche.

> »Dieses: Wir können uns eh dagegen nicht wirklich wehren. Wir können in Nuancen nachjustieren, und bedürfen da aber gewaltiger Kraftakte« (1100)

Eine paradoxe, lähmende Konstellation zwischen der Forderung nach allgemeinpolitischer Enthaltung und Kritik an unzureichender Widerstands- und Gestaltungskraft.

1. Mai – von Rechts aufgemischt

In Sachsen demonstrieren am 1. Mai nicht nur Gewerkschaften für ihre Forderungen. Es marschiert auch die extreme Rechte auf, vornehmlich in Plauen im Voigtland, wo sich Neonazis aus dem ganzen Bundesgebiet am »Tag der Arbeit« versammeln. 2016 aber auch in Erfurt, Schwerin und Bochum. In jenem Jahr hatten die Rechtsextremen noch einen Abstecher eingeplant: Zwickau.

Dort findet die 1. Mai-Kundgebung des DGB traditionell auf dem Hauptmarkt statt. Und wie in den Vorjahren war ein »prominenter Redner« angekündigt. Da der damalige SPD-Vorsitzende und Bundeswirtschaftsminister krankheitsbedingt absagen musste, sprang 2016 Bundesjustizminister Heiko Maas ein.

Es wurde ein denkwürdiges Ereignis. Unser IG Metall-Gesprächspartner fasst seine ersten Eindrücke an jenem Tag zusammen:

> »(…) das fing ganz normal an. Unsere Vertrauensleute machen immer Demo, da bin ich mitgelaufen. Und dann kamst Du schon auf

> den Platz und hast gemerkt, es ist eine andere Stimmung als sonst, es ist auch anderes Klientel da.« (I4, 566).

Was waren das für Leute? Nach Einschätzung unseres Interviewpartners

> »(...) war schon auch Bürgermob da. Das waren jetzt nicht nur organisierte Nazis.« (580)

Die Reden von Oberbürgermeisterin Pia Findeiß, aber vor allem die von Bundesjustizminister Maas wurden von einem lautstarken Pfeifkonzert begleitet. »Hau ab«, »Volksverräter«, »Wir sind das Volk«, »Ihr seid das Pack« lauteten die Parolen. Auf Transparenten wurde das Verbot von Moscheen gefordert.

> »Die Organisierten [Rechten] waren schon auf mehr eingestellt, also Kollegen haben berichtet, da wurden schon auch Böller rumgegeben und so, also die waren auch schon auf militantere Sachen« vorbereitet (ebd.),

wozu es letztlich aber nicht kam. Das Podium der DGB-Kundgebung wurde von Polizeikräften und Gewerkschaftern geschützt. Unmittelbar nach seiner massiv gestörten Rede verließ der Minister die Kundgebung. Daraufhin zogen auch die Rechten ab – auf nach Plauen, zu ihrem 1. Mai-Treffen.

Die populistische und extreme Rechte feierte die Störung der gewerkschaftlichen 1. Mai-Kundgebung wie einen Sieg. »Die Meldungen aus Zwickau über die rechten Störer sorgten beim [zeitgleich in Stuttgart stattfindenden] Bundesparteitag der AfD für Jubel«, meldete die Zeitschrift *Focus*. Der AfD-Generalsekretär von Sachsen kommentierte: »Eine richtig gute Sache.« Und der Leipziger AfD-Kreisvorsitzende Siegbert Droese erklärte laut ARD in postfaktischer Manier: »Die Zwickauer haben Minister Maas friedlich und in akzeptabler Weise in die Schranken gewiesen. Ein guter Tag für die Demokratie in Sachsen.«

Doch der rechte Schuss ging auch nach hinten los, zulasten des Pegida-Ablegers in Zwickau. Seit der massiven Störung der 1.-Mai-Kundgebung »gibt es so etwas in Zwickau auch nicht mehr. Das hat diese Bewegung gespalten.« (677)

In der nachfolgenden Auswertung der Ereignisse war unter den Gewerkschafter*innen schnell klar,

> »(...) dass wir uns unsere Themen nicht wegnehmen lassen« (I4, 643); »... und die Beantwortung der sozialen Frage beantworten wir mit

> einer Auseinandersetzung zwischen oben und unten und nicht zwischen innen und außen. Das ist uns wichtig.« (657)

Neben dieser eindeutigen inhaltlichen Positionierung einigte man sich darauf, künftig auf prominente Parteipolitiker als Hauptredner beim 1. Mai zu verzichten.

Offen blieb, wie eigene Veranstaltungen künftig geschützt werden können.

> »Das ist nicht ganz so einfach, mal eine Security-Firma zu finden, die auch nach unserem politischen (...). Kannst ja auch nicht von irgendwelchen Nazis deine Kundgebung dort sozusagen auch noch beschützen lassen.« (660)

Am 12. Juni 2016 wurde der 1. Mai in Zwickau noch einmal gefeiert unter dem Motto: »Unser Leben gestalten wir«. Und zu der nachfolgenden Delegiertenversammlung hatte man Heiko Maas zu einer Aussprache in den traditionellen Versammlungsort im Rathaus eingeladen.[2] Ganz im Sinne der Besetzung eigener Themen mit der sozialen Frage als Kontroverse zwischen Oben und Unten.

> »Die Kumpels haben den (Maas, d.V.) schon richtig maßgenommen, unsere Kollegen, also das war eine Diskussion, da hat das Flüchtlingsthema gar keine Rolle gespielt. Es ging ausschließlich um die Frage von sozialen Verhältnissen in diesem Land (...) der musste schon ganz schön einstecken, hat auch gut ausgeteilt. Das war total spannend (...)« (708)

So wurde im Nachgang die soziale Frage in der Auseinandersetzung mit der populistischen und extremen Rechten profiliert,

> » (...) weil es sind unsere Kolleginnen und Kollegen, die da auch mit wählen, die im Zweifel auch mitlaufen bei Pegida. Es ist keine, wo wir uns den Luxus erlauben können, ›über die‹ zu reden, sondern wir werden, wenn wir es ernst meinen, über uns reden müssen. Und es

[2] Dort spielte der Sicherheitsaspekt wieder eine große Rolle. Die Teilnahme von Maas an der Delegiertenversammlung war im Vorfeld nicht angekündigt worden, doch einige Stunden sickerte die Botschaft »Maas kommt« in den sozialen Netzwerken durch. Eine gewerkschaftliche Versammlung unter Polizeischutz. »Und das ist dann schon eigenartig, wenn du dich im Rathaus verbarrikadieren musst für gewerkschaftliche Veranstaltungen, um überhaupt so eine Diskussionsveranstaltung mit dem hinzukriegen.« (706)

> greift uns in unserer Herzkammer an. Ich meine, die soziale Frage ist sozusagen, das ist ja das Innerste von uns, wo es hier drum geht. Es geht ja nicht um irgendein Thema, sondern es geht um die Umdeutung unserer eigenen Existenzgrundlage, unserer Daseinsberechtigung.« (789)

»Arbeitnehmervereinigungen« der AfD

Die sich als Interessengemeinschaft der Arbeitnehmer*innen in der AfD verstehenden Vereinigungen entstanden seit 2014. Trotz deutlich höherer Wahlerfolge der AfD in den ostdeutschen Bundesländern sind drei Verbände in den westdeutschen Bundesländern konzentriert. Dagegen ist die jüngste Gründung eine dezidiert ostdeutsche Interessenvertretung und auf dem Rechtsaußenflügel der AfD um Höcke angesiedelt, sodass sich die politischen Flügel in der Partei auch in den »Arbeitnehmervereinigungen« widerspiegeln. Die vier Verbände sind:

– die »Arbeitnehmer in der AfD« (AidA), gegründet 2014 mit dem Ziel, der AfD auch Arbeitnehmer*innengruppen zu erschließen. Sprecher sind seit dem Parteitag in Essen 2015 Robert Buck (früher SPD und ver.di-Mitglied) und Christian Waldheim. AidA wendet sich zunehmend gegen DGB-Gewerkschaften mit dem propagandistischen Vorwurf, diese würden nicht mehr die Interessen der Arbeitnehmer*innen vertreten. AidA gibt es in Hamburg und Baden-Württemberg. Motto: »Das neue Rot der Arbeitnehmer ist blau«; damit wollte man am 1. Mai 2017 in Hamburg zu einer eigenen Kundgebung mobilisieren, die jedoch schließlich wegen fehlender Organisationsstärke abgesagt wurde. Der Kritikansatz von AidA: »(...) eine Politik, die sich mehr der Rettung von Finanzinstituten und Staaten verschreibt, Politik zugunsten multinationaler Konzerne macht, erkennt nicht die Notwendigkeit zur Korrektur fehlerhafter Entwicklungen in vielen Lebensbereichen von Arbeitnehmern und macht so eine Politik fernab des realen, täglichen Lebens vieler Menschen in diesem Land. So sind es Themen wie z.B.: Entwicklung des Niedriglohnsektors, Altersarmut, prekäre Arbeitsverhältnisse, Leiharbeit, Zeitarbeit, Werkverträge, Zukunftssicherung der privaten und gesetzlichen Alterssicherung, Kranken- und Pflegeversicherung, Kinderbetreuung, Schulbildung, kalte Progression usw., die die Menschen in Deutschland bewegen.« (http://aidabund.de/ueberuns/)

– die »Alternative öffentlicher Dienst« (AöD) ist eine auf den Raum Aachen konzentrierte Gründung von AfD-Politikern, gegründet am 1.10.2015. »Die Gründungsteilnehmer sahen es als sehr wichtig an, dass es eine Interessengemeinschaft für Beschäftigte des öffentlichen Dienstes gibt, da dieser seit mehr als 20 Jahren durch immer drastischere Sparmaßnahmen der öffentlichen Haushalte benachteiligt wird.« (www.alternativeoeffentlicherdienst.de/Startseite) AidA und AÖD verstehen sich als Kooperationspartner (http://aidabund.de/2016/08/15/kooperationaidaundaoed/); anders ausgedrückt: AÖD stellt sich gegenwärtig als Anhängsel von AidA dar.
– die »Alternative Vereinigung der Arbeitnehmer« (AVA), gegründet am 19.2.2015 mit Unterstützung des AfD-Landesverbands NRW. Bundesvorsitzender ist Uwe Witt, der im September 2017 auch in den Bundestag gewählt worden ist. Prominentestes Mitglied ist Guido Reil, Steiger auf der letzten Zeche in Bottrop, dort Betriebsrat, 20 Jahre SPD-Mitglied und bis Spätsommer 2016 Mitglied der SPD-Ratsfraktion der Stadt Essen.[3] Programmatische Schwerpunkte ist die Kritik des Hartz IV-Regimes auf dem Arbeitsmarkt mit der Forderung nach obligatorischer »gemeinnütziger Arbeit«, Differenzierung von ALG II nach Sachleistungen und beitragsabhängigen Geldleistungen, deutliche Höherbezahlung von Leiharbeit, Begrenzung von Werkverträgen (http://www.ava-bund.de/THESENPAPIER/).
– Der »Alternative Arbeitnehmerverband Mitteldeutschland« (ALARM), gegründet am 1. Mai 2017 in Erfurt anlässlich der 1. Mai-Kundgebung der AfD unter dem Motto: Sozial ohne rot zu werden« mit 1200 Teilnehmer_innen. Initiator war Jürgen Pohl, Leiter des Wahlkampfbüros von Björn Höcke; neben Pohl gehört auch der Mitbegründer Martin Reichardt der AfD-Bundestagsfraktion an. Credo: »Die Altparteien haben die Interessen der Arbeitnehmer verraten. Sie versprachen ihnen mehr soziale Gerechtigkeit und schufen eine Gesellschaft, in der die Mittelschicht schrumpft, die Armut zunimmt und die Reichen immer reicher werden (…). Doch damit nicht genug. Sie holten auch noch über eine Million Migranten ins Land (…). Sie werden Jahre, wenn nicht Jahrzehnte auf Sozialleistungen angewiesen

[3] Siehe Robert Pausch: Erst Genossen, dann Rivalen. Sie waren Genossen, Freunde, Aufrührer – und vereint im Kampf gegen Essens SPD-Elite. Dann ging der eine unter Tränen zur AfD. Ein Lehrstück über Politik in NRW, www.zeit.de/politik/2017-05/landtagswahl-nrw-spd-stephan-duda-afd-guido-reil

sein. Unter ihrer Last droht das Sozialsystem zu kollabieren (...). Wo bleibt der Aufschrei der Gewerkschaften? Die Gewerkschaftsbonzen sind längst korrumpiert. Sie kassieren satte Gehälter und Aufsichtsratsbezüge. Im Gegenzug nicken sie Millionen-Abfindungen für gescheiterte Vorstände ab. Diese Gewerkschaften vertreten nicht die Interessen der Arbeitnehmer, sondern die des Kapitals.« (http://pohlposition-afd.de/alarm/)

Die Mitgliederzahlen der genannten Organisationen sind nicht bekannt. Über ihre relative »Stärke« mag die Zahl der »Gefällt mir«-Angaben bei Facebook etwas aussagen – bedenkend die Tatsache, dass die AfD in den Sozialen Medien sehr aktiv ist mit 280.000 *Likes* bei Facebook; die AfD-Bundestagsfraktion wies nur kurz nach dem Einzug in den Bundestag bereits 25.000 *likes* auf. Die Daten für die »Arbeitnehmervereinigungen« sind im Vergleich damit bislang wenig erfolgversprechend: AidA mit knapp 10.000, AÖD mit 1000, AVA mit 2500, ALARM mit rund 800 (Cavaliere 2017).

Häusler/Roeser sprechen in diesem Zusammenhang von einem »rechten Sozialpopulismus« der AfD, der sich in der Aufhebung der zuvor ablehnenden Haltung zum gesetzlichen Mindestlohn und in Forderungen nach einer gesetzlichen Obergrenze von 15% für Beschäftigte mit Leih- und Werkverträgen, nach einer gestaffelt verlängerten Bezugsdauer von ALG I und der Wiederherstellung der Parität in der Finanzierung der Kranken- und Pflegeversicherung im AfD-Wahlprogramm wiederfindet. »Hier kommt eine strategische Orientierung auf sozialpopulistische Ansprache deutlich zum Ausdruck, die den agitatorischen Zugang zu den unteren Klassen der Arbeiterschaft und den unteren Mittelschichten zum Ziel hat. Unter dem Begriff des rechten Sozialpopulismus ist eine Agitationsform zu beschreiben, die unter (extrem) rechten Grundannahmen die selektive Aufnahme sozial- und wirtschaftspolitischer Forderungen im scheinbaren Sinne von arbeitnehmerpolitischen Interessen beinhaltet, um mit populistischer Ansprache Arbeitnehmerschichten mobilisieren zu können.« (Häusler/Roeser 2017: 25)

Literatur

Allmendinger, Björn/Fährmann, Joachim/Tietze, Klaudia (Hrsg.) (2017): Von Biedermännern und Brandstiftern. Rechtspopulismus in Betrieb und Gesellschaft. Hamburg.

Appadurai, Arjun (2017): Demokratiemüdigkeit. In: Geiselberger, Heinrich: Die große Regression. Eine internationale Debatte über die geistige Situation der Zeit. Berlin.

Bauman, Zygmunt (2016): Die Angst vor den anderen. Ein Essay über Migration und Panikmache. Berlin.

Bergmann, Knut/Diermeier, Matthias/Niehues, Judith (2017): Die AfD: Eine Partei der sich ausgeliefert fühlenden Durchschnittsverdiener?, in: Zeitschrift für Parlamentsfragen, Heft 1.

Bieling, Hans-Jürgen (2017): Aufstieg des Rechtspopulismus im heutigen Europa – Umrisse einer gesellschaftstheoretischen Erklärung, in: WSI-Mitteilungen, H. 8, S. 557-565.

Bischoff, Joachim/Müller, Bernhard (2016a): Rechtspopulismus in der »Berliner Republik« und Europa – Ursachen und Hintergründe, in: Häusler, Alexander/Virchow, Fabian (Hrsg.): Neue soziale Bewegung von Rechts? Zukunftsängste, Abstieg der Mitte, Ressentiments. Hamburg, S. 19-31.

Bischoff, Joachim/Müller, Bernhard (2016b): Moderne Rechte und die Krise des demokratischen Kapitalismus, Supplement der Zeitschrift Sozialismus 12.

Bischoff, Joachim/Müller, Bernhard (2017): Chancen des Rechtspopulismus in der Berliner Republik, in: Sozialismus Heft 9.

Bischoff, Joachim/Gauthier, Elisabeth/Müller, Bernhard (2015): Europas Rechte. Das Konzept des »modernisierten« Rechtspopulismus. Hamburg.

Boes, Andreas/Bultemeier, Antje (2008): Anerkennung im System permanenter Bewährung. Vortrag auf dem 34. Kongress der Deutschen Gesellschaft für Soziologie, 6. bis 10. Oktober 2008.

Bosch, Gerhard/Kalina, Thorsten (2016): Mittelschichten in Deutschland – unter Druck, in: Sozialismus Heft 2.

Bourdieu, Pierre (1987): Die feinen Unterschiede. Kritik der gesellschaftlichen Urteilskraft (1979), Frankfurt a.M.

Bourdieu, Pierre (1991): Zur Soziologie der symbolischen Formen (1970), Frankfurt a.M.

Bourdieu, Pierre/Wacquant, Loïc J.D. (1996): Reflexive Anthropologie, Frankfurt a.M.

Brenke, Karl/Kritikos, Alexander S. (2017): Wählerstruktur im Wandel, DIW Wochenbericht 29. Berlin.

Bundesministerium für Arbeit und Soziales (2016): Wertewelten Arbeiten 4.0,

März.
Bundesregierung (2017): Lebenslagen in Deutschland, Der Fünfte Armuts- und Reichtumsbericht der Bundesregierung. Berlin.
Bundeszentrale für politische Bildung (2017): Debatte Häusler, Alexander/Niedermayer, Oskar: Ist die Alternative für Deutschland eine rechtspopulistische Partei? www,bpb.de/politik/extremismus/rechtspopulismus/240956/debatte-alternative-fuer-deutschland.
Butterwegge, Christoph (2017): Neoliberalismus – Standortnationalismus – Wohlstandschauvinismus. Kernideologeme des Rechtspopulismus. In: Sozialismus H. 12, S. 20-26
Candeias, Mario (2016): Gegenmittel gegen autoritären Neoliberalismus und Rechtspopulismus – Perspektiven einer verbindenden linken Partei, RLS-Institut für Gesellschaftsanalyse. Berlin.
Castel, Robert (2000): Die Metamorphosen der sozialen Frage. Eine Chronik der Lohnarbeit. Konstanz.
Cavaliere, Maurizio (2017): Rechtspopulismus als aktuelle gesellschafts- und betriebspolitische Herausforderung. IG Metall-Vorstand, Büro Grundsatzfragen und Gesellschaftspolitik, Frankfurt a.M. (unveröffentlichtes Manuskript).
Decker, Frank (2004): Der neue Rechtspopulismus. Opladen.
Decker, Oliver (2016): Autoritäre Mitte – »Dort ist faschistisches Potenzial«, Interview in Cicero 17.6.
Decker, Oliver/Kiess, Johannes/Brähler, Elmar (Hrsg.) (2016): Die enthemmte Mitte. Autoritäre und rechtsextreme Einstellungen in Deutschland. Gießen.
Deppe, Frank (2013): Autoritärer Kapitalismus. Demokratie auf dem Prüfstand. Hamburg.
Detje, Richard/Menz, Wolfgang/Nies, Sarah/Sauer, Dieter (2011): Krise ohne Konflikt? Interessen- und Handlungsorientierungen im Betrieb – die Sicht von Betroffenen. Hamburg.
Detje, Richard/Menz, Wolfgang/Nies, Sarah/Sauer, Dieter/Bischoff, Joachim (2013): Krisenerfahrungen und Politik. Ein Blick von unten auf Betrieb, Gewerkschaft und Staat. Hamburg.
Detje, Richard/Dörre, Klaus/Kronauer, Martin/Schumann, Michael (2017): Zeitenwende oder: Zeit für eine Wende der Linken, in: Blätter für deutsche und internationale Politik, H. 4, S. 97-103.
DGB-Index Gute Arbeit (Hg.) (2016): Arbeiten trotz Krankheit. Wie verbreitet ist Präsentismus in Deutshland? DGB-Index Gute Arbeit Kompakt, 2/2016. Berlin.
Dörre, Klaus (2016): Die national-soziale Gefahr. PEGIDA, Neue Rechte und der Verteilungskonflikt – sechs Thesen, in: Rehberg, Karl-Siegbert/Kunz, Franziska/Schlinzig, Tino (Hrsg.): PEGIDA. Rechtspopulismus zwischen Fremdenangst und »Wende«-Enttäuschung? Analysen im Überblick. Bielefeld.

Dörre, Klaus (2017): Ausbeutung und Leistungsgerechtigkeit – eine Forschungsheuristik, in: Aulenbacher, Brigitte/Dammayr, Maria/Dörre, Klaus/Menz, Wolfgang/Riegraf, Birgit/Wolf, Harald (Hrsg.): Leistung und Gerechtigkeit. Das umstrittene Versprechen des Kapitalismus. Weinheim.

Dörre, Klaus (2018): Demokratische Klassenpolitik – eine Antwort auf den Rechtspopulismus, in: Butterwegge, Christoph/Hentges, Gudrun/Lösch, Bettina (Hrsg.): Auf dem Weg in eine andere Republik? Neoliberalismus, Standortnationalismus und Rechtspopulismus. Weinheim.

Dörre, Klaus/Happ, Anja/Matuschek (Hrsg.) (2013): Das Gesellschaftsbild der LohnarbeiterInnen. Soziologische Untersuchungen in ost- und westdeutschen Industriebetrieben. Hamburg.

Fraser, Nancy (2017): Für eine neue Linke oder: Das Ende des progressiven Neoliberalismus, in: Blätter für deutsche und internationale Politik, H. 2.

Gäbler, Bernd (2017): AfD und Medien. Analyse und Handreichungen. OBS-Arbeitsheft 92. Frankfurt a.M.

Gloël, Rolf/Gützlaff, Kathrin/Weber, Jack (2017): Gegen Rechts argumentieren lernen (aktualisierte Neuausgabe). Hamburg.

Grünewald, Stephan (2017): »Die Deutschen wollen ihr Auenland solange wie möglich erhalten«, Interview mit ZEIT ONLINE 26.7.

Häusler, Alexander/Roeser, Rainer (2015): Die rechten ›Mut‹-Bürger. Entstehung, Entwicklung, Personal & Positionen der »Alternative für Deutschland«. Hamburg.

Häusler, Alexander/Roeser, Rainer (2017): Rechtspopulismus: Entwicklung und aktuelle Erscheinungsformen in Deutschland, in: Allmendinger, Björn/Fährmann, Joachim/Tietze, Klaudia (Hrsg.), Von Biedermännern und Brandstiftern. Rechtspopulismus in Betrieb und Gesellschaft. Hamburg, S. 18-28.

Häusler, Alexander/Virchow, Fabian (Hrsg.) (2016): Neue soziale Bewegung von rechts? Zukunftsängste | Abstieg der Mitte | Ressentiments. Hamburg.

Heitmeyer, Wilhelm (2012): Gruppenbezogene Menschenfeindlichkeit (GMF) in einem entsicherten Jahrzehnt, in: Ders. (Hrsg.): Deutsche Zustände, Folge 10. Frankfurt a.M., S. 15-41.

Heitmeyer, Wilhelm (2016): Das Destruktive in der Normalität, in: Freitag vom 3.10. 2016.

Heitmeyer, Wilhelm (2017): »Was als normal gilt, kann nicht mehr problematisiert werden. Gespräch mit Prof. Dr. Wilhelm Heitmeyer über Deutsche Zustände, Parallelgesellschaften und die Lockungen des Linkspopulismus, in: INDES, 2017-3. Göttingen, S. 7-20.

Held, Josef/Bräse, Johanna/Hackel, Rita/Çetiner, Tuğba/Höld, Janka/Sarholz, Valérie-Charlotte/Schecker, Barbara (2017): Rechtspopulismus und Rassismus im Kontext der Fluchtbewegung. Politische Orientierungen von jungen Auszubildenden in Baden-Württemberg. Rosa-Luxemburg-Stiftung, Sutdien 6/2017, Berlin.

Hellmich, Paula/Lesch, Hagen (2017): DGB-Organisationsgrad: Nordwesten stärker, Südosten schwächer, www.iwkoeln.de/studien/iw-gewerkschafts-spiegel/beitrag/dgb-organisationsgrad-nordwesten-staerker-suedosten-schwaecher-342153?highlight=gewerkschaft (abgerufen: 9/2017).

Hilmer, Richard/Kohlrausch, Bettina/Müller-Hilmer, Rita/Gagné, Jérémie (2017): Einstellung und soziale Lebenslage, Working Paper Forschungsförderung 44 der Hans Böckler Stiftung.

Hobsbawm, Eric (1991): Nationen und Nationalismus. Mythos und Realität seit 1780. Frankfurt a.M./New York.

Hochschild, Arlie Russell (2016): Strangers in their own land. Anger and mouring on the American right. A Journey to the Heart of Our Political Divide. New York (Dt.: Fremd in ihrem Land. Eine Reise ins Herz der amerikanischen Rechten. Frankfurt a.M. u.a. 2017).

IG Metall (VB 02) (2017): Mitglieder mit Migrationshintergrund in der IG Metall. Daten und Fakten. Frankfurt a.M.

Illouz, Eva (2017): Vom Paradox der Befreiung zum Niedergang der liberalen Eliten, in: Geiselberger, Heinrich: Die große Regression. Eine internationale Debatte über die geistige Situation der Zeit. Berlin.

Jahoda, Marie/Lazarsfeld, Paul F./Zeisel, Hans (1933): Die Arbeitslosen von Marienthal. Ein soziobiographischer Versuch über die Wirkungen langandauernder Arbeitslosigkeit. Mit einem Anhang zur Geschichte der Soziographie. Leipzig.

Kahrs, Horst (2016): Was treibt rechte Wahlerfolge? »Globalisierungsangst oder Wertkonflikte?« Bemerkungen zur Bertelsmannstudie, Rosa-Luxemburg-Stiftung, Arbeitspapier 7, Dezember, RLS. Berlin.

Kahrs, Horst (2017): Die Landtagswahlen 2014-2017: Bewegung und Stabilität in den regionalen Parteisystemen und das Wahlverhalten von Arbeitern, Rosa-Luxemburg-Stiftung, Arbeitspapier 2, Juli, RLS. Berlin.

Kern, Horst/Schumann, Michael (1970): Industriearbeit und Arbeiterbewusstsein. Eine empirische Untersuchung über den Einfluss der aktuellen technischen Entwicklung auf die industrielle Arbeit und das Arbeiterbewusstsein, Teil I u. II. Frankfurt a.M.

Kratzer, Nick/Menz, Wolfgang/Tullius, Knut/Wolf, Harald (2015): Legitimationsprobleme in der Erwerbsarbeit. Gerechtigkeitsansprüche und Handlungsorientierungen in Arbeit und Betrieb. Baden-Baden.

Krause, Daniela/Küpper, Beate/Zick, Andreas (2015): Zwischen Wut und Druck: Rechtspopulistische Einstellungen in der Mitte, in: Zick, Andreas/Küpper, Beate: Wut, Verachtung, Abwertung. Rechtspopulismus in Deutschland. Bonn.

Küpper, Beate (2016): Das Denken der Nichtwählerinnen und Nichtwähler. Einstellungsmuster und politische Präferenzen, Friedrich Ebert Stiftung, Empirische Sozialforschung 7.

Legrand, Jupp (2017): Vorwort, in: Gäbler, Bernd: AfD und Medien. Analyse und Handreichungen. OBS-Arbeitsheft 92. Frankfurt a.M.

Lengfeld, Holger (2017): Abstiegsangst in Deutschland auf historischem Tiefstand. Ergebnisse der Auswertung des Sozio-oekonomischen Panels 1991-2016. Arbeitsbericht des Instituts für Soziologie der Universität Lepzig, Version 21.8.2017. Leipzig.

Lewandowsky, Marcel/Giebler, Heiko/Wagner, Aiko (2016): Rechtspopulismus in Deutschland. Eine empirische Einordnung der Parteien zur Bundestagswahl 2013 unter besonderer Berücksichtigung der AfD, in: Politische Vierteljahresschrift 57 (2) 2016.

Mau, Steffen/Heuer, Jan-Ocko (2016): Wachsende Ungleichheit als Gefahr für nachhaltiges Wachstum. Wie die Bevölkerung über soziale Unterschiede denkt, erschienen in der Reihe gute gesellschaft – soziale demokratie. # 2017 plus, ein Projekt der Friedrich Ebert Stiftung.

Menz, Wolfgang (2017): Das befremdliche Überleben der Leistungsgerechtigkeit, in: Aulenbacher, Brigitte/Dammayr, Maria/Dörre, Klaus/Menz, Wolfgang/Riegraf, Birgit/Wolf, Harald (Hrsg.): Leistung und Gerechtigkeit. Das umstrittene Versprechen des Kapitalismus. Weinheim.

Merkel, Wolfgang (2016): Ungleichheit als Krankheit der Demokratie, in: Neue Gesellschaft Heft 6.

Müller, Jan Peter (2016a): Auch Protestwähler wollen ernst genommen werden, in: NZZ vom 18.6.

Müller, Jan Peter (2016b): Was ist Populismus?, Frankfurt a.M.

Negt, Oskar (2010): Der politische Mensch. Demokratie als Lebensform. Göttingen.

Niedermayer, Oskar/Hofrichter, Jürgen (2016): Die Wählerschaft der AfD: Wer ist sie, woher kommt sie und wie weit rechts steht sie?, in: Zeitschrift für Parlamentsfragen, Heft 2.

Niehues, Judith (2017): Die Mittelschicht in Deutschland. Vielschichtig und stabil, IW-Trends 1.

Popitz, Heinrich/Bahrdt, Hans Paul/Jüres, Ernst August/Kestin, Hanno (1957): Das Gesellschaftsbild des Arbeiters. Soziologische Untersuchungen in der Hüttenindustrie. Tübingen.

Rehberg, Karl-Siegbert/Kunz, Franziska/Schlinzig, Tino (Hrsg.) (2016): PEGIDA. Rechtspopulismus zwischen Fremdenangst und »Wende«-Enttäuschung. Analysen im Überblick. Bielefeld.

Reindl, Josef/Köchling, Annegret/Breit, Heiko (2011): Seelennot – Prävention in der dunklen Zone der modernen Arbeitswelt. Wissenschaftlicher Abschlussbericht des Projekts »Lebenslang gesund arbeiten – demographieorientierte innovative Präventionskonzepte« (LEGESA). München.

Sauer, Dieter (2013): Die organisatorische Revolution. Umbrüche in der Arbeitswelt – Ursachen, Auswirkungen und arbeitspolitische Antworten. Hamburg.

Sauer, Dieter (2016): Permanente Reorganisation. Unsicherheit und Überforderung in der Arbeitswelt, in: Doering-Manteuffel, Anselm/Raphael, Lutz/Schlemmer, Thomas (Hrsg.): Vorgeschichte der Gegenwart. Dimensionen des Strukturbruchs nach dem Boom. Göttingen, S. 37-57.

Schäfer, Arnim (2015): Der Verlust politischer Gleichheit. Warum die sinkende Wahlbeteiligung der Demokratie schadet. Gießen.

Stark, Toralf/Wegscheider, Carsten/Brähler, Elmar/Decker, Oliver (2017): Sind Rechtsextremisten sozial ausgegrenzt? Eine Analyse der sozialen Lage und Einstellungen zum Rechtsextremismus, PAPERS 2, herausgegeben von der Rosa-Luxemburg-Stiftung.

Streeck, Wolfgang (2017): Die Wiederkehr der Verdrängten als Anfang vom Ende des neoliberalen Kapitalismus, in: Heinrich Geiselberger (Hrsg.): Die große Regression. Eine internationale Debatte über die geistige Situation der Zeit. Berlin.

Urban, Hans-Jürgen (2018): Sozialopportunismus von rechts – eine Konkurrenz für die Gewerkschaften?, in: Blätter für deutsche und internationale Politik (erscheint demnächst).

Vehrkamp, Robert/Wratil, Christopher (2017): Die Stunde der Populisten? Populistische Einstellungen bei Wählern und Nichtwählern vor der Bundestagswahl 2017, Studie im Auftrag der Bertelsmann Stiftung, Juni.

Vorländer, Hans (2016): PEGIDA – Provinzposse oder Vorbote eines neudeutschen Rechtspopulismus? In: Rehberg, Karl-Siegbert/Kunz, Franziska/Schlinzig, Tino (Hrsg.) (2016): PEGIDA. Rechtspopulismus zwischen Fremdenangst und »Wende«-Enttäuschung? Analysen im Überblick. Bielefeld, S. 99-111.

YouGov (2017): Politisches Informationsverhalten der Deutschen. Messenger und Social Media hoch im Kurs, www.yougov.de/news.

Zeuner, Bodo/Gester, Jochen/Fichter, Michael/Kreis, Joachim/Stöss, Richard (2007): Gewerkschaften und Rechtsextremismus. Münster.

Zick, Andreas (2014): »Wir dürfen unsere Toleranz nicht überschätzen«, Interview im »Tagesspiegel«, 21.5.

Zick, Andreas/Klein, Anna (2014): Fragile Mitte – Feindselige Zustände. Rechtsextreme Einstellungen in Deutschland 2014. Bonn.

Zick, Andreas/Küpper, Beate (2015): Wut, Verachtung, Abwertung. Rechtspopulismus in Deutschland. Bonn.

Zick, Andreas/Küpper, Beate/Krause, Daniela (2016): Gespaltene Mitte – Feindselige Zustände. Rechtsextreme Einstellungen in Deutschland 2016. Bonn.